# O PADRÃO DE DESENVOLVIMENTO DOS AGRONEGÓCIOS NO BRASIL E A ATUALIDADE HISTÓRICA DA REFORMA AGRÁRIA

CONSELHO EDITORIAL

Ana Paula Torres Megiani
Eunice Ostrensky
Haroldo Ceravolo Sereza
Joana Monteleone
Maria Luiza Ferreira de Oliveira
Ruy Braga

# O PADRÃO DE DESENVOLVIMENTO DOS AGRONEGÓCIOS NO BRASIL E A ATUALIDADE HISTÓRICA DA REFORMA AGRÁRIA

FREDERICO DAIA FIRMIANO

Copyright © 2018 Frederico Daia Firmiano

*Grafia atualizada segundo o Acordo Ortográfico da Língua Portuguesa de 1990, que entrou em vigor no Brasil em 2009.*

Edição: Haroldo Ceravolo Sereza
Editora assistente: Danielly de Jesus Teles
Assistente acadêmica: Bruna Marques
Projeto gráfico e diagramação: Cristina Terada Tamada
Revisão: Alexandra Collontini
Capa: Fábio Tomaz
Imagem da capa: Domínio Público, Creative Commons

*Este livro foi publicado com o apoio da Fapesp.*

CIP-BRASIL. CATALOGAÇÃO NA PUBLICAÇÃO
SINDICATO NACIONAL DOS EDITORES DE LIVROS, RJ

F556p

Firmiano, Frederico Daia
O padrão de desenvolvimento dos agronegócios no
Brasil e a atualidade histórica da reforma agrária
Frederico Daia Firmano. - 1. ed.
São Paulo : Alameda, 2018
    ; 23 cm.

  Inclui bibliografia
  ISBN 978-85-7939-403-4

1. Desenvolvimento rural - Brasil. 2. Globalização -
Aspectos econômicos. 3. Projetos de desenvolvimento
agrícola. 4. Agricultura e desenvolvimento econômico.
5. Sociologia rural. I. Título.

| 16-34087 | CDD: 307.72 |
| | CDU: 316.334.55 |

*Editora filiada à Liga Brasileira de Editoras (LIBRE) e
à Alinça Internacional dos Editores Independentes (AIEI).*

ALAMEDA CASA EDITORIAL
Rua Treze de Maio, 353 – Bela Vista
CEP: 01327-000 – São Paulo – SP
Tel: (11) 3012-2403
www.alamedaeditorial.com.br

*Para Eliana, Walmes, Juninho,*
*Zagão e Adriana.*
*E para Chiquinho e Marcondes*
*(in memorian).*

Tudo o que era sólido e estável se desmancha no ar, tudo o que era sagrado é profanado e os homens são obrigados finalmente a encarar sem ilusões a sua posição social e as suas relações com os outros homens (MARX, 2007b, p. 43).

# SUMÁRIO

| | |
|---|---|
| PREFÁCIO | 13 |
| APRESENTAÇÃO | 17 |
| INTRODUÇÃO | 21 |
| Considerações sobre teoria e método | 29 |

## A ASCENSÃO DOS AGRONEGÓCIOS NO BRASIL    35

O contexto sócio-histórico de seu surgimento    35

A preparação político-econômica da ascensão do agronegócio    45

A concepção sistêmica de agricultura e o comando do    49
capital transnacional no campo

Uma nova força política:    54
o surgimento da Abag nos anos de 1990

## O "ADMIRÁVEL NOVO MUNDO RURAL" DO PT    67

A esperança e o desmonte do    67
Plano Nacional de Reforma Agrária do governo Lula

O desenho do "novo mundo rural" ainda na década de 1990    70

A agricultura familiar e a precária situação da reforma agrária    76

As demandas (prontamente atendidas) dos agronegócios    90

A Lei de Biossegurança, o programa Terra Legal, o desmonte do Código Florestal e outras medidas em favor dos agronegócios — 96

## O NEODESENVOLVIMENTISMO E O PADRÃO DE EXPANSÃO DOS AGRONEGÓCIOS — 105

O bloco de poder do governo Lula e a belle époque dos agronegócios — 105

O significado político da "frente neodesenvolvimentista" dos governos do PT — 111

Da dependência à servidão, da servidão ao padrão destrutivo do (neo)desenvolvimentismo — 117

O Estado na expansão do capital (trans)nacional e o padrão de reprodução do neodesenvolvimentismo: novamente, o BNDES — 122

## A DEGRADAÇÃO SOCIAL DO TRABALHO E DA NATUREZA NO RASTRO DO AGRONEGÓCIO — 131

O "admirável novo mundo rural" dos conflitos — 131

Da acumulação primitiva aos limites absolutos do capital — 133

A degradação/precarização estrutural do trabalho: o setor sucroalcooleiro, o complexo da soja e o setor de carnes — 137

A degradação da natureza no curso da expansão do agronegócio — 147

A alienação das condições elementares da reprodução social — 151

## O CONTROLE DO CAPITAL SOBRE AS UNIDADES FAMILIARES DE PRODUÇÃO AGRÍCOLA E NÃO-AGRÍCOLA NO CAMPO E O ESPECTRO DA PROLETARIZAÇÃO — 163

O espectro da proletarização nas unidades familiares de produção agrícola — 163

Duas pesquisas sobre assentamentos rurais na viragem do século — 165

O significado do processo de proletarização hoje — 168

Pluriatividade ou nova proletarização? — 170

O controle do capital sobre as unidades produtivas de famílias    175
não-agrícolas no campo e a precarização estrutural do trabalho: o
caso das oficinas de confecção, no Rio de Janeiro

A integração é horizontal, mas o comando é vertical:    181
os casos dos setores fumageiro e avícola

As unidades familiares de produção agrícola e/ou agropecuária    188
sob a lógica do capital

Existe rota de saída dentro da ordem?    193
Uma pesquisa sobre a Coopan, no Rio Grande do Sul

**A ATUALIDADE HISTÓRICA DA REFORMA AGRÁRIA**    199
A questão agrária hoje    199

A reforma agrária na encruzilhada    203
A reforma agrária no quadro da estratégia democrático-popular    207

O MST e a proposta de reforma agrária popular    211
Um novo princípio econômico orientador    217
para um novo programa de reforma agrária

"Reforma agrária, uma luta de todos!"    223

**CONSIDERAÇÕES FINAIS**    227

**REFERÊNCIAS**    235
Bibliografia citada    235
Publicações periódicas    249
Artigos de Jornal e sítios eletrônicos    251
Documentário citado    252

**AGRADECIMENTOS**    253

# PREFÁCIO

Do norte ao sul do país, uma onda de lutas sociais sacode o território brasileiro envolvendo quase todos os segmentos da sociedade que, de um modo ou de outro, são atingidos pelo padrão de desenvolvimento que se impõe ao país nos últimos 40 anos. A cena aponta para uma multiplicidade desconcertante de enfrentamentos, em sua maioria, reativos, distintos e bem mais complexos do que se poderia esperar em tempos supostamente mais favoráveis a projetos emancipatórios. A atualidade é pontuada por ativismos fragmentados, contingentes, em não poucos casos espontaneístas e ideologicamente confusos.Ainda assim, depois de uma década inteira de desmobilização e ilusões vãs, talvez sejam o ensaio de formas novas de ação; quiçá, o reencontro do sujeito com sua verdadeira tarefa histórica. Entre outras, destaco aqui as greves pontuais que mobilizam milhares de trabalhadores precarizados nas obras do PAC, os frequentes protestos urbanos contra os aumentos abusivos das tarifas de transporte, água, energia, contras as remoções provocadas pela especulação imobiliária e o racionamento de água que atinge principalmente as populações de baixa renda. Ressalto também as mobilizações massivas por moradia e as lutas ousadas e antiinstitucionais dos indígenas pela autodemarcação de terras.

O quadro resulta de décadas em que a classe trabalhadora se constitui e reconstitui sob a mira de sucessivas reestruturações produtivas e políticas do sistema, sofrendo suas consequências mais negativas. Dentre todas, sem dúvida nenhuma, a pior responde pelo *desemprego estrutural*, sinônimo de trabalho precário, superexploração, desmonte de direitos trabalhistas, debilitamento progressivo das organizações tradicionais de luta representadas por sindicatos, partidos políticos e movimentos sociais de massas.

O processo foi avassalador com o triunvirato formado na primeira metade dos anos de 1980 pelo PT/CUT/MST. Surgido das bases urbanas e rurais, exerceu

14 Frederico Daia Firmiano

função social fundamental na peculiar transição democrático-burguesa advinda da longa ditadura civil-militar brasileira. A organização popular em três atos constituiu-se, a princípio, como um campo em disputa entre partidários da reforma na ordem e da revolução contra a ordem. Mas, o viés conciliador do lulismo se torna hegemônico e o programa democrático-popular, pautado na mediação do estado, acaba por converter-se no elemento aglutinador das três organizações que intensificam ainda mais fortemente o caráter setorializado e defensivo das lutas político-parlamentar, da negociação sindical e das históricas expectativas agrário-camponesas. Em menos de uma década, cada uma ao seu modo e ao seu próprio tempo, irá suplantar a combatividade das lutas da qual se originaram. E tudo haveria de se complicar ainda mais com o PT na presidência da República.

A exemplo do que vinha acontecendo em várias outras partes do planeta, a explosão de lutas sociais é a evidência sincera de que os problemas que nos afetam não são passageiros, mas consequências da crise estrutural do sistema sociometabólico do capital que bate com violência às portas do país, com a contribuição inestimável do bonapartismo petista. Isso significa que apesar do otimismo plantado pelo que se convencionou chamar de neodesenvolvimentismo, da ilusão de supor-se credor no grande mercado, de ascender à 6ª economia do mundo, o Brasil do PT atendeu prontamente às regras internacionais exigidas, burilando e aprofundando as condições de subalternidade da nossa essência colonial. As medidas sociais tomadas na última década não conseguiram, mesmo que esse tivesse sido o seu objetivo, evitar o flagelo social anunciado. Pois, se as políticas compensatórias são contingentes, é estrutural o modelo de funcionamento baseado em débil desempenho industrial, na dependência de tecnologias de ponta, numa economia fortemente ancorada na produção e exportação de commodities em que pese a fragilidade financeira/comercial que coloca o Brasil num modesto 22º lugar no ranking dos exportadores, pois com 3,3% do PIB mundial, detém somente 1,3% das exportações internacionais.[1] Sob o comando do capital, é ainda irrevogável o modelo que avança sobre escombros sociais e ambientais.

Não causa estranheza que justamente neste contexto de insatisfações manifestas, o movimento que protagonizou alguns dos mais importantes enfrentamentos da história do país, que recompôs com vigor a necessidade social (e não estritamente desenvolvimentista) da reforma agrária, que violou a propriedade privada e foi alvo de massacres que não podemos jamais esquecer, recua e se aninha "à sombra do poder" de Estado.

A questão é particularmente delicada e imagino que tenha sido ainda no

---

1    Ver a respeito a Carta IEDI nº 594. A posição brasileira no comércio mundial de manufaturados em 2012.

O padrão de desenvolvimento dos agronegócios no Brasil (...)    15

mestrado em sociologia, quando desenvolvia suas primeiras investigações sobre o Movimento Sem Terra na região de Ribeirão Preto, São Paulo, que ocorreu a Frederico Daia Firmiano uma importante inflexão acerca dos rumos cada vez mais defensivos do movimento.

Foi no doutorado, porém, que encontrou a oportunidade de trazer à tona todas as dimensões atuais que cercam a questão agrária brasileira, melhor, o "novo mundo rural" sob orientação do Banco Mundial e impulso para os agro-negócios, mundo contra o qual o MST deveria pelear para além do discurso moralizador de seus dirigentes.

O resultado se comprova no rigor de seus estudos e nas reflexões instigantes que dão origem ao livro *O padrão de desenvolvimento dos agronegócios no Brasil e a atualidade histórica da Reforma Agrária*, que ora a Alameda acertadamente publica e disponibiliza para um público carente de trabalhos com tal enverga-dura sobre o tema.

Particularmente interessante é a reconstituição que realiza sobre a ques-tão agrária durante a ditadura civil-militar, ponta de lança de um projeto de acumulação que sofre descontinuidades nos períodos seguintes para preservar e aperfeiçoar algumas de suas características mais essenciais. Os anos de 1970 in-troduzem a tendência à financeirização da economia, a transnacionalização dos capitais, a proletarização violenta de camponeses e índios expulsos de suas terras, a confirmação da superexploração do trabalho e a intensa revolução tecnológica no campo, também conhecida por Revolução Verde.

Faz uma verdadeira radiografia das decisões tomadas durante os anos que se seguem à democratização do país visando apreender os aspectos mais impor-tantes e peculiares das políticas neoliberais por aqui, desde Collor a FHC. O período superava a modernização conservadora sob a tutela civil-militar e punha em curso uma ofensiva desenvolvimentista sem precedentes no Brasil. A rees-truturação produtiva dos anos de 1990 insere o país na nova ordem global, des-montando as instituições funcionaisao período da industrialização e viabilizando a etapa superior da acumulação capitalista brasileira. No entanto, foi a crise de liquidez internacional de 1999 que alavancou a estrutura produtiva do agronegó-cio, já montada de modo preliminar durante a ditadura, tornando-a proeminente no conjunto da vida política e econômica do Brasil.

Suas preocupações, no entanto,se voltam principalmente para os anos 2000, anos do PT no Planalto e das orientações do denominado neodesenvol-vimentismo que avoluma o papel do Estado no processo de acumulação e, tra-gicamente, consolida a transformação da "dependência econômica em servidão financeira". É neste período que a economia política do agronegócio deslancha e se decreta a obsolescência da Reforma Agrária. A tese de Frederico Firmiano sustenta que a política praticada pelos governos do PT

> reforçou a concentração fundiária; intensificou o controle, direto e indireto, do capital transnacional sobre a exploração agrícola em praticamente todos os segmentos; aumentou a grilagem e a transferência do controle, direto e indireto, da terra para o capital transnacional; generalizou a superexploração do trabalho para praticamente todas as cadeias agropecuárias, em diversos momentos da produção; abriu um novo ciclo de proletarização no campo; envolvendo parte significativa do conjunto de trabalhadores-proprietários ou parceleiros de uma pequena porção de terra, seja através de seu fracasso no mercado – obrigando-os a se submeterem ao assalariamento ou formas assemelhadas de remuneração pela força de trabalho – seja através de seus 'sucesso', e do controle férreo do capital ao qual passou a se subordinar; eliminou grande parte das condições elementares da reprodução social, na forma de degradação dos recursos ecológicos e naturais e/ou privação de sua utilização racional pelo conjunto da sociedade.

Pela estreita convivência que estabeleci com Frederico nestes seus anos de formação, não me surpreendeu o fato de não enveredar pela pesquisa sociológica strictu sensu. Foi bem além e elaborou um inventário dos mais criteriosos e abrangentes da realidade brasileira do período aludido, sem perder o foco na questão agrária. Pautado em rica pesquisa bibliográfica e documental, a narrativa desenrola na forma de sínteses que se interrelacionam, em que o epílogo dá sentido ao introito. Se o MST do mestrado foi o *part pris* de suas preocupações mais maduras, os resultados advindos configuram um universo complexo e omnilateral capaz de verdadeiramente, sem mistificações, apreender o alcance e o esgotamento do projeto democrático-popular que envolve PT, CUT, MST,bem como dimensionar o significado da crise estrutural no Brasil através das práticas essencialmente destrutivas que envolvem a cadeia de produção das commodities.

Inegavelmente, este livro revela o imenso potencial crítico deste jovem intelectual e militante marxista, um ser humano comprometido com apenas um dos lados sociaisdesta história. Nos dois campos ele foi corajoso. No primeiro, enfrentou o deserto acadêmico com seu posicionamento inquestionavelmente revolucionário. No segundo, ainda mais importante, desenvolveu uma ferramenta preciosa à reflexão crítica e autocrítica do movimento em que atua.

Itatiba, janeiro de 2015.
Maria Orlanda Pinassi

# APRESENTAÇÃO

O livro que o leitor tem em mãos é resultado de minha pesquisa de doutoramento em Ciências Sociais, desenvolvida entre os anos de 2010 e 2014, na Faculdade de Ciências e Letras, da Universidade Estadual Paulista, campus de Araraquara. Nele, tive o objetivo de analisar o padrão de desenvolvimento econômico, político e social brasileiro, a partir da expansão dos agronegócios nas últimas décadas. Considerei a modernização conservadora das relações sociais de produção no campo durante a ditadura civil-militar como o processo que possibilitou um grande salto no desenvolvimento das forças produtivas e aniquilou o projeto de reforma agrária defendido pelas principais organizações brasileiras de luta pela terra. Concentrei-me no período pós-ditadura, de reestruturação política e produtiva do capitalismo brasileiro, que levou o PT ao mais alto posto de comando do Estado e à ascensão do chamado neodesenvolvimentismo, quando os agronegócios experimentaram sua belle époque. Ademais, procurei discutir a atualidade histórica da reforma sob as novas condições de reprodução do capital, determinadas por sua crise estrutural.

Entre a redação final do texto (início de 2014) e sua publicação (2017), o país mergulhou em uma profunda crise política e econômica, marcada pelo golpe contra a presidenta Dilma Rousseff, e pela aceleração da reestruturação produtiva do capital, que impactam ainda mais drasticamente a luta pela terra, pela reforma agrária e as conquistas históricas dos trabalhadores rurais e urbanos. Tragicamente, a conjuntura atual, ainda indefinida, indica o acerto das análises contidas neste estudo, à despeito de algumas informações que já carecem atualização, dado o caráter ultra acelerado do processos políticos no Brasil atual.

O texto que segue está organizado em seis capítulos. Comecei pelo o que julgo serem as principais condições sócio-históricas – políticas e econômicas - que possibilitaram a ascensão do atual padrão de reprodução de capital no campo. Assim, no primeiro capítulo me ocupo do desenvolvimento político e econômico dos agronegócios, dando maior atenção à reestruturação do capitalismo brasileiro ao longo da década de 1990.

Na sequência – no segundo capítulo – abordei as transformações do mundo rural provocadas pelos governos do PT, destacando o período Lula da Silva. Busquei identificar algumas continuidades e descontinuidades com relação aos governos de FHC, mostrando que as políticas para o campo conduziram à formatação de um mundo rural que opera sob a lógica do capital, impondo um padrão de desenvolvimento do agronegócio não só no âmbito de suas cadeias produtivas, mas também no plano da chamada agricultura familiar - categoria nascida nas fileiras da economia política do agronegócio. Ademais, procurei demonstrar como a constituição do "admirável novo mundo rural" provocou o desmanche progressivo de uma possível reforma agrária que atendesse aos interesses dos trabalhadores – algo reforçado pelas medidas recentes do governo golpista de Michel Temer e que não foram aqui tratadas.

No terceiro capítulo analisei o neodesenvolvimentismo e o bloco de poder dos governos de Lula da Silva que lhe deram sustentação, procurando estabelecer algumas mediações entre as transformações no plano da processualidade do capitalismo brasileiro e suas relações recíprocas com a forma política assumida. Discuti ainda o lugar dos agronegócios na economia política do neodesenvolvimentismo, hoje em bancarrota.

No quarto capítulo examinei o padrão de reprodução do agronegócio a partir de suas contradições no mundo do trabalho. Analisei a degradação e a precarização estrutural da força de trabalho e a alienação das condições elementares da reprodução social provocada pela hegemonia do agronegócio, tomando como objeto principal de análise o setor sucroalcooleiro, o complexo da soja e o complexo de carnes que, juntos, são responsáveis por cerca de 70% da exporta- ção dos agronegócios, como veremos. Debati em que medida o processo de precarização/degradação do trabalho ainda está vinculado ao que muitos autores, a exemplo de José de Souza Martins (2009), chamam de "processo de acumulação primitiva inconcluso" e o quanto responde a um padrão de reprodução determinado pelas condições atuais de crise estrutural do capital, conforme propõe Mészáros (2009).

No quinto capítulo analisei o controle do capital sobre as unidades familiares de produção agrícola e não-agrícola no campo. Busquei identificar e refletir sobre as formas contemporâneas, abertas pelo processo de reestruturação do capital, de subsunção do trabalho no processo do capital e, simultaneamente, de precarização/degradação estrutural do trabalho. Debati o significado do processo de proletarização hoje no âmbito daquela faixa de pequenos proprietários e parceleiros da terra que dispõem de um pedaço de terra, mas operam segundo o comando direto ou indireto do capital, procurando capturar distintas formas de sua expressão, tanto entre aqueles que podem ser considerados como "vitoriosos" no/pelo mercado, quanto entre aqueles que foram avassalados pela concorrência capitalista.

No sexto e último capítulo retomo a discussão sobre o padrão de desenvolvimento dos agronegócios e o desmonte da possibilidade de realização de um programa de reforma agrária, interrogando sua atualidade histórica e as condições e possibilidades atuais de superação do conjunto atual dos problemas agrários.

Optei por escrever em primeira pessoa do singular. Às vezes, em primeira pessoa do plural, a fim de implicar o leitor no texto. Não deixo de reconhecer com isto que as reflexões aqui trazidas são produto de uma construção coletiva do conhecimento. Mas, escrevendo em primeira pessoa do singular, assumo a responsabilidade pelas ideias aqui defendidas.

Por fim, cabe assinalar que este livro terá seus objetivos realizados se permitir aos sujeitos em luta pela terra e pela reforma agrária uma melhor compreensão sobre as condições atuais do desenvolvimento capitalista e da questão agrária brasileiros, contribuindo com sua elaboração cotidiana de uma teoria e prática política capaz de constituir uma alternativa autêntica e radical ao mundo do capital.

O autor
Ribeirão Preto, setembro de 2015

# INTRODUÇÃO

O caminho das reformas é o caminho do progresso pela paz social. Reformar é solucionar pacificamente as contradições de uma ordem econômica e jurídica superada pelas realidades do tempo em que vivemos (...) A reforma agrária não é capricho de um governo ou programa de um partido. É produto da inadiável necessidade de todos os povos do mundo. Aqui no Brasil, constitui a legenda mais viva da reivindicação do nosso povo, sobretudo daqueles que lutaram no campo. A reforma agrária é também uma imposição progressista do mercado interno, que necessita aumentar a sua produção para sobreviver. (Jango, Central do Brasil, Rio de Janeiro, 13 de março de 1964).

Depois do dia 13 de março de 1964 o clima político no Brasil já não era nada, nada afável. Em resposta ao discurso do Presidente João Goulart proferido na Central do Brasil (RJ) foi realizada, seis dias depois, a ultraconservadora Marcha da Família com Deus pela Liberdade, em São Paulo. Em 25 de março, os marinheiros que comemoravam o segundo aniversário da Associação dos Marinheiros e Fuzileiros Navais, que operava na ilegalidade, receberam ordem de prisão do então ministro da Marinha, Silvio Mota. Eles se rebelaram e Jango os apoiou.

Veio o golpe. O "caminho das reformas", do "progresso pela paz social" foi bloqueado. A "legenda mais viva da reivindicação do nosso povo" perdia a maior – quiçá, única – chance histórica de ser realizada sob a confluência virtuosa dos impulsos de uma sociedade civil em plena efervescência política e de uma sociedade política aberta ao caminho das reformas[1].

---

1   No dia 13 de março de 1964 Jango assinou em praça pública os Decretos nº 53.700, 53.701 e 53.702. O primeiro declarava de interesse social para fins de desapropriação as áreas rurais que ladeavam os eixos rodoviários federais, os leitos das ferrovias

Sete meses após o golpe os militares promulgaram o Estatuto da Terra. O ato, na prática, não atendeu à "imposição progressista do mercado interno", que carecia "aumentar sua produção para sobreviver". Tampouco às necessidades do conjunto dos trabalhadores que lutavam há décadas (para não dizer séculos) pela "inadiável necessidade de todos os povos do mundo". O Brasil já estava concluindo a fase pioneira da incorporação do "pacote da revolução verde" (1943-1965)[2], com a elevação da tratorização e do consumo de NPK (Nitrogênio, Fósforo e Potássio), concomitantemente à implementação tecnológica de alguns setores industriais de bens de produção e insumos básicos para agricultura, quando começou a ocorrer o processo de fusão de capitais intersetoriais. Aproveitando as condições econômicas externas adversas, os militares completaram o ciclo da industrialização brasileira, principalmente, no campo, preservando uma estrutura fundiária concentradíssima e garantindo a aliança entre latifúndio e capital.

A ditadura civil-militar sufocou a possibilidade histórica de implantação de um programa de reformas estruturais da/na sociedade brasileira que pudesse criar os institutos mínimos de uma sociedade de bem-estar social. Rompeu, pois, o vínculo orgânico que os trabalhadores criaram entre suas organizações políticas e a sociedade, levando a cabo um projeto de modernização econômica – induzido pelo Estado - que teve o capital estrangeiro como sócio-maior, conduzindo o país ao progresso econômico. Não sem aprofundar os nexos da dependência e da fratura social interna.

No final dos anos 1970 o projeto industrializante estava concluído, mas a sociedade civil ainda permanecia sufocada. Ao fim dos governos militares, anos mais tarde, o Brasil era um país moderno, mas hipotecado ao retrocesso, político, econômico e social. Francisco de Oliveira explicou este processo com a dupla chave teórica da "vanguarda do atraso" e do "atraso da vanguarda". (OLIVEIRA, 1998).

Ao longo da segunda metade dos anos 1970, as erupções políticas se tornaram cada vez mais frequentes. De tal modo que, até a metade dos anos de 1980,

---

nacionais e as terras inexploradas ou exploradas contrariamente à função social e beneficiadas ou recuperadas por investimentos da União; com o segundo decreto, desapropriou em benefício da Petrobrás as ações das companhias permissionárias do refino de petróleo; o terceiro decreto tabelou os aluguéis de imóveis em todo o território nacional, entre outras providências.

2    Vale mencionar que já em 1946 houve registro do uso de compostos organoclorados no Brasil, quando também foram introduzidos os inseticidas sistêmicos. No período de 1954 a 1960 houve 2.045 registros de novos produtos junto ao Ministério da Agricultura. Em 1958, chegaram ao Brasil os antibióticos à base de sais de estreptomicina. (ALVES FILHO, 2002, p. 25).

O padrão de desenvolvimento dos agronegócios no Brasil (...) 23

haviam se formado os principais instrumentos de organização da classe trabalhadora que, durante e após a redemocratização, teriam uma atuação ímpar – para o bem ou para o mal. Em 1980, o Partido dos Trabalhadores (PT); em 1983, a Central Única dos Trabalhadores (CUT); em 1984, o Movimento dos Trabalhadores Rurais Sem Terra (MST).

Sobre as ruínas da ditadura do grande capital despontou a luta por um projeto popular e democrático para o país. As velhas bandeiras da classe trabalhadora foram tiradas do baú de antiguidades e empunhadas novamente. A reforma agrária, assim, voltou à cena. Não mais como uma "imposição progressista do mercado interno", mas como uma "tarefa em atraso", uma reivindicação, sobretudo, daquela fração da classe trabalhadora afetada drasticamente pela modernização capitalista promovida pelos militares. Suas bases, assim, eram novas. O processo de proletarização dos anos de 1970 as determinava mais que a necessidade de "destravar" a acumulação capitalista – função clássica da reforma agrária.

Em 1985, o primeiro governo civil depois de 21 anos foi de um conservador. José Sarney. Foi com ele que nasceu o I Plano Nacional de Reforma Agrária (PNRA) que, até o final de 1989, já havia virado letra morta. Em 1987 foi aberta a Assembléia Constituinte. Em 1988, o Brasil tinha uma nova Constituição Federal da República. Em 1989, as primeiras eleições diretas: a sociedade ficou polarizada entre as novas forças do trabalho, que orbitavam basicamente em torno do PT, e a velha tradição conservadora, que tinha na figura de Collor de Mello sua síntese. Tudo isso sob o pano de fundo da intensa crise econômica que atravessou a década, levando a alguns a conceituarem-na de "década perdida". O resultado deste processo é conhecido: Lula da Silva perdeu as eleições. E o lapso político que parecia ter aberto a história, se esvaiu. A reforma agrária caiu, pois, em desgraça.

No seio do processo de globalização, e aderindo às possibilidades que o sistema do capital abria para a periferia, os governos da década de 1990 aprofundaram a dependência econômica brasileira por meio da implantação de um conjunto de políticas neoliberais e do desmonte do tripé formado por Estado--capital nacional-capital estrangeiro que havia sustentado a expansão capitalista das décadas anteriores. Privatizações, desnacionalização do patrimônio público, transferência do controle dos setores-chave e dinâmicos da economia para o capital já transnacionalizado, ataque frontal contra os direitos conquistados pelos trabalhadores foram as marcas indeléveis do período.

Progressivamente, o Brasil foi inserido na nova estrutura global do capital, que só reservou aos países da periferia – inclusive os mais industrializados, com capacidade produtiva – a velha posição subalterna perante os países centrais.

Com a diferença que, àquela altura, o centro do capital também já enfrentava um conjunto de obstáculos econômicos e sociais a sua plena realização. Os países periféricos assistiam a sua inserção na "globalização do capital", mas sem a possibilidade de saltarem para além do subdesenvolvimento que experimentaram ao longo de sua história. Pois, ao contrário do que imaginavam os teóricos do desenvolvimento à Rostow - em todas as suas variantes - o subdesenvolvimento não era uma etapa a ser superada. Mas a forma particular da "integração para fora", ou, dito de outra maneira, o modo próprio de inserção na divisão internacional do trabalho que, dado o grau de maturação do desenvolvimento das forças produtivas, já não permitia qualquer avanço para além daquele que os governos neoliberais "conquistaram". Ao menos "dentro da ordem".

Essa nova condição se chocou frontalmente com as conquistas políticas obtidas pela classe trabalhadora ao longo da década de 1980 por meio de suas lutas, tanto no que se refere aos novos instrumentos de organização da classe conquistas (partidos, movimentos sociais, centrais sindicais, entre outros), quanto aos próprios direitos sociais conquistados formalmente. Criou-se, então, uma contradição entre as conquistas políticas da década de 1980 que se cristalizaram na Constituição Cidadã de 1988 e a processualidade concreta da histórica, marcada por um capitalismo exigente por contra-reformas que favorecessem a reprodução ampliada do capital em diversos setores. No quadro internacional de ofensiva do capital, os direitos conquistados no seio da luta contra a ditadura civil-militar e pela redemocratização viraram fumaça.

O empreendimento fordista, sempre precário por aqui, deu lugar às formas "flexíveis" de produção e gestão da força de trabalho. Parte muito significativa daquela massa de trabalhadores produzida durante o ciclo de industrialização do capitalismo brasileiro perdeu seu lugar na produção; os postos de trabalho sobrantes, ou criados pelo novo padrão de especialização produtiva do capital que foi sendo implementado no Brasil, passaram a ser intensamente disputados. A precarização/degradação, expressão do desemprego estrutural, marcou o mundo do trabalho definitivamente. Despontou, inclusive, uma espécie de nova proletarização, desta vez levada a cabo pela reestruturação produtiva do capital, não mais pela modernização/industrialização, ou, como escreveu Maria Orlanda Pinassi (2009), ditada pelo fracasso e não pelo sucesso do capital.

A completude da modernização do campo abre o ciclo da reestruturação produtiva do capitalismo brasileiro, de modo que, as bases para que o capital ali operasse sob as condições globais da acumulação já estavam prontas. FHC, chegando ao mais alto posto de comando do Estado, depois do atabalhoado e corrupto governo de Collor de Mello – que em 1992 sofreu *impeachment* -, foi o *condottiere* da constituição de uma nova institucionalidade para tanto.

A partir de 1993, com a criação da Associação Brasileira do Agronegócio (ABAG), antes mesmo de Fernando Henrique Cardoso assumir seu primeiro mandato na Presidência República, difundiu-se uma concepção de agricultura e agropecuária baseada na gestão e no gerenciamento do sistema agroindustrial. Isso foi concomitante à abertura comercial e financeira ao capital transnacional, que já dominava os mercados de fatores de produção para a agricultura e para a agropecuária. Com a ascensão de FHC, as grandes empresas do agronegócio encontraram na política macroeconômica (baseada no câmbio flexível e na alta taxa real de juros) as condições ideais para se expandirem.

Em 1994 veio à cena o programa "Novo Mundo Rural", que buscava integrar o pequeno produtor ao mercado, dinamizando a reprodução capitalista por meio da confluência com as concepções gerenciais e produtivas do campo que a Abag difundia. A reforma agrária, por seu turno, passou a ser tratada como uma política de mercado. O governo dinamizava o mercado de terras e, simultaneamente, tentava arrasar as bases sobre as quais os movimentos sociais atuavam, especialmente o MST que, por seu turno, vivia seu maior processo de expansão, ou, no jargão político, de "ascenso de massas".

Durante a década de 1990, a política de assentamentos rurais praticada por FHC foi parca. A luta pela terra e pela reforma agrária, no entanto, cresceram substancialmente, alcançando seu pico no ano de 1997, quando a marcha do MST, vinda de vários pontos do país, chega a Brasília com cerca de 100 mil trabalhadores e trabalhadores, do campo e da cidade. Isto ocorreu um ano depois da polícia paraense assassinar 21 trabalhadores rurais sem terra em Eldorado dos Carajás.

A bandeira da reforma agrária, à época, ganhou grande notoriedade no Brasil e no exterior, mobilizando distintos setores da classe trabalhadora e das classes médias. Porém, os movimentos sociais, organizações sindicais e partidos políticos que a sustentavam – sobretudo em função da luta direta praticada pelo MST – não acumularam forças o suficiente para inseri-la na agenda do Estado brasileiro. Até porque, nadavam contra a corrente. A reestruturação produtiva do capitalismo brasileiro, no quadro das novas condições de reprodução do capital, reguladas pelo capital financeiro, dispensava qualquer reforma em favor dos trabalhadores.

No final da década de 1990, com um grande desequilíbrio das contas externas, o segundo governo de FHC adotou uma nova estratégia: a produção de *superávit* primário a fim de suprir o déficit das contas. O campo, já convertido em importante espaço de reprodução do capital sob as novas condições impostas pela reestruturação produtiva, garantiu, desde então, a nova política econômica do governo. Uma série de medidas foi tomada para impulsionar a produção de *commodities* agrícolas, entre elas, o investimento em infraestrutura, o afrouxamento na regulação do mercado de terras, mudanças na política cambial e direcionamento das pesquisas da Empresa Brasileira de Pesquisa Agropecuária (Embrapa), a fim de atender as empresas transnacionais do agronegócio que já operavam por aqui. (DELGADO, 2010, p. 94).

Arrasado pela Terceira Revolução Industrial (sem bases para a produção de mercadorias com valor agregado, capaz de garantir uma competitividade no patamar exigido pela concorrência internacional) (OLIVEIRA, 2003), mas com o campo altamente modernizado, com vastas extensões concentradas de terras e com uma política que favorecia a circulação livre do capital financeiro e transnacional, a intensificação da produção agropecuária atendia, simultaneamente, a demanda internacional por *commodities* agrícolas – de países como a China, em franca expansão das forças produtivas – e a estratégia política interna de inserção do país no circuito internacional de acumulação do capital. Assim, ganhou importância um novo padrão de desenvolvimento do capital no campo, consoante às condições globais da acumulação capitalista, ideologicamente chamado de agronegócio.

Até a primeira década do novo século, porém, este processo ainda não estava consolidado. No decorrer da década de 1990, o PT se converteu no sócio mais promissor da burguesia apátrida. A derrota para Collor de Mello nas eleições de 1989 encetou um período marcado pela ofensiva do capital, expressa pelo conjunto de contra-reformas que, desde então, operam a reestruturação do capitalismo brasileiro. Mas representou também a capitulação deste que foi o instrumento político-partidário mais importante de organização da classe trabalhadora do pós-1964. No pleito de 2002, seu programa já estava completamente desfigurado com relação ao projeto gestado na década de 1980. A reforma agrária não passava de uma breve proposta política no interior do programa "Fome Zero" que, por sua vez, deveria promover a redução da miséria no Brasil.

Como afirmou Francisco de Oliveira, a vitória do PT em 2002 para o cargo presidencial marcou o início de uma nova forma de dominação, na qual os "dominados" fornecem a direção moral da sociedade, mas capitulam frente à exploração desenfreada do capital. Nesta, "...são os dominantes – os capitalistas e o capital, explicite-se – que consentem em ser politicamente conduzidos pelos dominados, com a condição de que a 'direção moral' não questione a forma da exploração capitalista" (OLIVEIRA, 2010, p. 27). O padrão dependente de desenvolvimento capitalista brasileiro recebera o consentimento dos "dominados", na forma de um exercício político do que, provocativamente, Francisco de Oliveira chamou de hegemonia às avessas. (OLIVEIRA, 2010).

A política macroeconômica praticada pelo PT se inspirou no receituário neoliberal. A estratégia do equilíbrio das contas externas adotada por FHC, que tinha nos agronegócios um de seus principais pilares, foi essencial para garantir as novas condições de expansão das forças produtivas. Entre 2003 e 2008, o setor cresceu a taxas superiores a 20% ao ano. (BRASIL, 2009). Os investimentos em infraestrutura produtiva se expandiram assustadoramente, com o lançamento do Programa de Aceleração do Crescimento I e, anos mais tarde, PAC II. Com a Política de Desenvolvimento Produtivo (PDP), que encontrou no Banco Nacional do Desenvolvimento Econômico e Social (BNDES) seu principal financiador – com recursos provindos principalmente do Fundo de Amparo ao Trabalhador (FAT) – o Estado passou a compor organicamente o capital privado e a operar na conversão de grandes empresas em *players* globais, garantindo sua competitividade no acirradíssimo mercado internacional. Estava aberto um novo surto de expansão capitalista que, depois de 2005, foi chamado pelos ideólogos do PT e seus asseclas de neodesenvolvimentismo.

Por um lado, a "descoberta" dos fundos públicos converteu o Estado em uma espécie de "mina de ouro" – a Serra Pelada dos anos 2000 das "altas capas do proletariado", líderes sindicais, dirigentes e militantes de movimentos sociais e outras organizações da classe trabalhadora. (OLIVEIRA, 2003). Por outro lado, as políticas públicas focalizadas de redução da miséria encarnadas pelo Bolsa Família foram a salvaguarda da parcela mais precarizada (e desorganizada) da classe trabalhadora. Além disso, outras políticas sociais e econômicas contribuíram, decisivamente, para a expansão do "novo" programa de desenvolvimento, tais como a ampliação de vagas para a universidade (entre elas, as cotas), direitos para "minorias", distribuição de créditos para o consumo de bens duráveis, grande ampliação das vagas de emprego, entre inúmeras medidas assinadas pelo PT, apartaram a classe trabalhadora do cotidiano da luta política – tão necessário para a afirmação de sua identidade de classe.

Não foi apenas a "legenda mais viva da reivindicação do nosso povo" que perdeu fôlego perante as transformações no âmbito da acumulação capitalista e da relação entre sociedade política e sociedade civil promovida pelo PT, mas o próprio movimento político – que as genéricas "Manifestações de Junho de 2013" ainda não reanimaram, embora a vontade de seus analistas mais apressados e entusiasmados aponte para o lado contrário.

No quadro da precarização estrutural do trabalho e das novas formas de acumulação "flexíveis", o governo do Partido dos Trabalhadores foi decisivo para a desfiguração da capacidade organizativa da classe trabalhadora. Isto não quer dizer que as lutas sociais no campo – ou na cidade - cessaram. As ocupações de terra, por exemplo, continuaram, embora em ritmo menor, como veremos ao longo do trabalho. No entanto, as políticas para o campo, particularmente, para a chamada agricultura familiar, entre inúmeros aspectos, foram um importante mecanismo para frear o enfrentamento contra o capital que a luta pela terra e pela reforma agrária poderiam significar. Ao lado do surto de expansão capitalista representado pelo agronegócio, o Programa Nacional de Fortalecimento da Agricultura Familiar (PRONAF) – vale lembrar, criado por FHC -, entre outras políticas públicas para o setor, produziu um mercado institucional com recursos financeiros de ordem sem precedentes. Desta vez, foram as "capas altas do proletariado" rural – para usar novamente a expressão de Oliveira (2003) – que se esbaldaram.

Com Lula da Silva, o desenho de um "novo mundo rural" – tal como propusera o Banco Mundial uma década antes da ascensão do PT – ganhou contornos mais bem definidos. E o que parecia ser uma política contraditória – o investimento no agronegócio e, ao mesmo tempo, na agricultura familiar – revelou-se um programa de "integração capitalista do campo": de um lado, a produção de *commodities* para exportação, assegurando o lugar subalterno do país na divisão internacional do trabalho, e a produção para o mercado interno, garantindo um lugar ao sol para a agricultura familiar integrada – direta ou indiretamente subalterna - ao agronegócio.

A reforma agrária, que já havia caído em desgraçada há décadas sofreu seu maior revés ao longo dos anos 2000. Os governos de Lula da Silva e Dilma Rousseff tiveram um desempenho pífio até mesmo na promoção da política de assentamentos rurais praticada no pós-ditadura civil-militar. Eles optaram por converter algumas regiões – sobretudo Sul e Sudeste – e uma pequena massa de agricultores familiares, entre os quais uma parcela pouco expressiva de assentamentos rurais, em "empreendedores dinâmicos" responsáveis pelo abastecimento do mercado interno. Outros, despojados da terra, pequenos proprietários, posseiros, meeiros, parceleiros mal sucedidos no mercado foram lançados à própria sorte: afetados pelas formas contemporâneas de proletarização foram engrossar o caldo do desemprego estrutural. Aqueles que foram incluídos pela porta da frente no mundo capital, por seu turno, também experimentaram outras formas de proletarização, sob a subsunção do trabalho no processo do capital ou a subordinação à sua lógica de produção.

O relançamento do agronegócio – como prefere chamar Delgado (2010) –, exponenciado pelo neodesenvolvimentismo, induziu um padrão de acumulação que avivou todo o espectro destrutivo do capital, baseado na exploração predatória dos recursos humanos e ecológicos, no avanço desmedido sobre os territórios, na aceleração da expansão da fronteira agrícola, implicando diretamente a alienação das condições elementares da reprodução social.

Desse modo, o desenvolvimento do agronegócio, com parte do neode-

O padrão de desenvolvimento dos agronegócios no Brasil (...)          29

senvolvimentismo, redefiniu de maneira drástica o problema agrário brasileiro, fechando o caminho da reforma agrária como "imposição progressista do mercado interno, que necessita aumentar sua produção para sobreviver". Do ponto de vista do desenvolvimento das forças produtivas do capital, a reforma agrária perdeu sua vitalidade histórica por completo; esgotou a capacidade que possuía até as vésperas do golpe militar de 1964 de operar mudanças políticas e econômicas que pudessem produzir um desenvolvimento capitalista autônomo e uma sociedade nacional soberana. Mas teriam as novas condições da acumulação capitalista em âmbito global e o novo padrão de reprodução de capital no campo, instalado desde a ditadura civil-militar, atualizado seu sentido histórico?

Neste trabalho tive como objetivo analisar o padrão – econômico, político e social – de desenvolvimento do agronegócio nas últimas décadas e o projeto político que lhe dá forma, principalmente, a partir do impulso recebido através do programa neodesenvolvimentista dos governos do PT. Simultaneamente, discuti a atualidade histórica da reforma agrária sob as novas condições de reprodução do capital, ditadas por sua crise estrutural.

## CONSIDERAÇÕES SOBRE TEORIA E MÉTODO

Adotei aqui a teoria da crise estrutural do capital, de István Mészáros (2009), autor que levou às últimas consequências a tendência identificada por Marx e Engels, já N' A *Ideologia Alemã*, segundo a qual: "no desenvolvimento das forças produtivas advém uma fase em que surgem forças produtivas e meios de intercâmbio que, no marco das relações existentes, causam somente malefícios e não são mais forças de produção, mas forças de destruição..." (MARX, ENGELS, 2007a, p. 41). Em sua obra seminal, "Para além do capital: rumo a uma teoria da transição", o filósofo húngaro examinou o modo contemporâneo de funcionamento do sistema do capital, confirmando o prognóstico de Marx e Engels, segundo o qual à medida que se desenvolve, o modo de produção capitalista produz contradições inalienáveis que se tornam cada vez mais explosivas, materializando a tendência ao (auto)bloqueio de sua dinâmica interna que, por seu turno, se reverte na eliminação do potencial civilizador que o desenvolvimento do capital outrora comportou.

Conforme assinalou Plínio de Arruda Sampaio Jr., o núcleo do problema está "...no fato de que a tendência decrescente da taxa de lucro, resultado da própria expansão das forças produtivas, acirra de maneira irreconciliável as contradições entre o capital e o trabalho". E completa: "ao alcançar seus limites absolutos, a relação capital-trabalho passa a ser um grilhão para o desenvolvimento das forças produtivas" (SAMPAIO JR., 2011, p. 199). Esta tendência reduz a margem de viabilidade produtiva do capital, impactando de modo avassalador sobre as condições da reprodução capitalista de cada formação histórico-social particular, sobretudo no quadro da globalização do capital – do mesmo modo como as condições particulares da reprodução capitalista de cada formação histórico-social operam sobre o conjunto do sistema do capital, reciprocamente.

Com isto, argumentei que as condições historicamente "truncadas" de expansão do capitalismo brasileiro viabilizam os expedientes contemporâneos da acumulação de capital no seu padrão atual. Deste modo, antes de se constituírem como momentos de uma suposta acumulação primitiva de capital inconclusa, o acirramento do controle do capital sobre o trabalho, expresso, entre outros, na superexploração do trabalho e do objeto de sua intervenção, são característicos da redução da margem de viabilidade produtiva do capital no atual quadro de sua crise estrutural, segundo as características particulares da formação social brasileira.

Nesse sentido, seria o próprio progresso, nas condições historicamente determinadas pela modernização capitalista brasileira – constituída sob as bases do latifúndio – a produzir/reforçar engendra o atual padrão destrutivo das relações sociais de produção, como a exacerbação da extração de mais-trabalho e o consumo avassalador dos recursos ecológicos. Observei esta tendência: (a) ao estudar as relações de trabalho em algumas cadeias produtivas do agronegócio e o padrão (alienado) de utilização dos recursos naturais e ecológicos disponíveis; (b) e ao analisar a subsunção da unidade familiar de produção agrícola e não-agrícola ao capital – vale dizer, relação nem sempre mediada pela grande empresa (não raro, de capital transnacional) do agronegócio.

Lancei mão do conceito de superexploração para me referir à intensificação da exploração da força de trabalho por meio da combinação da extração de mais-valia absoluta e mais-valia relativa, incluindo aí as mais diversas situações, do trabalho análogo à escravidão ao "trabalho precário", informal, carente de direitos trabalhistas previstos pela legislação vigente. Todas, expressões da assim chamada "acumulação flexível" de capital, decorrente das condições atuais do desenvolvimento das forças produtivas, conforme anteriormente mencionado. Como veremos, especialmente no quarto capítulo, minha análise privilegiou as três principais cadeias de produção do agronegócio que, juntas, somam cerca de 70% do total da produção de *commodities* agrícolas exportadas: o complexo da soja, de carnes e o setor sucroalcooleiro.

O conceito de agricultura familiar aqui empregado se refere a uma relação social de produção mediada do capital. Assim, não remete a todas as experiências produtivas baseadas no trabalho familiar, mas a uma categoria determinada, nascida nas fileiras do processo de reestruturação produtiva do capitalismo e de hegemonia do agronegócio. No capítulo quinto, porém, utilizo o conceito de unidade de produção agrícola e não-agrícola de base familiar em detrimento da concepção de agricultura familiar, buscando capturar o conjunto das experiências produtivas no campo (agrícolas e não-agrícolas) que utilizam trabalho de membros da unidade familiar. Preocupei-me em analisar a relação de comando do capital sobre estas experiências e a subsunção do trabalho no processo de constituição do capital. Minha análise não leva imediatamente a nenhuma conclusão segundo a qual a conquista de um lote ou a integração produtiva ao capital, por exemplo, não represente, respectivamente, melhora nas condições de vida dos trabalhadores ou aumento da renda, ou da capacidade de consumo. Desde já é importante salientar que não há relação direta entre renda e condições de trabalho ou mesmo entre renda e condições de vida. O que procuro demonstrar é a perda progressiva da autonomia do trabalho, ou seja, a proletarização, mesmo quando força de trabalho e meios de produção não estão completamente apartados.

Ademais, não tomo o conceito de agronegócio para descrever um fenômeno empírico, expresso pelas operações de produção, processamento e distribuição de mercadorias, embora também lance mão deste recurso quando necessário (como no primeiro capítulo). Busco, diferentemente, de acordo com a proposição feita pelo economista Guilherme Delgado, "...desvendar, desnudar e desencobrir o sentido essencial das relações econômicas [políticas] e sociais que se dão no interior deste setor (do agronegócio)..." (DELGADO, 2013, p. 59), localizando-o de acordo com as condições atuais do desenvolvimento capitalista brasileiro. Por essa razão, não há aqui um corte setorial do agronegócio, uma vez que me interessou seu padrão de desenvolvimento econômico, político e social no campo.

Ademais, submeter a economia política do agronegócio à crítica permitiu-me, entre outros, observar os nexos e a natureza das relações entre o grande capital e a pequena propriedade ou posse da terra e as diferentes formas de subsunção do trabalho no processo de produção do capital. Como a presente pesquisa revelou, o processo de precarização/degradação do trabalho está presente em praticamente toda a cadeia de produção do agronegócio, onde a extração de mais-valor ocorre, seja expropriando o trabalhador dos meios de produção, seja impondo sua lógica e sua estrutura de comando à pequena propriedade ou parcela de terra conquistada para extrair mais-valia do "trabalhador-proprietário/parceleiro".

Fica evidente, assim, que optei por analisar o processo de subsunção, formal e real do trabalho no processo do capital, em detrimento da análise da renda da terra. Não penso, por isso, que os distintos pontos de partida da análise – a subsunção do trabalho no processo do capital ou a renda da terra – sejam excludentes, mas minha opção permitiu-me visualizar a subordinação estrutural do trabalho ao capital e a generalização do trabalho abstrato, mesmo nos casos onde não há propriamente uma relação de assalariamento por tempo de trabalho.

Com isto, acredito ter corroborado a hipótese segundo a qual está em curso um processo importante (e mesmo renovado) de proletarização no campo – sistematicamente nublado pelas pesquisas sobre a pluriatividade no mundo rural brasileiro contemporâneo -, da base social da reforma agrária; trabalhadores, que se supunha, terem superado esta condição por meio da luta e da conquista da terra. E também a proletarização de pequenos proprietários rurais que, com a integração produtiva às cadeias do agronegócio, tendem a produzir mais-valor para o grande o capital. Por este caminho também indiquei a conexão crescente das unidades familiares de produção agrícola e não-agrícola à produção de valor para o capital – processo, vale dizer, de importância extrema na atualidade e que ainda merece mais atenção. Para tanto, tomei como referências as pesquisas já existentes sobre os setores fumageiro e avícola.

De modo geral, a análise da superexploração do trabalho nas principais cadeias de produção do agronegócio, do avanço do capital sobre os recursos ecológicos e da proletarização no âmbito das unidades familiares de produção agrícola e não-agrícola no campo, incluindo a base social da reforma agrária, além de permitir a observação do padrão destrutivo de reprodução de capital no campo sob a lógica dos agronegócios, foi de fundamental importância para indicar algumas condições e alguns desafios para a luta pela reforma agrária hoje.

Procurei trazer à tona neste trabalho a força das determinações econômicas do capital, mas colocando em relevo a vontade política das classes em confronto, como propôs Antonio Gramsci (2003). Assim, procurei articular a tendência geral da acumulação capitalista contemporânea com a dinâmica interna das classes sociais em disputa, atribuindo à política uma posição mais digna que aquela que lhe foi reservada pela tradição estruturalista do marxismo.

Abordei os processos sócio-econômicos e ideopolíticos após o fim da ditadura civil-militar de 1964, principalmente o período mais recente, de ascensão e *aggiornamento* do Partido dos Trabalhadores, identificando o bloco de poder e o programa econômico responsável pela viabilidade dos agronegócios nas últimas décadas.

Metodologicamente, vale destacar ainda que, abordar o problema agrário,

O padrão de desenvolvimento dos agronegócios no Brasil (...)

ou o conjunto de problemas agrários produzidos como contradições do desenvolvimento histórico brasileiro não requer, necessariamente, abordar a reforma agrária. Como advertiu José de Souza Martins (1999b), o contrário, porém, é absolutamente necessário, já que não é possível interpelar a reforma agrária sem antes definir o conjunto de problemas a que deve responder. Nesse sentido, optei por trabalhar a relação de determinação recíproca entre a questão agrária e a reforma agrária.

Procurei construir a argumentação na perspectiva de mostrar o padrão de desenvolvimento econômico, político e social do agronegócio, cercando a discussão sobre a reforma agrária – seja por meio da exposição do que entendi ser o seu "desmonte" durante o período histórico assinalado anteriormente, seja por meio da indicação de sua atualidade histórica perante os problemas agrários gerados pelo desenvolvimento do agronegócio no contexto de emergência de novas formas de acumulação de capital no campo.

Não chamo de reforma agrária o conjunto de modificações processadas no campo sob o comando do capital, a fim de preservar o sentido histórico-político do termo, associado à luta da classe trabalhadora. Assim, toda vez que o conceito é trazido ao texto refere-se ao conjunto de medidas políticas e econômicas capaz de sanar os problemas agrários, segundo os critérios e os interesses da classe trabalhadora. Quando necessário, adotei o conceito proposto por Umbelino de Oliveira (2010) de contrarreforma agrária, para me referir aos mecanismos que impedem a realização da reforma agrária ou eliminam as conquistas políticas obtidas.

O recurso permanente a historiografia foi trazido ao texto de acordo com a necessidade da argumentação teórica e não segundo o encadeamento dos fatos – apesar de que, em geral, busquei respeitá-lo, a fim de oferecer ao leitor, sempre que possível, uma sequência lógica da processualidade histórica. Como veremos procurei estabelecer alguns nexos entre determinadas conjunturas políticas e o processo histórico mais amplo que as produziu, a partir de intensa pesquisa bibliográfica e documental. Por abordar o atual período histórico, quando necessário, também busquei dados junto à imprensa cotidiana.

Por fim, cabe ainda assinalar que, adotar o ponto de vista da crítica à economia política e, ao mesmo tempo, dar relevo à dimensão da política possui, pelo menos, duas implicações fundamentais. Primeiro, reconhecer que qualquer perspectiva de mudança social deve ser posta para além da sociedade do capital; segundo, e por decorrência, que a tarefa política dos sujeitos históricos consiste na luta pela construção da sociedade além do capital, independentemente da existência, no presente, de eventuais bloqueios econômicos, sociais e políticos para tanto.

# A ASCENSÃO DOS AGRONEGÓCIOS NO BRASIL

## O CONTEXTO SÓCIO-HISTÓRICO DE SEU SURGIMENTO

A virada da década de 1980 para a década de 1990 inaugurou um importante momento político na história brasileira. Pela primeira vez em 21 anos o país elegeu um Presidente da República por eleições diretas.

Com o esgotamento do modelo de expansão capitalista baseado no investimento do capital privado, nacional e internacional, e no financiamento público-estatal, uma dívida externa astronômica, taxas inflacionárias elevadíssimas e estagnação do crescimento econômico, a ditadura civil-militar, que havia se instalado em 1964, ruiu de dentro para fora e de fora para dentro, mas com sua tarefa histórica cumprida. Assim, no final dos anos de 1970 a redemocratização era questão de tempo.

As lutas sociais que a ditadura sufocou durante duas décadas foram retomadas com algum volume, quando as greves operárias da região do maior pólo industrial do país mobilizaram centenas de milhares de trabalhadores, ainda durante a década de 1970. Em 1980, foi notável o surgimento de movimentos de massas bastante vigorosos, dos quais resultaram o único partido também de massas e uma forte estrutural central de sindicalismo, além do mais importante movimento de luta pela terra de toda história brasileira. Refiro-me, respectivamente, ao Partido dos Trabalhadores (PT), a Central Única dos Trabalhadores (CUT) e ao Movimento dos Trabalhadores Rurais Sem Terra (MST).

O reingresso brasileiro na democracia política a partir de 1990, no entanto, não poderia ser realizado impunemente, sobretudo depois de um processo de transição que resultou mais da crise orgânica da ditadura civil-militar que propriamente da força da sociedade civil. Ademais, o intenso processo de mobilização popular e formação de uma cultura política baseada nas lutas da classe trabalhadora que atravessou os idos de 1980, cristalizando-se na Constituição Federal de 1988, sofreu uma grande derrota ainda no ano de 1989, quando a estratégia construída pelo PT, CUT e MST saiu derrotada da primeira eleição direta do pós-ditadura civil-militar.

Os brasileiros mal havíamos começado a ler a Constituição Cidadã e a "solução" para a crise econômica veio por meio da vitória das velhas forças conservadoras da vida política nacional. A fatídica derrota da esquerda nas eleições de 1989 converteu em areia movediça o chão (já não tão) sólido sobre o qual se assentavam os instrumentos de organização e luta por reformas e direitos, assim como os próprios direitos sociais.

Como explicou Francisco de Oliveira, o Brasil experimentou um aparente esgotamento do papel do Estado na expansão capitalista, quando, nos anos de 1980, a dívida externa foi convertida em dívida interna. Os altos índices inflacionários foram "resolvidos" pela abertura comercial e pela competição internacional, que passou a abocanhar parte substantiva da mais-valia produzida internamente. Com isso, os preços foram estabilizados, mas ao custo da injeção permanente de capital especulativo, que sustentava a moeda e cobria a brecha comercial provocada pela abertura da economia. (OLIVEIRA, 1998, p. 6).

Em 1989, o *Institute for International Economics* reuniu em Washington--EUA, os mais proeminentes economistas neoliberais, que atuavam nos chamados organismos internacionais, a exemplo do Fundo Monetário Internacional (FMI), Banco Mundial (BM), além de representantes do governo norte-americano e economistas da América Latina. Sob o tema *Latin America Adjustament How Much has Happened?*, os presentes definiram um rol de medidas que deveriam ser tomadas em/pelo conjunto de países latino-americanos que, no geral, experimentavam graves crises econômicas, com o esgotamento do modelo implementado sob seus governos ditatoriais.[1]

Os anos de 1990 consolidaram, assim, o que Francisco de Oliveira chamou de "subjetivação burguesa da privatização do público", cuja expressão mais visível foi a onda de privatizações das estatais promovidas pelos governos de Fernando Henrique Cardoso.[2] Era como se o Estado estivesse falido e precisasse ser sustenta-

---

1 Vale registrar que a história de cada formação econômico-social guarda importantes distinções. Assim, por exemplo, enquanto os governos militares implementaram políticas liberalizantes no Chile, na Argentina promoveram a desnacionalização da estrutura produtiva e no Brasil foram responsáveis pela modernização capitalista, completando o ciclo de industrialização, sobretudo no campo.

2 Sobre as privatizações promovidas sob os governos de FHC ver BIONDI, 1999, 2003.

O padrão de desenvolvimento dos agronegócios no Brasil (...)        37

do pelo capital privado, quando "o processo real é [foi] o inverso: a riqueza pública, em forma de fundo, sustenta a reprodutibilidade do valor da riqueza, do capital privado". Prossegue o autor: "esta é a forma moderna de sustentação da crise do capital, pois anteriormente, como nos mostrou a Grande Depressão de trinta, assim como todas as grandes crises anteriores, o capital simplesmente se desvaloriza" (OLIVEIRA, 1998, p. 6). Por isso, o "esgotamento" do papel do Estado na expansão capitalista foi aparente.

Para a América Latina, o receituário do Consenso de Washington incluía disciplina fiscal e eliminação do déficit público; reforma tributária com ênfase na produção de impostos indiretos; liberalização financeira e do comércio exterior; taxa de câmbio competitiva; eliminação das restrições ao capital externo e permissão para o investimento direto estrangeiro; privatização das empresas estatais; desregulamentação econômica e das leis trabalhistas; novo regime de propriedade intelectual. (NEGRÃO, 1996, não paginado).

Mais que definir a forma e o conteúdo da política econômica a ser adotada nos países da América Latina, o Consenso de Washington indicava, por meio das medidas que impunha, que a crise econômica que os acometia tinha raízes mais profundas e que as medidas políticas para sua reversão estavam se estendendo para o conjunto do sistema do capital. Vejamos este processo mais de perto.

Ao longo da década de 1960, os Estados Unidos, que haviam liderado o processo de expansão de capital do pós-guerra, viram suas margens de lucro comprimir-se e a inflação acelerar-se. Ante a desaceleração da economia, o país respondeu com políticas expansionistas. Porém, estas políticas fragilizaram o dólar, criando uma contradição interna representada pela necessidade de estimular o crescimento econômico para manter sua posição hegemônica perante os demais países capitalistas e a própria vitalidade do sistema do capital e, simultaneamente, frear o crescimento e impedir a derrocada da moeda. (PAULANI, 2008, p. 112).

A crise americana fez com que o presidente Nixon rompesse, em 1971, com o sistema de Bretton Woods, desvinculando o dólar do ouro. Em 1973, foi a vez da crise da Organização dos Países Exportadores de Petróleo (OPEP), que abalou fortemente o país no ano seguinte. Em 1976, o Fundo Monetário Internacional se reuniu em Kingston, na Jamaica, e legalizou as taxas de câmbio flutuantes, abolindo o papel do ouro como reserva e definindo que seria de responsabilidade de cada país determinar a paridade de uma moeda com relação à outra.

Segundo Leda Paulani abriu-se, naquele momento, o período que mais tarde foi chamado por ela, a partir da referência de Chesnais, de "dominância da valorização financeira". Os capitais multinacionais, sobretudo norte-americanos que operavam na Europa buscaram outras formas de valorização. "Foram então se abrigar na *city* londrina, um espaço *offshore* em que depósitos bancários circulavam fora do território norte-americano e eram registrados em bancos situados fora dos Estados Unidos", o Euromarket, "estimulado pelo recorrente déficit do balanço de pagamentos norte-americano...". Criou-se, então, "...um volume substantivo de capitalistas que buscavam valorização exclusivamente financeira, num movimento que se desenvolveu ao desabrigo de qualquer tipo de controle estatal" (PAULANI, 2008, p. 112). Entre 1978 e 1980, a acumulação de capital financeiro sofreu poucas desacelerações e as crises financeiras ocorridas a partir do final da década de 1980 pouco impactaram essa expansão – ao menos até 2008. (CHESNAIS, 2011, p. 194-195).

Segundo Chesnais (2003), a crise do modo de regulação fordista-keynesianista levou à mundialização financeira. Ou, dito de outra forma, as dificuldades de acumulação de capital na esfera da produção fizerem-no buscar formas de valorização na esfera financeira. A concorrência intercapitalista e a incorporação cada vez mais crescente e preponderante da ciência e tecnologia ao processo produtivo tornaram a produção mais onerosa. Sob tais condições, a contradição entre capital e trabalho se acirrou. O Estado, ao mesmo tempo, teve sua capacidade de arrecadação e investimentos crescentemente comprometida, surgindo, daí, a necessidade de remoção das barreiras protecionistas que representam empecilhos ao processo de valorização do capital.

Nos termos do autor francês, a forma de regulação adequada ao novo regime de acumulação passou a ser ditada pelo capital financeiro, constituindo uma "dominância financeira"[3]. O "circuito longo" de produção de capital, representado pela aplicação do dinheiro no processo produtivo que, ao final, produz mais dinheiro foi dominado por uma forma "encurtada" de remuneração do capital, na qual o dinheiro se expande sem a mediação da produção, diretamente na esfera da circulação. Uma espécie de "percurso abreviado", que cria a ilusão – e somente uma ilusão - de que o capital pode realizar-se na esfera da circulação sem passar pela produção. (CHESNAIS, 2003, p. 46-47). Esta mudança no regime de acumulação resultou do esgotamento do padrão de acumulação ocorrido

---

3    Em suas palavras: "Estamos chegando ao fim de uma fase de acumulação de capital de duração excepcional, que passou por curtos períodos de retrocessos, mas não teve interrupções de fato. Daí a acumulação do 'dinheiro circulando como capital', ou aspirante a capital, ser absolutamente gigantesca. Esse efeito de alcance, multiplicado pela liberdade de movimentação planetária trazida pela liberação e pela desregulamentação, faz o dinheiro que se tornou capital erguer-se diante da sociedade como uma espécie de potência dotada de objetivos e movimentos próprios" (CHESNAIS, 2011, p. 190).

O padrão de desenvolvimento dos agronegócios no Brasil (...) 39

entre 1945 e 1973 sobre os escombros deixados pela II Guerra Mundial.

Para Mészáros (2009, p. 226), o sistema do capital atingiu a "...plena afirmação da lei do valor sob condições marcadas pelo encerramento da fase progressista da ascendência histórica do capital", encontrando seus "limites absolutos". Esta fase progressista da ascendência história do capital, explicou o autor, "...chega ao encerramento precisamente porque o sistema global do capital atinge os limites absolutos além dos quais a lei do valor pode ser acomodada aos seus limites estruturais".

Sob tais condições o processo produtivo, ou o processo de criação de valor, passou a encontrar obstáculos para sua realização em razão das contradições insuperáveis do capital. A busca pela valorização financeira surgiu, então, como parte inseparável dos limites absolutos encontrados pelo sistema. E como a valorização financeira supõe o deslocamento do capital da esfera da produção para a esfera financeira, o movimento que o levou a buscar novas formas de valorização, dialeticamente, pressionou a própria crise de realização do valor, impactando sobre as condições de acumulação de capital em todas as esferas.

Neste quadro, o processo de industrialização da periferia – particularmente do Brasil – foi absolutamente necessário à nova plataforma de valorização financeira que despontou nos idos de 1970. (PAULANI, 2008, p. 87). Sob o influxo da ditadura civil-militar, a industrialização brasileira respondeu, ao mesmo tempo, às necessidades de um capital que buscava investimentos produtivos – perante as dificuldades que encontrava no centro do sistema – e aos anseios da esfera financeira em expansão. Assim, naquela primeira etapa da "dominância da valorização financeira" – se assim podemos chamar – a periferia do sistema operou como a "demanda" necessária para absorver a abundante oferta de crédito e liquidez.

> Eis, pois, nosso palpite inicial sobre o sentido da industrialização: diversamente da mera aparência fenomênica contida no diagnóstico dependentista sobre a internacionalização dos mercados internos – que jogava com a ideia de homogeneização do capital e, portanto, do espraiamento das possibilidades de desenvolvimento, desde que se soubesse jogar as regras do jogo -, a internacionalização da produção foi apenas o substrato necessário ao desenvolvimento ulterior da verdadeira cabine de comando do capitalismo contemporâneo; a esfera financeira, agora, finalmente mundializada (PAULANI, 2008, p. 89).

O governo do general Geisel não optou apenas por buscar a continuidade do crescimento econômico diante do "choque da crise do petróleo" com o qual a economia brasileira sofreu intensamente após seis anos de "milagre econômico" (que registrava taxas de crescimento superiores a 10% ao ano), mas pelo crescimento diferenciado, alterando a estrutura produtiva do País. O II Plano Nacional de Desenvolvimento foi lançado para completar a matriz interindustrial brasileira, já que o chamado Departamento I, de insumos básicos e bens de capital, estava defasado. (PAULANI, 2008, p. 115).

Dito de outra forma, os primeiros impulsos da crise estrutural do sistema do capital permitiram que o Brasil completasse a formação do "tripé desenvolvimentista", constituído pela associação entre Estado/capital nacional/capital internacional, sob a condução militar, cuja tarefa histórica foi concluir a modernização capitalista da sociedade brasileira, mantendo intactas as arcaicas estruturas política e social que o país herdara da época da colônia.

Não é coincidência, assim, que a industrialização do Brasil tenha se dado no momento em que o sistema do capital atravessava uma profunda crise (que, nos termos de Mészáros, indiciava sua crise estrutural)[4] e quando as contradições da luta de classes viviam um período de intenso acirramento, com possibilidades concretas de rupturas políticas de larga extensão.

Foi naquele contexto que a agricultura brasileira se modernizou intensamente. Entre 1965 e 1981 houve a formação dos complexos agroindustriais (CAIS). Uma formação que respondeu ao desenvolvimento desigual e combinado do capitalismo brasileiro e que, simultaneamente, preservou a estrutura fundiária altamente concentrada. Assim foi que o campo brasileiro se industrializou de modo inteiramente desigual, acompanhando, em alguma medida, a industrialização das cidades, destacadamente, nas regiões Sul e Sudeste do país.

Após 1968, ainda com Costa e Silva, a agricultura assumiu lugar estratégico para o crescimento econômico pretendido pelos militares e seu projeto de inserção do Brasil na divisão internacional do trabalho. Mas foi entre 1969 e 1974, já sob o governo de Médici, que o "projeto agrário" teve seu ápice, acelerando o crescimento da produção agrícola e promovendo a integração nacional da agricultura, com a incorporação do trabalhador rural à sociedade nacional. Tudo isto, sob a ideologia da "segurança nacional".

---

4     Se é verdade que a industrialização brasileira dos anos 1970 responde ao que se configurou, pouco mais tarde, como um "regime de acumulação pela dominância da valorização financeira", parece-me que o processo de industrialização brasileira também pode ser pensado como expressão das contradições insuperáveis do sistema do capital no momento de sua crise estrutural. Dito de outra maneira, é possível que a modernização brasileira decorra do processo de crise estrutural do capital. Mas esta questão ainda carece de maior investigação.

O padrão de desenvolvimento dos agronegócios no Brasil (...)          41

Para o então ministro da Fazenda Delfim Netto,[5] um moderno setor agroindustrial orientado para a exportação contribuiria para o processo de recolocação do Brasil na economia-mundo.[6] Não à toa, o período registrou altos ganhos em produtividade para o setor agrícola, com incremento tecnológico da produção e expansão da fronteira agrícola, articulados com ampla política de créditos favorável ao empresariado que atuava no campo, promovendo como corolário o aumento da concentração fundiária. Também houve intenso aumento da produção de soja na região Sul do país, em razão do crescimento do comércio internacional e da política agrícola que privilegiava a produção para a exportação. Além, é claro, da incorporação do chamado "pacote tecnológico da revolução verde".

Dentro da estratégia de integração nacional foram realizados grandes programas de colonização nas regiões Centro-Oeste, no Norte e também no Nordeste, visando, entre outros, expandir a agricultura empresarial e, ao mesmo tempo, neutralizar os conflitos que a própria modernização gerava.

Com o Sistema Nacional de Crédito Rural (SNCR), criado em 1965, houve uma transferência inédita de recursos para a agricultura, impulsionando a financeirização do campo brasileiro. (DELGADO, 1985). Em cinco anos, o crédito concedido quintuplicou, com taxas de crescimento de 18% ao ano. E, em 1975, já representava 33% do crédito total concedido pelo Estado ao capital. Em 1979, as taxas de juros reais para o crédito rural caíram 35%. E segundo Houtzager (2004, p. 67): "a doação de créditos tinha alvos bem pensados: colheitas para exportação e para as indústrias eram favorecidas em detrimento de colheitas para a alimentação...", além disso, eram contemplados "...maiores produtores em detrimento de menores, e a metade sul do País em detrimento do resto" (HOUTZAGER, 2004, p. 67). O Banco do Brasil foi quem operou a ligação direta entre os tecnocratas do governo militar e os proprietários de terras e empresas rurais. Ao lado deste, infraestrutura técnica, extensão agrícola federal e serviços de pesquisa foram amplamente desenvolvidos, disseminando o pacote tecnológico da revolução verde.

A industrialização promovida pela ditadura civil-militar foi, como a conceituou Alberto Passos Guimarães ainda nos anos de 1970, uma "estratégia de modernização conservadora" (GUIMARÃES, 1977), produzindo um grande movimento de êxodo do campo para a cidade, intensificando a concentração de

---

5     Para uma análise sobre as teses do grupo da USP liderado por Delfim Netto ver o inventário feito por DELGADO, 2001.

6     Não é mera coincidência que o agronegócio tenha se expandido sobremaneira na gestão presidencial de Lula da Silva e Delfim Netto tenha sido um de seus principais "conselheiros" – entre aspas, pois o termo correto é ideólogo.

terras e aprofundando a dependência da agricultura à indústria, submetendo-se ao capital industrial. Este processo forçou os agricultores a recorrerem ao crédito, passando a depender também do capital financeiro. Apenas para termos uma ideia, na Amazônia, entre 1950 e 1960, 86,46% das terras eram ocupadas por estabelecimentos agrícolas com menos de 100 hectares. Na década seguinte, entre 1960 e 1970, 35,3% das terras pertenciam aos estabelecimentos com mais de 100 hectares e, aproximadamente, 75% destas áreas para estabelecimentos acima de 1 hectares, segundo dados de José de Souza Martins citados por Fiorelo (2006, p. 38).

A ditadura civil-militar completou o ciclo de desenvolvimento industrial da agricultura que começou na década de 1950 – assim como na cidade -, consolidando a subjugação do campo à cidade e, mais que isso, formou as condições sócio-históricas necessárias para o desenvolvimento do que viriam a ser, décadas mais tarde, os agronegócios sob a dominância do capital financeiro. José Sidnei Gonçalves destaca, aliás, que foi naquele momento que a agricultura se inseriu na lógica do capital financeiro, primeiro, para obtenção de crédito com baixo custo, depois, como movimentações financeiras. "Resulta disso que praticamente não há agente produtivo da agropecuária, para as cadeias de produção relevantes, que não tenha solidificado sua interação com a realidade do sistema financeiro na sua porta de entrada representada pelo sistema bancário" (GONÇALVES, 2005, p. 20).

E o que se seguiu a este processo foi um profundo e decisivo desmantelamento do conjunto de políticas que regulava o processo de expansão de capital no pós-II Guerra, conferindo à Sociedade de *Mont Pèlerin* a proeminência devida a partir do final dos anos de 1970.

No Brasil, a reestruturação política e produtiva se fez sentir já no final da década de 1980. Apesar disso, as políticas neoliberais, implantadas desde então, ganharam forma de projeto político com FHC. Ainda na qualidade de Ministro da Fazenda, o futuro presidente da República lançou o Plano Real, promovendo queda da inflação e estabilidade econômica; ele preparou a economia brasileira para o que viria a fazer quando Presidente, poucos anos mais tarde: liberação generalizada das atividades econômicas e financeiras; desmonte do raquítico Estado de bem-estar social; desregulamentação das relações de trabalho; deslocamento dos eixos dinâmicos da acumulação para as empresas transnacionais que já operavam por aqui, entre outras.

O tripé desenvolvimentista foi progressivamente desmantelado. Com a abertura comercial e a perda do controle da política cambial, a dívida interna pública foi elevada em 10 vezes, reiterando a dependência econômica com relação ao ca-

O padrão de desenvolvimento dos agronegócios no Brasil (...)    43

pital externo.[7] Isso criou as primeiras bases para que o capital financeiro encontrasse aqui boas condições para valorização. Assim, o mecanismo da dívida fez com que novos empréstimos financiassem os antigos, anulando o setor produtivo. Desse modo, a década de 1990 foi o período de constituição e consolidação da hegemonia do capital financeiro[8], ou da assim chamada "realização virtual do capital". (OLIVEIRA, 2007, p. 33). O Brasil se inseria nas "finanças de mercado internacionalizadas" emitindo capital fictício com os títulos da dívida, lançando-os e os cotando no exterior. Daí para a viabilização da valorização financeira foi um passo.

Mas isto não foi suficiente. Operadas no governo FHC, as mudanças necessárias para a conversão "definitiva" do país em "plataforma de valorização financeira" - como chamou Leda Paulani (2008) - ainda teriam que ser completadas por outras medidas, que só ocorreram nos governos do PT, como veremos.

No plano da estrutura produtiva foi ainda nos idos de 1980 que o país sentiu os primeiros impulsos da reestruturação do capital[9], quando as empresas começaram a adotar novos padrões organizacionais e tecnológicos e os trabalhadores puderam sentir, literalmente, os novos métodos de trabalho, inspirados pelo toyotismo. Mas os anos de 1990 generalizaram os expedientes da "acumulação flexível", com a conslidação do "ideário japonês" e das novas formas de organização do trabalho: descentralização produtiva, transferência de plantas industriais, acentuação da superexploração do trabalho, combinando "...processos de enorme enxugamento da força de trabalho, acrescidos das mutações sociotécnicas no processo produtivo e no controle social do trabalho".[10] (ANTUNES, 2011, p. 122).

---

7    Entre 1994 e 2002, a dívida interna pública cresceu dez vezes, chegando, em 2007, a mais de 50% do PIB. Cf. OLIVEIRA, 2007.

8    Como relata Leda Paulani: "utilizando um expediente criado por uma lei de 1962 – as chamadas contas CC5, contas exclusivas para não-residentes, que permitem a livre disposição de recursos em dívidas – o Banco Central promoveu a abertura financeira do país" (PAULANI, 2008, p. 41). Foram duas as modificações. Uma já em 1992, mas que permaneceu incrédula até 1993, que foi a ampliação do conceito de "não--residentes", que passou a incluir, além das pessoas físicas e jurídicas em trânsito pelo país, as contas livres de instituições financeiras do exterior. E outra, a permissão para que as contas exclusivas para não-residentes remetessem para o exterior, além dos saldos em moeda nacional que resultavam da conversão da moeda estrangeira com a qual entraram no país, mas todos os demais saldos. A partir daí, qualquer agente, residente ou não-residente, pode remeter recursos ao exterior, sem restrições.

9    Sobre as diferentes e complexas formas que o processo reestruturação produtiva assumiu no Brasil ver ANTUNES, 2006; 2011.

10   O autor completa: "se é verdade que a baixa remuneração da força de trabalho – que se caracteriza como elemento de atração para o fluxo de capital forâneo produtivo no Brasil – pode se constituir, em alguma medida, como elemento de

A estrutura de classes conformada sob a expansão do capital produtivo e do desenvolvimentismo que marcou as décadas de 1950 até o final de 1970 também foi alterada. A chamada "burguesia nacional", em suas distintas e complexas frações industriais, agrárias, financeiras, sofreu uma importante modificação interna, em função da "dissolução" do capital nacional, crescentemente absorvido pelo capital transnacional apátrida, produtivo e financeiro. Este, por sua vez, atualizou a subordinação do país aos capitais do centro do sistema, convertendo a dependência estrutural em "servidão financeira".

O mundo do trabalho foi fortemente impactado, sobretudo sua base urbano-industrial, com as transformações de monta na organização dos processos produtivos, acompanhadas pelo desemprego generalizado e pela "requalificação" do conjunto dos trabalhadores, retirando-lhes o lugar onde se constituía sua experiência como classe.[11] Este processo provocou, pois, uma ampliação substantiva do contingente dos "precários", terceirizados, subempregados e subproletarizados, ampliando, quantitativa e qualitativamente as formas desregulamentadas de trabalho.[12]

Assim, o país chegou "aos limites superiores do capitalismo" sem atingir os patamares mínimos da criação de condições de vida e existência para o conjunto da classe trabalhadora. (OLIVEIRA, 1998, p. 208-209). Conforme Francisco de Oliveira, aquele foi um período de desistência das classes dominantes em integrar as classes trabalhadoras ao sistema produtivo, fazendo nascer a categoria dos "inimpregáveis" e criando um *apartheid* social que impossibilitava inclusive a luta de classes, dado que não permitia a criação de um campo semântico no qual pudesse ser travada a disputa de interesses (de classe), na medida em que o plano dos direitos reduziu-se ao plano do contrato mercantil. (OLIVEIRA, 1998).

Até o final dos anos 1990, o Brasil já havia experimentado (a) a reacomodação das condições de reprodução do capital, em face de sua crise estrutural, e a consolidação de um padrão de acumulação distinto, crescentemente predatório e destrutivo e (b) a rearticulação das forças políticas internas, que se associaram

---

obstáculo para o avanço tecnológico nesses ramos produtivos, devemos acrescentar também que a combinação obtida pela vigência de padrões produtivos tecnologicamente mais avançados e com uma 'melhor qualificação' da força de trabalho, traço constitutivo e marcante do capitalismo implantado no Brasil, com a ampliação dos níveis de desemprego" (ANTUNES, POCHMANN, 2011, p. 122).

11   Sobre o enxugamento dos postos de trabalho no principal pólo industrial do país ver ANTUNES, 2011.

12   Sobre o aumento do desemprego na década de 1990 ver ANTUNES, POCHMANN, 2011.

O padrão de desenvolvimento dos agronegócios no Brasil (...)    45

ao capital transnacional, em face da nova processualidade representada pela globalização/mundialização/financeirização da economia.

## A PREPARAÇÃO POLÍTICO-ECONÔMICA DA ASCENSÃO DO AGRONEGÓCIO

Os planos de estabilização monetária postos em prática por FHC, entre as políticas neoliberais que adotou, anularam a Política de Garantia de Preços Mínimos (PGPM), que na década de 1980 havia sido a principal forma de intervenção estatal na agricultura, e promoveram ajustes fiscais que, ao lado da abertura comercial, tornaram o campo brasileiro suscetível ao mercado mundial e a sanha dos capitais transnacionais que já circulavam no interior das fronteiras nacionais.

Mas há que se mencionar que as reformas no comércio exterior começaram a partir de 1987, no sentido de produzirem maior liberalização do mercado agrícola brasileiro. Entre 1990 e 1991, ainda sob o governo de Collor de Mello, foi realizado um cronograma de redução da tarifa média para grupos de produtos agrícolas, insumos e equipamentos que, em três anos, caiu de 32,2% para 14,2%, além das tarifas dos fertilizantes químicos, em especial os nitrogenados. (GASQUES *et al*, 2004, p. 16).

De 1991 e 1996, algumas políticas econômicas deram maior agilidade às operações de comércio exterior, como a implantação do sistema de quotas e de licença prévia para exportação (que, a partir de 1992 deixou de ser necessária para o açúcar e o álcool). Os subsídios diretos e indiretos foram eliminados, exceto nas zonas francas e no sistema *drawn-back* (que, desde 1966, suspende ou elimina tributos incidentes sobre importados para serem utilizados em produtos exportados). Em 1996, o Imposto sobre Comercialização de Mercadorias e Serviços (ICMS), que representava cerca de 12% em média, foi retirado das exportações. (GASQUES *et al*, 2004, p. 17).

Também em 1996 houve modificações no instrumento da Política de Garantia de Preços Mínimos. O sistema adotado em 1984 previa intervenção do governo somente em casos específicos. Tratava-se de um sistema de preços máximos e mínimos que permitia ao governo a intervenção direta. A partir de então, a PGPM passou a contar com dois outros instrumentos: o contrato de opções e o programa de escoamento do produto. Ao lado destes, o governo reduziu seus estoques, diminuindo os custos de execução desta política. Um dos principais resultados foi a transferência progressiva do financiamento público para o financiamento privado (que na década seguinte voltou a se inverter). Vale lembrar que aquele momento coincidiu com a subordinação do capital produtivo ao capital financeiro. (GASQUES *et al*, 2004, p. 17).

Tendo seus compromissos financeiros atrelados à taxa de inflação, inclusive no âmbito do SNCR e sua receita dada pelos preços de seus produtos, que não necessariamente acompanhavam a taxa de inflação, a agricultura enfrentou graves problemas até o Plano Real. Os chamados "Planos Heterodoxos" (Cruzado, Bresser, Verão, Collor I e Collor II) tiveram alcance limitado no que diz respeito à estabilização dos índices inflacionários, levando investimentos para a agricultura (entre outros setores). No entanto, todos eles promoveram a médio e longo prazo aumento generalizado dos preços dos produtos agrícolas domésticos e aumento do preço da terra. Houve grande fuga do mercado financeiro para os ativos reais da economia, entre os quais os estoques de produtos agrícolas e as terras. Mas o fracasso desses planos fez com que os investimentos retornassem aos ativos financeiros, forçando uma queda substancial dos preços agrícolas e do preço das terras, deixando uma agricultura altamente endividada e comprometida com o capital financeiro. Este foi o cenário dos idos de 1980 até a primeira metade de 1990.

A crise da agricultura persistiu na década de 1990, reiterando o endividamento agrícola. Mas, a partir de 1995, já com a queda dos juros, a dívida agrícola foi renegociada. E "...no Plano Safra 1995-1996 a taxa de juro do crédito rural foi fixada à priori em termos nominais" (GASQUES *et al*, 2004, p. 19), livrando a agricultura de um ambiente macroeconômico de alta taxa geral de inflação, não acompanhada pelos preços dos produtos agrícolas. Em contrapartida, a valorização da taxa de câmbio foi mantida ao lado do aumento da abertura comercial e da desregulamento de setores importantes da economia, que criaram novas dificuldades para a agricultura.

Apesar disto, o setor agrícola não deixou de crescer ao longo da década de 1990. Como demonstra Maria Domingues Benetti, entre 1990 e 2003, a agricultura cresceu a taxas iguais ou superiores a 3% e, entre 2000 e 2003, a média anual foi de mais de 5%. Claro, diante das taxas de crescimento dos agronegócios a partir de 2003, foram muito baixas, no entanto, é preciso registrar que também naquela década o setor cresceu, com destaque para a produção de grãos que, puxada pela soja, teve um aumento de 42% da tonelagem, entre 1994 e 2003; e para a produção animal que cresceu 16,7% ao ano (avicultura), 12,4% ao ano (suinocultura) e 6,1% ao ano (bovinocultura). Entre 1995 e 2002, o Brasil aumentou sua participação nas exportações mundiais com produtos agrícolas, passando de 2,67% para 3,34%. Entre 1990 e 2002, as exportações agrupadas nos agronegócios mais que dobraram (BENETTI, 2004, p. 214-215).

Neste período "...foram sendo gestados mecanismos alternativos de financiamento da produção para o mercado, lastreados na ação direta de compradores

O padrão de desenvolvimento dos agronegócios no Brasil (...) 47

e fornecedores da agropecuária" e surgiram "...os diversos mecanismos de venda antecipada e crescimento do mercado futuro" (GONÇALVES, 2005, p. 20).

Assim, já na década de 1990 começou a se desenhar uma forma de inserção dos negócios do campo no mercado mundial fortemente baseado nas chamadas *commodities* "puras", concomitantemente à internacionalização dos agronegócios baseados em matérias-primas brutas. (BENETTI, 2004, 218). E isto, quando os mercados tornaram-se crescentemente oligopolizados.

Segundo dados da Comissão Econômica para a América Latina e Caribe (Cepal) trazidos por Maria Benetti, entre os triênios de 1990-1992 e 1998-2000 o número de empresas de propriedade estrangeira aumentou de 312 para 385 e sua participação nas vendas totais saltou de 29,9% para 41,6% no Brasil. No âmbito das agroindústrias, houve uma ampliação de 31,3% para 44,2% da participação no mercado das empresas estrangeiras. As empresas privadas nacionais tiveram uma queda de participação, passando de 66,6% para 55,8%. (BENETTI, 2004, p. 201-202).

No final da década de 1990, as empresas estrangeiras agroindustriais tinham uma das maiores participações nas vendas totais entre as 1.000 maiores do setor, perdendo apenas para os setores automotriz; equipamento elétrico e eletrônico; química e farmácia; e telecomunicações – este último sob o domínio do capital internacional ou suscetível à internacionalização. Entre 1994 e 2003, a empresa KPMG registrou 312 operações de fusões e aquisições no setor de alimentos, bebidas e fumo, que estiveram à frente do *ranking*. Registre-se que seus dados se referem às categorias domésticas de *cross-border* ou transfronteiriças. As domésticas incluem as operações das filias das empresas estrangeiras já instaladas no Brasil de aquisição de empresas controladas por capital nacional. Por isso, esses dados não refletem diretamente o grau de desnacionalização. No entanto, como registra Maria Domingues Benetti, entre 1992 e 1998, 47% das fusões e aquisições que ocorreram por meio das filiais já instaladas no Brasil que, somadas às chamadas *cross-border*, totalizaram quase 80% do total dos negócios. (BENETTI, 2004, p. 203).

A partir de fontes de jornais, revistas e artigos sobre aquisições e fusões, a autora também levantou as negociações ocorridas entre 1991 e 2004 por setores dos agronegócios. Na cadeia de laticínios, a concentração ficou por conta da italiana Parmalat, que adquiriu 18 empresas brasileiras. Na cadeia produtiva do trigo, a argentina Macri (Socma), que também se destacou no setor de carnes de aves e suínos, adquiriu seis empresas. No setor de suprimentos agrícolas, Dow Agrosciences, Bunge e Born (que também aparece no setor de carnes de aves e suínos e com presença muito forte no complexo da soja) e Monsanto, respec-

48 Frederico Daia Firmiano

tivamente, foram as transnacionais que mais adquiriam empresas nacionais.[13] (BENETTI, 2004, p. 204-206).

As empresas constituídas no período do que foi o "desenvolvimentismo realmente existente" com capital nacional, estrangeiro e apoio do Estado deram lugar aos conglomerados transnacionalizados. No Rio Grande do Sul, por exemplo, as principais empresas exportadoras do agronegócio, que na década de 1990 eram nacionais, a partir de 2004, converteram-se empresas transnacionais. Em 1990, eram 14 empresas que dominavam as exportações nos setores de carne de aves, defensivos agrícolas, máquinas agrícolas e soja, sendo 8 nacionais e 4 estrangeiras e 2 em composição entre capital nacional e internacional; em 2004, eram 10 empresas, com 5 nacionais e 5 estrangeiras, com amplo destaque para a Bunge, que concentrou o complexo da soja[14]. (BENETTI, 2004, p. 209).

Por isso, Maria Domingues Benetti é taxativa ao dizer que a expansão das grandes transnacionais na economia do agronegócio por meio de aquisições de ativos existentes ou novos investimentos:

> permitiu-lhes controlar setores estratégicos das cadeias de produção agropecuária relacionados a suprimentos à agricultura — pesquisa agrobiotecnológica e indústria sementeira, fertilizantes, defensivos, produtos de saúde animal e máquinas e equipamentos agrícolas. Como tais grupos usualmente integram, formal ou informalmente, produtores agrícolas, financiando-os, transmitindo-lhes inovações tecnológicas e adquirindo sua produção; como são processadores de matéria-prima; e, finalmente, dado que constituem poderosas tradings internacionais, principalmente responsáveis pelo comércio exterior das *commodities* em seus vários ramos, então, é razoável concluir que desempenharam um papel estratégico na internacionalização da produção brasileira agropecuária (BENETTI, 2004, p. 220).

Em 1999, a conjuntura de crise de liquidez internacional e enorme fuga do capital especulativo que financiava os déficits da conta-corrente e contribuía sobremaneira para a emergência dos agronegócios deu novo fôlego ao setor. A política de ajuste externo voltou a produzir saldos de comércio exterior, ao qual foram chamados os setores primário-exportadores. Com isso, os agro-

---

13 Para a lista completa das empresas compradoras e empresas adquiridas Ver BENETTI, 2004, p. 204-208.

14 Para maior detalhamento sobre a centralização e concentração das exportações do agronegócio no Estado do Rio Grande do Sul ver BENETTI, 2004.

O padrão de desenvolvimento dos agronegócios no Brasil (...)

negócios se beneficiaram amplamente da política macroeconômica externa e da política agrícola interna.

Para Guilherme Delgado, "... o segundo governo Cardoso iniciou o relançamento do agronegócio, senão como política estruturada, com algumas iniciativas que no fim convergiram..." para tanto. (DELGADO, 2010, p. 94). As iniciativas foram: (a) forte investimento em infraestrutura territorial, formando ou ampliando meios de transporte e corredores comerciais ao agronegócio que favorecessem sua expansão para fora do país; (b) direcionamento do sistema público de pesquisa agropecuária, por meio da reorganização da Empresa Brasileira de Pesquisa Agropecuária (EMBRAPA), que passou a operar em consonância com as empresas multinacionais do agronegócio; (c) frouxidão da regulação do mercado de terras; (d) e mudança na política cambial, eliminando a sobrevalorização que tornou o agronegócio competitivo no comércio internacional. (DELGADO, 2010, p. 94).

É importante dizer que, no mesmo ano de 1999, veio a público um documento do então Ministério da Política Fundiária e do Desenvolvimento Agrário (que, em 2001, passou a ser o Ministério do Desenvolvimento Agrário-MDA) intitulado "Agricultura familiar, reforma agrária e desenvolvimento local para um novo mundo rural. Política de desenvolvimento rural com base na expansão da agricultura familiar e sua inserção no mercado". O documento – produzido pelo Banco Mundial (BM) – ficou conhecido como "Novo Mundo Rural" e incorporava a nascente categoria da "agricultura familiar" ao "desenvolvimento rural" baseado na expansão do mercado interno.

De certa forma, o documento indicava a importância de um novo mundo rural articulado à lógica do agronegócio que se constituía. Ou seja, um mundo rural no qual o agronegócio e a agricultura familiar – que, por seu turno, surgiu como a nova aposta política (e também teórica) – deveriam conviver pacificamente, de modo a eliminar, até mesmo, a necessidade de uma ampla e radical reforma agrária no Brasil. Mas, a afirmação plena da lógica de comando do agronegócio sobre o campo e o progressivo desmonte da reforma agrária só se completaram durante os governos do PT, como veremos nos próximos capítulos.

## A concepção sistêmica de agricultura e o comando do capital transnacional no campo

Segundo um dos mais importantes ideólogos do agronegócio brasileiro, Décio Zylbersztajn, ao lado do desenvolvimento objetivo das condições que possibilitaram a ascensão do agronegócio também se difundiu no Brasil o conceito

50                          Frederico Daia Firmiano

de cadeias de agronegócios. Segundo ele, os economistas dedicados ao tema teriam deslocado o enfoque teórico das políticas públicas voltadas para a agricultura para um "enfoque dos agronegócios".[15] (ZYLBERSZTAJN, 2005, p. 21).

Segundo Mendes e Padilha (2007, p. 45-46), também ao longo dos anos
1990, a agricultura passou a ser vista:

> [...] como um amplo e complexo sistema, que inclui não apenas as
> atividades dentro da propriedade rural (ou seja, dentro da "porteira
> agrícola", que é a produção em si) como também, e principalmente,
> as atividades de distribuição de suprimentos agrícolas (insumos), de ar-
> mazenamento, de processamento e distribuição dos produtos agrícolas.

De acordo com esta concepção sistêmica, a agricultura é composta por três
setores interrelacionados e dependentes uns dos outros: (a) suprimentos agropecuários, (b) produção agropecuária e (c) processamento e manufatura. Assim, o conceito de agronegócio, como descrição empírica, diz respeito à soma das operações
de produção e distribuição de suprimentos agrícolas, das operações de produção
nas unidades agrícolas, do armazenamento, do processamento e da distribuição
dos produtos agrícolas e bens produzidos a partir destes. Envolve, por conseguinte, serviços financeiros, de transporte, marketing, seguros, bolsas de mercadorias;
envolve as empresas de bens e serviços destinados à agricultura, os proprietários
rurais, as empresas processadoras, transformadoras, distribuidoras e demais integrantes da cadeia produtiva ou, como chamam seus ideólogos, do "fluxo" dos produtos e serviços até o consumidor final, apoiado por fortes subsídios e políticas
governamentais. (MENDES, PADILHA JÚNIOR, 2007, p. 47-48).

Do ponto de vista organizacional, o sistema dos agronegócios, atualmente,
está dividido em atividades (a) operacionais, que atuam fisicamente com os produtos, como os produtores rurais, processadores e distribuidores; (b) fomentado-
ras, que são as empresas de suprimentos e insumos e fatores de produção, agentes
financeiros, centros de pesquisa, assistência técnica etc.; (c) coordenadoras, que
regulam a interação dos distintos segmentos do sistema, como o governo, sindicatos, sistema financeiro, entre outras. As funções do agronegócio são compostas
por sete níveis e as instituições ou organizações estão envolvidas direta ou indire-

---

15   Os próprios programas de ensino e pesquisa assumiram um caráter aplicado e
     pragmático. Na Universidade de São Paulo-USP, por exemplo, foi criado o Pro-
     grama de Estudos dos Negócios do Sistema Agroindustrial (PENSA), que focali-
     zou a análise das cadeias dos agronegócios, voltando-se a organização dos mer-
     cados interligados, possibilitando o estudo da competitividade entre capitais; e
     inseriu o papel das instituições e dos custos de transação nas cadeias produtivas.
     (ZYLBERSZTAJN, 2005, p. 22).

O padrão de desenvolvimento dos agronegócios no Brasil (...) 51

tamente com um ou mais desses níveis: (a) suprimento de insumos à produção; (b) produção; (c) transformação; (d) acondicionamento; (e) armazenamento; (f) distribuição; (g) consumo. (MENDES PADILHA JÚNIOR, 2007, p. 50-51).

Resulta claro que a produção capitalista reorganizou seus pólos, desde o espaço da antiga fazenda voltada à agropecuária até a planta agroindustrial. Ambas, hoje, integradas através da cadeia de produção. "Em gestão agropecuária, hoje uma fazenda apresenta uma 'arquitetura' diferente. É um conjunto de contratos e agentes articulados, com insumos, revendas, prestadores de serviços, técnicos, comercializadores e outros" (NEVES, 2005, p. 4). Nesses termos, "a fazenda fica cada vez mais enxuta, eficiente e empresarial", de modo que "mudam o perfil e a imagem do 'fazendeiro'..." (NEVES, 2005, p. 4), como também dos trabalhadores, conforme veremos nos próximos capítulos.

Nos pólos dinâmicos do agronegócio, a antiga fazenda da *plantation* e o latifúndio se converteram em empresa moderna capitalista como parte de uma cadeia produtiva que integra as atividades do campo e da cidade, sem que isso signifique a perda de algumas características históricas da economia agrária brasileira, como a persistência do latifúndio (improdutivo), a estrutura fundiária altamente concentrada e as variadas formas de superexploração do trabalho. Mas, sob a hegemonia do capital financeiro, a nova configuração do campo supõe maior proeminência da propriedade rural produtiva – vale dizer, produtiva do ponto de vista do capital - ou nova empresa rural sobre o latifúndio, bem como de formas de organização da produção decorrentes dos processos de reestruturação produtiva do capital e da flexibilização das relações laborais. O próprio centro crítico, por assim dizer, da questão agrária se deslocou da propriedade rural improdutiva (latifúndio) para o a empresa rural produtiva (latifúndio produtivo).

Despontaram, ainda na década de 1990, os conceitos de "redes de produção", "sistemas integrados de produção", "agricultura de contratos", "sistemas de agronegócios", "cadeias produtivas", entre tantos outros que ocuparam e, em larga medida, substituíram o conceito de "complexos agroindustriais", designando um "âmbito econômico de criação de competências e intercâmbio de bens e serviços, fluxos de informação, experiências produtivas, conhecimentos, estratégias concorrentes de desenvolvimento futuro" (GIARRACCA, TEUBAL, 2008, p. 159).

A modificação do padrão de desenvolvimento do capital no campo não significou apenas transformações nas formas de produção, mas também o deslocamento dos centros que comandam o processo produtivo, afirmando, pois, a tendência a subordinação do capital produtivo ao capital financeiro. A parcela mais substancial do valor global gerado pelos negócios do campo deixou de ser produzida no interior da fazenda, passando, principalmente, para o momento do processamento e da distribuição.

52  Frederico Daia Firmiano

A partir de dados da *Harvard Agribusiness Seminar* e *World Development Indicators* (WDI), de 2006, os economistas dos agronegócios Mendes e Padilha Júnior (2007, p. 52) compilaram o valor gerado pelo agronegócio em cada setor. Em 2005, enquanto os setores de insumos e bens de produção agropecuários foram responsáveis por cerca de US$ 1 bilhão ou 11% do valor global, a agropecuária foi responsável por US$ 1,8 bilhão ou 19%. Os setores de processamento e distribuição, por sua vez, produziram 70% do valor global, com US$ 6,8 bilhões. (MENDES, PADILHA JÚNIOR, 2007, p. 55).

Segundo as estimativas desses autores, a partir da evolução dos dados dos anos de 1980, 1990 e 2005, no ano de 2025 o setor de insumos e bens de produção agropecuários produzirá apenas 9% (US$ 1,1 bilhão) do valor global gerado pelo agronegócio mundial, enquanto a agropecuária será responsável por 10% (US$ 1,3 bilhão) e os setores de processamento e distribuição 81% (US$ 10,6 bilhões). Ou seja, a tendência é que os setores de "agregação de valor" e "diferenciação", comandados pelas grandes empresas transnacionais, concentrem cada vez mais a produção de valor global do agronegócio. (MENDES, PADILHA JÚNIOR, 2007, p. 55).

No Brasil, os agronegócios compreendem, principalmente, o segmento de alimentos, fibras e biocombustíveis. Segundo os autores citados, a partir de dados do Centro de Estudos Avançados em Economia Aplicada (Cepea-USP) e da Confederação Nacional da Agricultura (CNA), o setor de insumos representava 10,5% (R$ 33,4 bilhões) do total do valor adicionado; a agropecuária, 28,5% (R$ 153 bilhões); o setor de processamento, 32,6% (R$ 175,3 bilhões); e o setor de distribuição 32,7% (R$ 175,9 bilhões) de participação no valor adicionado. (MENDES, PADILHA JÚNIOR, 2007, p. 55).

No contexto da internacionalização, concentração e centralização do capital, e da perda de centralidade da propriedade rural nos processos produtivos e, principalmente, na participação no valor global gerado pelo setor, a concepção sistêmica dos agronegócios e sua expansão no Brasil criaram as bases para a hegemonia do capital transnacional, que comanda as cadeias produtivas altamente especializadas.

Como explica Gonçalves (2005, p. 8-9),

> As transformações produtivas [que vem se processando desde a década de 1970, sobretudo] promoveram significativa alteração nas relações do campo com outros segmentos da agricultura que se emanciparam formando novos segmentos produtivos setoriais. Com isso, a estrutura do antigo complexo rural que contemplava a agropecuária como única atividade produtiva da agricultura, sofre profundas mudanças com a criação dos novos segmentos que ampliam a abrangên-

O padrão de desenvolvimento dos agronegócios no Brasil (...)      53

cia da agricultura, reduzindo a participação da agropecuária nesse complexo produtivo.

Assim, o capital, sob a forma de capital financeiro, em busca de valorização, consolidou "...segmentos e ramos de produção para atuarem de forma exclusiva com a agropecuária tanto a montante como a jusante" (GONÇALVES, 2005, p. 10). Com estas atividades se desenvolvendo fora da propriedade rural, novos ramos e cadeias de produção fizeram com que a agropecuária perdesse espaço no complexo produtivo dos agronegócios, que pode ser visualizado:

> [....] enquanto uma estrutura de segmentos setoriais onde a produção biológica passa a ser veículo estratégico para a combinação de insumos e instrumentos gerados fora dos campos e a ser fornecedora de bens intermediários para estruturas de agregação de valor, envolvendo empreendimentos em cadeias que se iniciam nas fábricas de insumos e maquinaria e finalizam-se nas estruturas de varejo (GONÇALVES, 2005, p. 11).

Além da estrutura técnico-produtiva, formou-se, também, um amplo segmento de "agroserviços" voltado para todas as cadeias do agronegócio. Estes serviços vão desde a preparação e logística, até assistência técnica de alta especialização em pesquisa, desenvolvimento, mas também de intermediação, onde atuam grandes empresas exportadoras, ou de prestação de serviços financeiros, com a presença de *trading companies*, assessorias de comércio exterior, corretores de serviços financeiros, que fazem a ligação entre a estrutura produtiva e a negociação de papéis nas bolsas de valores e mercadorias. (GONÇALVES, 2005, p. 14-15).

Esta complexa articulação de capitais, representada pela instalação de segmentos industriais, agroindústrias, fábricas de fertilizantes, máquinas agrícolas, serviços, pela comercialização, armazenagem, assistência técnica, produção agrícola e agropecuária, expandiu substantivamente os agronegócios ao longo dos anos 2000, tanto no que concerne a sua territorialização nas regiões mais dinâmicas do País, e naquelas onde há espaço para ampliação da fronteira agrícola, quanto monopolizando os territórios da produção agropecuária por meio do comando direto e indireto do processo produtivo. Como veremos no capítulo 6, nem mesmo as unidades familiares de produção agrícola e não-agrícola escaparam a este processo.

Mas isto não seria possível sem o surgimento de uma importante força política, com capacidade de coordenar as ações do conjunto do sistema produtivo do agronegócio e articular seus interesses internos, qual seja, a Associação Brasileira do Agronegócio (Abag).

## Uma nova força política: o surgimento da Abag nos anos de 1990[16]

A industrialização da agricultura durante a ditadura do grande capital produziu conflitos no âmbito da representação dos interesses agrários. A intensificação da especialização/diversificação da produção no campo, decorrente do processo de modernização, impulsionou uma importante diferenciação econômica e política da classe de proprietários agroindustriais, conferindo as associações civis de produtores maior proeminência com relação às federações rurais estaduais e também com relação à Confederação Nacional da Agricultura (CNA). (PINTO, 2010, p. 27).

Neste processo a Organização das Cooperativas Brasileiras (OCB), criada em 1969 em São Paulo, assumiu a liderança da representação dos setores mais beneficiados pela modernização, defendendo o cooperativismo empresarial. Desde seu surgimento, a entidade se colocou a frente das tradicionais Sociedade Nacional da Agricultura (SNA), criada no Rio de Janeiro em 1897, e da Sociedade Rural Brasileira (SRB), nascida em 1919, em São Paulo – bem como da Confederação Rural Brasileira (CRB), fundada em 1928, que constituía-se num modelo corporativista de representação dos interesses empresariais, com verticalização do associativismo empresarial no campo.

A OCB representou um tipo moderno de empresariado rural, diferentemente da CNA, criada por decreto-lei em 1964, sob a tutela do da ditadura militar – como também foi o caso da Confederação Nacional dos Trabalhadores da Agricultura (Contag). (Iglesias, 2007).

Durante a Assembleia Nacional Constituinte (ANC), a partir de 1987, a OCB assumiu função dirigente entre as frações de classe que se formavam em torno dos interesses do campo[17], com uma proposta de cooperativismo empre-

---

16 Neste tópico me beneficio largamente do trabalho de PINTO, 2010. Assim, me limitarei a indicá-lo apenas no primeiro parágrafo e nas citações diretas.

17 Na homenagem e prêmio "Personalidade do Agronegócio 2010", concedido pela Abag a Flávio Páscoa Teles de Menezes, jurista que esteve à Frente da Sociedade Rural Brasileira no período da Assembleia Nacional Constituinte, Roberto Rodrigues relata um momento importante da ANC, indicando a hegemonia da OCB naquele processo. Diz ele: "A Abag, quando escolhe o homenageado, considera o conjunto da obra. Não é o trabalho de um ou dois anos. O Alysson colocou muito bem isso. Como um empreendedor rural brasileiro, Flávio enfrentou momento complicadíssimo. Como advogado, estabeleceu um padrão para todos: a defesa do Estado de Direito. Diante de qualquer diversidade, foi a fonte de iluminação dos nossos caminhos o tempo inteiro. A ANC tomou posse no dia 1º de fevereiro de 1987. Alysson tinha sido eleito constituinte. Na segunda-feira, dia 2 de fevereiro, não houve a abertura da Assembleia. Enquanto se discutia quem ia fazer o quê, a As-

O padrão de desenvolvimento dos agronegócios no Brasil (...) 55

sarial. A formação da Frente Ampla da Agropecuária (FAAP), ainda em 1986, se deu sob a hegemonia da OCB. A entidade corporativa também cumpriu importante papel no enfrentamento contra a União Democrática Ruralista (UDR) que, por seu turno, havia sido articulada por pecuaristas das regiões de Goiás, Minas Gerais e São Paulo para disputar a hegemonia do I Plano Nacional de Reforma Agrária (PNRA), de 1985, e da própria Constituição Federal de 1988. Vale lembrar que um dos principais objetivos da UDR também foi o assassínio de trabalhadores e trabalhadoras que organizavam a luta pela terra ao longo da década de 1980, com particular ódio de classe do MST.

Da experiência da OCB nasceu uma forma mais acabada de representação do empresariado associativista, vinculada ao processo mais largo de modernização e reestruturação produtiva da economia política do campo: a Associação Brasileira do Agronegócio (Abag).[18] Sua fundação se deu durante a realização da primeira edição da Agrishow, em 1993, em Ribeirão Preto-SP: uma Feira In-

---

sembleia ficou fechada para o público. No dia 3, primeiro dia de funcionamento da ANC, a reunião foi coordenada pelo Alysson Paolinelli, na Comissão de Agricultura, presidida pelo deputado Jorge Viana, da Bahia. Lá constituímos a FPA. Quando começou o funcionamento da Constituinte, a primeira Assembleia constituída foi a da Agricultura. Para isso, preparamos um ideário sob a égide liberal, sob a luz do Flávio Páscoa Teles de Menezes. Pela sua inteligência e vivência, na ótica da justiça e do direito, Flávio deu origem ao ideário da FPA, redigido mais tarde por Alberto Veiga, que tempos depois deu origem à Abag, por inspiração do Ney Bittencourt de Araújo. A FPA teve um trabalho extraordinário na Constituinte. Naquele primeiro dia, fomos chamados, o Flávio, o Fernando Vergueiro e o Gilman Viana Rodrigues, Secretário da Agricultura do Estado de Minas Gerais, então presidente da Sociedade Mineira da Agricultura. Fomos à sala de um senador da República, de Mato Grosso do Sul, que nos disse o seguinte: "Olha, vocês têm de organizar o papel da Comissão de Agricultura, presidida pelo deputado de Pernambuco, Oswaldo Lima Filho". O relator era o deputado de Minas Gerais, Arnaldo Rosa Prata. E completou o seguinte: "Vocês preparam o documento para o Arnaldo ler na Comissão daqui a dois dias". A partir do nada, saímos daquela reunião, e o Flávio falou: "Puseram no nosso colo uma responsabilidade realmente histórica. Precisamos fazer isso acontecer". Saímos para a OCB, escrevemos o capítulo da política agrícola e entregamos para o Rosa Prata, que foi para o microfone e leu o papel. Isso mostra a responsabilidade do Flávio na condução desse processo. Com sua confiança no time que o cercava, o relator sequer discutiu o papel antes de lê-lo. Isso deu origem a uma Constituição cheia de problemas, mas com muitas coisas positivas e uma vertente favorável à agricultura brasileira naquele tempo (ABAG, 2010, p. 39-40).

18 Apesar da Abag possuir referência na OCB é preciso considerar que seus quadros-fundadores vêm da histórica SRB. Tal é o caso, por exemplo, de seu primeiro presidente, Ney Bittencourt de Araújo; além de um de seus mais importantes ideólogos da atualidade, o professor e ex-ministro da Agricultura, Roberto Rodrigues.

56             Frederico Daia Firmiano

ternacional de Tecnologia Agrícola, inspirada na norte-americana *Farm Progress Show* e na argentina *Expochacra*.

A Abag também foi lançada em um evento realizado no dia 6 de maio de 1993, no Congresso Nacional e, novamente, no Seminário de *Agribusiness*, ocorrido em São Paulo, em 14 de junho do mesmo ano. No primeiro evento, a Associação se propõe a solucionar quatro problemas que identificava no Brasil: (a) organização do processo de desenvolvimento sustentado; (b) integração à economia internacional; (c) eliminação das profundas desigualdades de renda e dos bolsões de miséria; (d) respeito ao meio ambiente. No evento de São Paulo, um mês depois, foram debatidos quatro temas principais: (a) segurança alimentar; (b) *agribusiness* – conceitos e abrangência; (c) tamanho e custo do estado e infraestrutura e o *agribusiness* Brasileiro. (ABAG, 2003, p. 4).

A associação assumiu a função política de reunir todos os participantes das cadeias produtivas do agronegócio, empresas de insumos e fatores de produção, proprietários rurais, processadores industriais de alimentos e fibras, *traders*, distribuidores e núcleos afins das áreas financeira, acadêmica e de comunicação, imprimindo uma perspectiva de desenvolvimento capitalista dinamizado pela concepção de agronegócios.[19] Hoje, seu núcleo central é constituído por empre-

---

19    Seus associados são: ADM do Brasil Ltda; AGCO do Brasil; Agroceres Nutrição Animal Ltda; Agropalma S.A.; Algar S.A. Empreendimentos e Participações; Amyris Brasil S.A.; Aprosoja Brasil; ArboGen Tecnologia Florestal Ltda; Associação Brasileira das Industrias da Alimentação-ABIA; Associação Brasileira dos Criadores de Zebu-ABCZ; Associação da Indústria de Açúcar e Álcool-AIAA; Associação Nacioanl de Defesa Vegetal-ANDEF; Associação NAcioanl dos Exportadores de Sucos Cítricos-CITRUSBR; Banco Cooperativo Sicredi S.A.; Banco do Brasil S.A.; Banco Itaú BBA S/A; Banco Rabobank Internacional Brasil S/A; Banco Santander S.A.; Basf S.A.; Bayer S.A.; Bolsa de Mercadorias e Futuros-BM&F; Bunge Alimentos S.A.; Buranello e Passos Advogados; Caramuru Alimentos S.A.; Cargill Agrícola S.A.; Ceres Consultoria S/C. Ltda.; CNH Latin America Ltda.; COCAMAR Cooperativa Agroindustrial; Companhia de Tecidos Norte de Minas-COTEMINAS; Cooperativa Agroindustrial dos Produtores Rurais do Sudoeste Goiano-COMIGO; Cooperativa Agropecuária de Araxá Ltda.-CAPAL; Cooperativa Regional dos Cafeicultores de Guaxupé-COOXUpÉ; Dow Agrosciences Industrial Ltda; Du Pont do Brasil S.A.; Empresa Brasileira de Pesquisa Agropecuária-EMBRAPA; Evonik Degussa Brasil Ltda.; Federação das Cooperativas do Estado do Rio Grande do Sul--Fecoagro/Fecotrigo; FMC Química do Brasil Ltda.; Fundação de Estudos Agrários de Queiroz-FEALQ; Globo Comunicação e Participações S.A.; Instituto Nacional de Processamento de Embalagens Vazias-INPEV; IP Desenvolvimento Empresarial e Institucional; John Deere Brasil S.A.; Malteria do Vale S.A.; Máquinas Agrícolas Jacto S.A.; Marchesan Implementos e Máquinas Agrícolas Tatu S.A.; Monsanto do Brasil Ltda.; MRS Logística S.A.; Pirelli Pneus S.A.; PricewaterhouseCoopers; Sadia S.A.; Safras & Mercado; Sindicato Nacional da Indústria de Defensivos Agrí-

O padrão de desenvolvimento dos agronegócios no Brasil (...)        57

sas de capital transnacional, como Cargill, Bunge, Monsanto, Sadia, Abracem, Agroceres.[20] E desde seu surgimento a entidade patronal assumiu duas tarefas:

> Primeira:
> De conscientizar os segmentos decisórios do país – os políticos, os empresários, os trabalhadores organizados, os acadêmicos, os líderes de comunicação – para a importância e complexidade da cadeia do agribusiness, a relevância de seu papel no desenvolvimento econômico e social e a necessidade de tratá-lo sistematicamente, sem o que se torna impossível otimizá-lo.
> Segunda:
> De tornar o Agribusiness ciente e entendido. É a falta de conhecimento mais elementar de seu funcionamento, e dos seus elementos mais importantes, eclipsa a visão de conjunto e as importantes interações que ocorrem dentro do sistema (ABAG, 2003, p. 4).

E dois princípios fundamentais:

- de abrigar, no plano interno, representantes de todo o espectro do agronegócio, mesmo às vezes aparentemente conflitantes, sem exercer lobbies localizados. As suas ações se norteiam nas ferramentas das informações estruturadas e, na racionalidade, manejadas com grande espírito público.
- de assumir papel importante de apoio às organizações, nacionais e estrangeiras, para que as políticas fiscais, tributárias e de créditos, dentre outras, contribuam para o melhor funcionamento do agronegócio, desde a renda condizente para o campo e preços acessíveis ao consumidor. Da mesma forma, participar na defesa dos interesses das cadeias produtivas no comércio internacional. (ABAG, 2003, p. 5).

A Abag atua como um verdadeiro intelectual orgânico coletivo, buscando condições para a expansão dos interesses do conjunto do agronegócio, dedicando-se a elaboração teórica e ideológica para a unidade política dos interesses do capital transnacional com as demais forças políticas que atuam no campo brasileiro.

---

colas-SINDAG; Sindicato Nacional da Indústria de Produtos para Saúde Animal-SINDAN; Syngenta; Trademaq-Eventos e Publicações Ltda.; União da Indústria de Cana-de-Açúcar-ÚNICA; União dos Produtores de Bioenergia-UDOP; Usina Alto Alegre S/A – Açúcar e Álcool; Vale S/A (FCA – Ferrovia Centro Atlântica). (http://www.abag.com.br/index.php?mpg=01.04.00).

20   A estrutura dos conselhos consultivo e deliberativo e da diretoria está disponível em: http://www.abag.com.br.

58            Frederico Daia Firmiano

Já em seus primeiros anos de existência a associação publicou livros, difundindo sua compreensão de Estado e sociedade, de *agribusiness*, de agricultura e desenvolvimento; elaborou documentos para os presidentes da República dos pleitos de 1994; assumiu a organização anual da Feira Internacional de Tecnologia Agrícola (Agrishow); organizou missões no exterior; celebrou convênios com entidades públicas e privadas, inclusive universitárias, com vistas ao desenvolvimento de pesquisas para o agronegócio (Convênio DENACOOP-MAARA e Abag; Convênio Abag-FGV; Convênio Abag-IEAg e RBS; Acordo Abag-Ciee, para citar alguns); realizou fóruns (Fórum Nacional dos Secretários de Agricultura de Ribeirão Preto, Fórum Rural de Porto Alegre, Fórum Nacional da Agricultura; Fórum de Negociações Agrícolas Internacionais, em parceria com a Confederação Nacional da Agricultura-CNA), seminários internacionais (Agro nas Américas, com apoio do Ministério da Agricultura e da Embrapa), entre muitas outras atividades. (ABAG, 2003, p. 6-20).

Em mais de dez anos de existência, a associação se expandiu substantivamente, constituindo-se como uma das principais forças políticas do agronegócio brasileiro, representando a nova forma de reprodução do capital no campo sob a hegemonia do capital financeiro. Em 2002, quando realizou o I Congresso Brasileiro de Agribusiness, ocorrido em São Paulo, nos dias 12 e 13 de junho, sob o título "Para onde vai o maior negócio do Brasil?", a associação compreendia que a conjuntura político-econômica brasileira e internacional colocava o agronegócio como parte fundamental do projeto de desenvolvimento que seria hegemônico na década seguinte. Sob o clima político criado em torno do pleito para a Presidência da República daquele ano, e perante o conjunto de medidas político-econômicas em curso de 1999, que elevaram o agronegócio a um patamar de grande importância para a economia brasileira, a entidade patronal elaborou seu Projeto Estratégico de Desenvolvimento do Agribusiness Brasileiro. Este projeto culminou no I Congresso Brasileiro de Agribusiness, realizado com apoio do Ministério da Agricultura, Pecuária e Abastecimento (MAPA) e coordenado pela Associação Brasileira dos Dirigentes de Vendas e Marketing do Brasil.

A Abag, então, articulou os capitais de empresas dominantemente brasileiras com os capitais financeiros transnacionalizados, buscando unificar interesses de frações distintas da burguesia. Simultaneamente, passou a desempenhar funções políticas diretivas e conectivas no Estado e na sociedade civil. Daquele evento, resultou a "Carta do Agribusiness na Perspectiva 2010" – ou "Projeto Estratégico do Agribusiness Brasileiro 2002-2010" - encaminhado ao então presidente da República, Fernando Henrique Cardoso, e aos candidatos ao seu cargo nas eleições de 2002.

O padrão de desenvolvimento dos agronegócios no Brasil (...)         59

Os conteúdos fundamentais daquele Projeto são:

> 1. Um conjunto de metas de produção, consumo e comércio exterior das principais cadeias produtivas do agronegócio no horizonte 2010, destacando-se o aumento de 3,9% ao ano da produção agropecuária.

> 2. As recomendações de políticas e medidas dos setores público e privado para a viabilização das metas estabelecidas e o fortalecimento da competitividade do agronegócio brasileiro.

> 3. A importância da maior coordenação dos interesses e da imagem do agribusiness e do País; a definição das estruturas e plano de ação nos níveis federal, estadual e municipal,; o estabelecimento de compromissos entre os setores público e privado, e dentro do setor privado.

> 4. A necessidade de formulação de políticas públicas isonômicas em relação aos concorrentes e a firme determinação nas negociações internacionais.

> 5. A modernização e a definição de instrumentos legais que removam as restrições à competitividade e proporcionem a expansão das atividades produtivas. (ABAG, 2003, p. 21).

Ainda segundo o documento, em 2010 o setor deveria gerar um saldo de US$ 29 bilhões na balança comercial. Para tanto, o governo federal deveria assumi-lo como parte do programa econômico do país à longo prazo. Assim foi que a Abag construiu, gradualmente, uma importante e decisiva relação política com o Partido dos Trabalhadores, vinculando o capital transnacionalizado que opera no campo aos interesses do partido que, mais tarde,ofereceria aos agronegócios as condições políticas necessárias para sua expansão.

Conforme pronunciou um deputado dos Democratas, em 2010:

> Quando o Lula se elegeu, estávamos com as espadas prontas e as facas amoladas: armados até os dentes, porque achávamos que seríamos triturados, definitivamente. Quando vimos o anúncio do ministro da Agricultura, acabou toda a valentia: era o Roberto Rodrigues, o pai de todos nós, que ensinou a fazer política desde a Constituinte, com a sua capacidade organizacional de juntar, unir, agregar. Ele teve a bancada ruralista de um governo de oposição a seu serviço no ministério. Graças a ele, não houve a turbulência que se esperava. Por isso, obrigado, ministro Roberto Rodrigues, por tudo o que o senhor representou para nós.[21] (ABAG, 2010, p. 9).

---

21    Palavras proferidas pelo então deputado federal Abelardo Lupion, do DEM/PR e

60 Frederico Daia Firmiano

Desde o primeiro dia de Lula da Silva no Executivo Federal, o Ministério da Agricultura, Pecuária e Abastecimento foi presidido pela Abag, com Roberto Rodrigues à frente, passando, mais tarde, por Luis Carlos Guedes Pinto, Reinhold Stephanes e Wagner Rossi. Assim, durante todo o governo de Lula da Silva a Abag ditou as políticas do MAPA.

Para tanto, a entidade possui uma estrutura de produção e difusão ideopolítica e técnico-administrativo de larga monta, composta pelo Instituto de Estudos do Comércio e Negociações Internacionais (Ícone), formado em 2003, e pelo Instituto para o Agronegócio Responsável (ARES), constituído em 2007.

O Ícone opera como um centro de conhecimentos técnicos especializados sobre comércio exterior, como tarifas, legislações ambientais, regras de origem, barreiras sanitárias, fitossanitárias e técnicas, biotecnologia, demandas ligadas à sustentabilidade, emissões de gás carbono e outros gases de efeito estufa, entre outros temas. O Instituto fornece subsídios para as empresas das cadeias produtivas do agronegócio brasileiro atuarem no mercado internacional, defendendo seus interesses nas negociações comerciais, como aquelas que se dão no âmbito do Acordo União Europeia-Mercosul ou nas rodadas de negociações da Organização Mundial do Comércio (OMC). (ABAG, 2008, p. 43). Em outros termos, trata-se de um centro produtor e difusor de conhecimentos instrumentais para a expansão econômica e financeira dos agronegócios.

O ARES, por seu turno, representa diversas cadeias produtivas do agronegócio, como as do algodão, do café, da cana-de-açúcar, de carnes, da citricultura, da madeira, do milho e da soja, com uma estrutura organizacional autônoma, formada por conselhos deliberativo, consultivo e fiscal. (ABAG, 2008, p. 44). O Instituto prioriza temas (a) trabalhistas e relacionados à terceirização; (b) agricultura familiar, desalojamento econômico e segurança alimentar; (c) relacionamento com a sociedade civil organizada, ONGs, processos *multistakeholders*, rastreabilidade, verificação, certificação e selos; (d) conversão de ecossistemas; (e) impactos ambientais como GMOs, uso de agroquímicos e manejo de pragas, impactos no solo e plantio direto; (f) resíduos em alimentos e sanidade animal; (g) emissões de gases com efeito estufa , balanço energético e biocombustíveis; (h) ordenamento fundiário, legislação ambiental e monitoramento; (i) conflitos intra e inter SAGs, integração lavoura– pecuária e adição de valor; (j) comércio internacional e sustentabilidade. E tem como objetivos estratégicos: (a) geração

---

então presidente da Comissão de Agricultura, Pecuária, Abastecimento e Desenvolvimento Rural da Câmara Federal, no 9° Congresso Brasileiro do Agronegócio: "Cenários 2011: Comunicação e Governança", realizado em 9 de agosto de 2010, pela ABAG.

O padrão de desenvolvimento dos agronegócios no Brasil (...)    61

de conhecimento e consolidação de informações; (b) diálogo e comunicação para a sustentabilidade no agronegócio brasileiro. (ABAG, 2008, p. 45).

Também de importância capital para a Abag é o Instituto de Agribusiness (IEAg), ligado diretamente à diretoria da associação. Segundo Raphaela Giffoni Pinto, é seu "braço direito", que desenvolve pesquisas, estudos e análises, coordena e executa trabalhos sobre e para o setor, em parceria com instituições públicas e privadas. Boa parte de seus membros são professores e pesquisadores ligados ao Programa de Estudos e Negócios do Sistema Agroindustrial (PENSA), mantido pela Faculdade de Economia e Administração, da Universidade de São Paulo, campus Ribeirão Preto. Ambos, IEAg e PENSA, nasceram juntos, antes mesmo da Abag, ainda em 1990, na esteira da constituição de uma representação política convergente com os processos socioeconômicos dos agronegócios e como parte de seu projeto de hegemonia.

O PENSA[22], inspirado no Programa de *Agribusiness* da Universidade de Harvard (fundado por Ray Goldberg, quem crivou o conceito de *agribusiness*, em 1957) fornece "...o escopo teórico e metodológico às ações do agribusiness brasileiro" (PINTO, 2010, p. 68). Nesses termos, o PENSA seria o núcleo de elaboração de sua hegemonia. É financiado por empresas privadas e por fundações de direito privado que atuam junto, ou até no interior, da Universidade de São Paulo, como a Fundação Instituto de Pesquisas Econômicas Cultura Contábil, Atuarial e Financeira (FIPECAFI), Fundação para a Pesquisa e Desenvolvimento da Administração, Economia e Contabilidade (FUNDACE) e, principalmente, pela Fundação Instituto de Administração (FIA). "Dentre as fundações que atuam na USP, as financiadoras do PENSA encontram-se no topo da lista tanto do universo total das fundações, quanto da faculdade onde atuam. A FIA, por exemplo, em termos de arrecadação é a primeira em receita dentro da Faculdade de Economia, Administração e Contabilidade (FEA)..." (PINTO, 2010, p.72).

Este Programa não só interage com a Abag, como é constituinte desta, no

---

22   A autora faz importante discussão sobre a atuação das fundações de direito privado junto a Universidade de São Paulo e as relações entre elas e o PENSA, além das relações entre as fundações e o setor privado, especialmente a FIA. E também destaca os inúmeros "estudos de casos" feitos pelo Programa, de empresas privadas que envolvem estudantes e empresários, que podem ter contado com financiamento do capital privado. Muitos dos coordenadores do PENSA e membros associados estiveram, inclusive, envolvidos em pesquisas ou estudos de casos de empresas privadas e também em seus quadros de funcionários, sendo que alguns transitam ora pelo setor privado ora pelo Estado, ocupando cargos de confiança no executivo, junto a Secretarias e Ministérios de Agricultura. O lema "associação de rigor acadêmico e aplicação prática" justifica a promíscua relação. Ver PINTO, 2010, especialmente p. 70-88.

sentido teórico, político e ideológico. Aliás, o intercâmbio entre a entidade patronal e as instituições públicas e privadas de pesquisa é bastante intenso: a associação tem convênios, entre outros, com o *International Agribusiness Management Association* (IAMA), com a *International Society of New Institucional Economics* (ISNIE), com a *Food and Agriculture Organization of the United Nations* (FAO), com a Universidade Federal de São Carlos (UFScar), com a Universidade Federal do Rio Grande do Sul (UFRG), o governo do Estado do Maranhão, a Empresa Brasileira de Pesquisa Agropecuária (EMBRAPA). A maioria de seus profissionais vem da Escola Superior de Agricultura "Luiz de Queiroz" (ESALQ) e dos departamentos de Economia e Administração da Faculdade de Economia e Administração (FEA), ambos da Universidade de São Paulo (USP).[23]

Estas instituições atuam como verdadeiros intelectuais orgânicos, buscando conferir unidade e homogeneidade teórica, política e ideológica para as diversas cadeias produtivas do agronegócio, com atividades que vão desde a organização e realização de palestras em cidades do interior do País até programas de televisão, como "Globo Rural", na TV Globo; realizam estudos e pesquisas que fundamentam políticas junto a secretarias de agricultura de Estado e do Mapa; organizam feiras internacionais, como a Agrishow, cursos de graduação e pós-graduação junto a universidades públicas e privadas; marcam presença até na rede pública de ensino, com programas como o "Agronegócio na escola".

Apesar disso, segundo César Ortega citado por Campos (2011, p. 105-106), a Abag não representa todos os interesses do patronato rural. Isto porque confere maior importância aos interesses agroindustriais em detrimento dos interesses agropecuários. Assim é que o agronegócio brasileiro possui outras formas políticas que se sintetizam no Estado.

Mas se é verdade que a Abag não foi capaz de dar unidade política para os distintos setores do agronegócio brasileiro, o comando do capital transnacionalizado nos negócios do campo também não criou um conflito burguês capaz de opor interesses agrários, industriais, financeiros. Do mesmo modo, a hegemonia do capital financeiro no campo não provocou fissuras na estrutura de poder que sustenta a economia política do agronegócio, mesmo subordinando o capital industrial e, sobretudo, agrário, aos seus interesses. Ao contrário, impulsionou

---

23 Para uma análise mais minuciosa das relações entre PENSA e ABAG e sobre a relação entre o ruralismo, o patronato rural e a produção científica em São Paulo, Raphaela Giffoni de Araújo remete ao trabalho de Cláudio Severino. O ruralismo acadêmico paulista. Rio de Janeiro: UFRRJ-CPDA, 2007. Diz ela: "o autor [Cláudio Severino] ao buscar a biografia dos fundadores do PENSA, desvenda uma miríade de relações entre eles e os quadros dirigentes das empresas propulsoras e integrantes da ABAG..." (PINTO, 2010, p. 69).

O padrão de desenvolvimento dos agronegócios no Brasil (...) 63

formas de valorização de capital que permitiram a expansão conjunta, embora puxada pelo capital financeiro, dos distintos "capitais setoriais".

Ademais, a contradição entre capital e propriedade rural não constituiu, no Brasil, um conflito político que tornasse o latifúndio um empecilho para a expansão capitalista. Ao contrario, conforme afirmou José de Souza Martins "... os próprios fazendeiros estariam em condições de personificar as necessidades de reprodução capitalista do capital, não dependendo esta de uma nova classe social, distinta da classe dos proprietários de terra, para viabilizar-se historicamente" (MARTINS, 2011a, p, 105).

Assim, ainda que possa haver embates políticos entre representantes dos capitais setoriais, a aliança estratégica entre capital financeiro, agroindústrias de insumos e máquinas, agroindústrias processadores, *tradings companies* e grandes proprietários de terras, representam um "momento de condensação de energia produtiva", como chamou Gonçalves (2005, p. 30). De modo que há uma "... falsa percepção de que a integração plena da agricultura no capitalismo financeiro implicaria numa perda de poder político dos agentes econômicos do campo" (GONALVES, 2005, p. 30). Prossegue o autor:

> Na verdade ocorre o contrário, pois numa realidade de riqueza plenamente financeirizada, com os títulos da agricultura (em especial os patrimoniais como a terra) como lastro dos ativos bancários, todo o poderoso sistema financeiro passaria a ter posições convergentes com a defesa da renda setorial, dado que estaria em jogo a estabilidade macroeconômica do sistema como um todo e não uma mera fatia da riqueza do segmento específico de agropecuaristas. Esse é um dos principais pilares de sustentação das políticas protecionistas das agriculturas das economias capitalistas desenvolvidas nem sempre visualizados com precisão (GONÇALVES, 2005, p. 31).

Historicamente, a CNA também se destacou como uma das mais importantes entidades do patronato rural brasileiro, reunindo, hoje, 27 federações da agricultura e pecuária de todo o país, mais de 2.300 sindicatos rurais e cerca de 1,7 milhão de produtores rurais associados. (Cf. http://www.canaldoprodutor. com.br/sobre-sistema-cna/federacoes). "Para além da representação piramidal de interesses, formada por uma organização de cúpula, entretanto, existe uma plêiade de entidades que atuam nacionalmente, representando setores específicos da atividade agropecuária" (Iglesias, 2007, p. 79). Essas entidades atuam ao lado das federações estaduais e dos sindicatos rurais. "São chamadas de 'extensões de base', e 1072 delas estão atualmente filiadas à CNA" (Iglesias, 2007, p. 79). Estas últimas contribuem voluntariamente com a entidade, enquanto as federações e

64 Frederico Daia Firmiano

sindicatos o fazem de modo compulsório, através do imposto sindical, desde a ditadura civil-militar.

O Conselho de Representantes é o órgão mais importante da CNA. É composto pelos 27 presidentes das federações estaduais. A diretoria executiva da entidade é subordinada a este Conselho. Em 2007, a entidade tinha 22 comissões nacionais atuando nos temas: assuntos fundiários, assuntos indígenas, assuntos do nordeste, assuntos da pequena propriedade, comércio exterior, endividamento, meio ambiente, Mercosul, trabalho e previdência, Amazônia Legal, entre outros.

A CNA preside o Conselho Superior da Agricultura e Pecuária do Brasil (Rural Brasil). Por meio desta, a entidade patronal articula o *lobby* e defende os interesses da agropecuária junto aos três poderes.[24] O Conselho, constituí-

---

24 A Confederação da Agricultura e Pecuária do Brasil realiza a ligação entre sociedade civil e Estado também através do Legislativo e do Judiciário. No Legislativo, pois é presidida pela Senadora, desde 2006, pelo Democratas, recentemente pelo PSD, pelo Tocantins, Kátia Abreu, que compõe, ainda, como membro titular as Comissões de Assuntos Sociais, Assuntos Econômicos, e de Agricultura e Reforma Agrária, conduzindo a chamada "bancada ruralista", ao lado de outros quadros políticos do agronegócio. No Judiciário, constitui alianças e parcerias através de (a) financiamento de eventos de Associações da Magistratura e Ministério Público, como o XX Congresso de Magistrados, da Associação dos Magistrados Brasileiros-AMB, realizado em outubro de 2009, no qual, inclusive, Kátia Abreu proferiu conferência para cerca de 2.000 magistrados, afirmando que indígenas, comunidades tradicionais, ambientalistas e agricultores sem terra são representantes da insegurança jurídica no campo; e XVIII Congresso Nacional do Ministério Público, da Associação Nacional dos Membros do Ministério Público, realizado em novembro de 2009; e (b) assinando convênios com o Conselho Nacional de Justiça (CNJ), órgão que é responsável pela elaboração e aplicação da política pública de justiça. Ver Termo de Acordo de Cooperação Técnica n° 026/2010, disponível em: http://www.cnj.jus.br/images/Cerimonial/act%20026-2010¢20cnj¢20e%20cna.pdf. Acesso em: 6 ago 2012. Por isso, os assessores jurídicos dos movimentos sociais, Antonio Sérgio Escrivão Filho e Darci Frigo afirmam que "...o então Presidente do Supremo Tribunal Federal e do CNJ, ministro Gilmar Mendes, parece ter assumido um lado na conjuntura agrária brasileira, atrelando a política institucional da justiça agrária ao modelo de desenvolvimento capitaneado pelo agronegócio. Se antes a criminalização advinha, sobretudo, de uma política institucional executada pela polícia militar, a tendência agora é ela se assumir enquanto política do Ministério Público e Poder Judiciário, como ocorreu no Ministério Público do estado do Rio Grande do Sul, e na gestão passada da presidência do Poder Judiciário nacional se materializou em decisões judiciais e se consolidou em políticas institucionais via CNJ" (FILHO, FRIGO et. alli, 2010, p. 123). No ato de lançamento do Observatório das Inseguranças Jurídicas no Campo, em 9 de fevereiro de 2010, o Presidente do Supremo Tribunal Federal e do Conselho Nacional de Justiça, Ministro Gilmar Mendes, palestrou sobre a modernização do poder judiciário.

O padrão de desenvolvimento dos agronegócios no Brasil (...)      65

do pela OCB, SRB, UDR, é sucedâneo da antiga Frente Ampla da Agricultura Brasileira (FAAB), que foi criada em 1986 por iniciativa da OCB para defender os interesses do empresariado rural no processo Constituinte, conforme destaquei anteriormente.

Ainda segundo Wagner Iglesias, o Fórum Permanente de Negociações Agrícolas Internacionais, do qual fazem parte a OCB e a Abag, também está sob o comando da CNA. É um espaço de aglutinação de forças políticas, que reúne organizações como a Federação das Associações dos Plantadores de Cana do Brasil (Feplana) e o Conselho Nacional de Pecuária de Corte (CNPC). Além disso, a CNA está vinculada a importantes instituições internacionais, como a Aliança Láctea Global, a Confederação Interamericana de Criadores de Gado e Agricultores, a Federação de Associações Rurais do Mercosul, entre muitas outras. (Iglesias, 2007, p. 79).

Tanto Abag, como CNA, ferrenha opositora do Partido dos Trabalhadores até recentemente[25], integram hoje o bloco de poder que sustenta o governo do

---

25    A relação entre CNA e os governos do PT vem sendo sistematicamente registrada pela imprensa brasileira. Conforme reportagem do jornal *Valor*, de 29 de junho de 2012, durante o lançamento do Plano Safra 2012/2013, Kátia Abreu selou a aproximação entre as forças políticas que representa e o governo do Partido dos Trabalhadores, ora sob a condução de Dilma Rousseff. Em seu discurso, a ruralista disse: "Quero agradecer a generosidade e a demonstração de desprendimento da presidenta Dilma ao abrir essa oportunidade de dar voz ao campo. É o reconhecimento ao papel do campo na economia nacional, superando preconceitos e incompreensões". E prosseguiu: "Neste momento, como representante dos produtores rurais, posso dizer que o governo brasileiro está fazendo bem a sua parte. Nós estamos obrigados a fazer a nossa: produzir mais para alimentar os brasileiros e para cooperar com o equilíbrio da economia nacional. A senhora está nos dando as condições para cooperar". Michel Temer, do PMBD, então vice-presidente da República, teria intermediado a aproximação entre Kátia Abreu e Dilma Rousseff, dado que antes de integrar o PSD, a senadora chegou a flertar com o PMDB. Segundo a reportagem: "A articulação surtiu efeito. Kátia Abreu foi recebida por Dilma no Palácio do Planalto em agosto do ano passado [2011]. Em novembro, estimulada por petistas, a presidente compareceu ao evento em comemoração aos 60 anos da CNA. Lá, Kátia Abreu mobilizou produtores rurais para receber Dilma em clima de festa. A parlamentar teve outra audiência com a presidente em maio daquele ano [2012]. Segundo interlocutores das duas, Dilma reconheceu a eficiência e a capacidade que a senadora tem de estudar e se preparar para enfrentar debates. Decidiu dar espaço para tal aproximação depois de ler estudos da CNA sobre produtividade agrícola, extensão rural, a ascensão da classe média rural, proteção de margens de rios e uso da tecnologia para elevar a produtividade e preservar o meio ambiente". Em seu discurso, Kátia Abreu ainda elogiou os ministros da Agricultura, Casa Civil e Meio Ambiente. Ver: KÁTIA ABREU..., 2012. Disponível em:

Partido dos Trabalhadores, condensando energias em prol da manutenção da posição que o agronegócio alcançou na economia política brasileira. Voltarei a esta questão no terceiro capítulo, a fim de discutir o bloco de poder constituído em torno dos governos do PT. Por hora, cabe assinalar que, se as novas condições de reprodução do capital impuseram o desenvolvimento dos agronegócios, o reordenamento político promovido pelas classes e frações de classe acentuou, no plano interno, o lugar subordinado que a própria revolução burguesa brasileira já havia definido. E no plano externo, aprofundou a integração servil a estrutura global do capital.

No campo, os governos do PT dedicaram inúmeros esforços para a constituição de um novo mundo rural, ou um "admirável novo mundo rural", promovendo um conjunto de políticas que anulou a possibilidade de uma reforma agrária, apostando, em seu lugar, na categoria da agricultura familiar, segundo os objetivos estratégicos do agronegócio. No próximo capítulo veremos mais de perto as transformações ocorridas no mundo rural durante os governos do PT, sobretudo de Lula da Silva, que expandiram e consolidaram a hegemonia do agronegócio no campo.

---

http://clippingmp.planejamento.gov.br/cadastros/noticias/2012/6/29/katia-abreu-defende-reeleicao-de-dilma/. Acesso em: 4 jul. de 2012. Cerca de 1 ano depois que redigi este texto, Kátia Abreu assumiu a pasta do MAPA, em 1º de janeiro de 2015, compondo a nova equipe formada por Dilma Rousseff em seu segundo pleito.

# O "ADMIRÁVEL NOVO MUNDO RURAL" DO PT[1]

### A esperança e o desmonte do Plano Nacional
### de Reforma Agrária do governo Lula

A nomeação de Roberto Rodrigues para o MAPA e a de Miguel Rossetto para o MDA, em 1º de janeiro de 2003, demonstrou que a estrutura político-institucional armada pelo governo de Fernando Henrique Cardoso para a viabilização de um "novo mundo rural" – sob a hegemonia dos agronegócios - seria mantida por Lula da Silva. E de fato foi.

Mesmo assim, havia expectativas políticas no âmbito do movimento popular de que o novo governo pudesse realizar uma ampla reforma agrária no país. Segundo os dados da CPT citados por Sue Branford, no ano de 2003, 124.634 famílias participaram de ocupações de terras ou se mudaram para acampamentos rurais (BRANFORD, 2010, p. 418), apostando que a luta social encontraria eco no Estado. Passados seis meses de governo, nada ocorreu.

No dia 2 de julho de 2003, Lula da Silva recebeu uma delegação do MST no Palácio do Planalto, quando, então, vestiu um boné do movimento em rede nacional, dizendo ter compromisso histórico com a reforma agrária. Segundo o então Presidente, a reforma agrária ainda não havia sido realizada porque antes era preciso colocar a "casa em dia".

Ainda em 2003, porém, houve um aceno importantíssimo aos movimentos sociais de luta pela reforma agrária, quando Plínio de Arruda Sampaio foi convocado pelo recém-empossado ministro do Desenvolvimento Agrário para

---

1    O título e o argumento central deste capítulo são tributários das discussões que fiz com Silvia Beatriz Adoue, ainda em 2012. Foi ela quem teve a "sacada" de referenciar o "novo mundo rural" desenhado desde os idos de 1990 a obra de Aldous Huxley, publicada pela primeira vez em 1932.

coordenar os trabalhos do que deveria ser o Plano Nacional de Reforma Agrária. A empolgação cresceu. Dom Tomás Balduíno, por exemplo, chegou a dizer que o Plano de Reforma Agrária do governo Lula provocaria mudanças na estrutura fundiária brasileira, "quebrando a secular concentração de terra". O destacado religioso acreditava, inclusive, que os conceitos e índices de produtividade (atualizados pela última vez em 1975) seriam revistos e que o *Plano Nacional...* seria um catalisador de mudanças no modelo agrícola do País, deslocando a atenção dos agronegócios para a agricultura familiar. (BALDUÍNO, 2004, p. 23).

No dia 8 de novembro de 2003, Plínio de Arruda Sampaio disse: "Temos que desconstruir o pensamento equivocado que acredita cegamente na modernidade e na última técnica e que o camponês é um resíduo ou que não tem camponês no Brasil". E prosseguiu: "Isso é de um nominalismo terrível, o homem que mora no campo é camponês, não quero saber se é feudal ou não. É preciso reconhecer o seguinte: a população rural brasileira existe e é a saída para o Brasil". Segundo ele, aquele deveria ser "...um plano de desenvolvimento baseado na ideia de que há um potencial de crescimento econômico no campo que está sendo desperdiçado" (Sampaio, 2004, p. 333).

Anos mais tarde, Sue Branford o entrevistou, interrogando-o sobre o processo de elaboração do *Plano Nacional...* Segundo Plínio Sampaio, o MDA apresentava um modo ainda conservador de pensar a reforma agrária, herdado do governo anterior. Outro ponto em desfavor da reforma agrária, teria sido o fato de o governo ter concedido três importantes secretarias à Contag, (quais sejam, Secretaria de Assistência Técnica, Crédito Rural e Reorganização Territorial), que, por sua vez, reforçava o coro daqueles que afirmavam impossível uma reforma agrária com ampla distribuição de terras, defendendo, em seu lugar, o fortalecimento da agricultura familiar. (BRANFORD, 2010).

Com Roberto Rodrigues à frente do MAPA, parecia, no entanto, que concorriam no interior do governo dois projetos distintos: um representado pelas forças do agronegócio e outro, pelas forças do trabalho. Mas conforme a história mostrou, aquilo não passava de aparência, pois, na verdade, estavam em construção os mecanismos para a consolidação de um admirável novo mundo rural.

O próprio *Plano Nacional...* buscou conciliar o "campesinato" e o agronegócio, como Plínio de Arruda Sampaio atestou na mencionada entrevista a Sue Branford. Ainda assim, ele achava perfeitamente possível assentar 1 milhão de pessoas, que deveriam se beneficiar com créditos e programas de compra de alimentos em quatro anos, de 2004 a 2007. Dizia ele: "a idéia era, pelo menos no início, criar os dois polos: o campesinato e o agronegócio. Com o tempo, o campesinato se fortaleceria e talvez contestasse o agronegócio, mais isso seria em

O padrão de desenvolvimento dos agronegócios no Brasil (...)    69

outra fase". A implementação do *Plano Nacional...* não dependia do Legislativo, pois não necessitava de nenhuma modificação no texto constitucional. Bastava o governo se apropriar das terras griladas e modificar o índice de produtividade de 1975, ainda vigente. Isto geraria um potencial de criação de cerca de 3,5 milhões de empregos, a um custo de R$ 24 bilhões, em 3 anos, o que era alto, porém, acessível, segundo ele. (SAMAPIO *apud* BRANFORD, 2010, p. 420).

No dia 23 de novembro de 2003 o *Plano Nacional...* foi entregue ao ministro Miguel Rossetto e ao presidente Lula da Silva. A fala de Sue Branford e as citações que faz de Plínio Sampaio são bastante eloquentes quanto ao destino do documento:

> Mesmo antes de apresentar oficialmente o plano, Sampaio sabia da resistência que enfrentaria. "Eu achava que o nosso programa era bastante razoável, mas ele assustava muita gente". O ministro o chamou várias vezes para conversar. "Não temos o dinheiro, Plínio, para implementar o tipo de programa que você quer. Precisamos atingir um alto excedente primário no nosso balanço fiscal para satisfazer o FMI e os credores estrangeiros. E não é só isso. O INCRA, o ministério, todos os órgãos envolvidos na reforma agrária estão em situação precária e mal equipados. Não temos o conhecimento técnico necessário para implementar um programa como esse. Você precisa ser realista". Sampaio respondeu ao ministro: "Ninguém está dizendo que será fácil, mas não se pode implementar a reforma agrária como qualquer outro programa. As pessoas precisam ser mobilizadas. É o único jeito de fazer isso. Precisamos colocar o país em pé de guerra e solucionar os problemas à medida que forem surgindo". Mas essa resposta, de acordo com Sampaio, só alarmou mais as pessoas, particularmente no INCRA. No final, o ministro elogiou Sampaio e a equipe pela contribuição e os dispensou (BRANFORD, 2010, p. 421).

O *Plano Nacional...* foi recusado. Semanas mais tarde, o governo anunciou outro plano, bastante diferente daquele proposto pela equipe coordenada por Plínio Sampaio. As novas metas estabelecidas para o período de 2003 a 2006 foram: (a) assentamento de 400 mil famílias; (b) regularização de posse de 500 mil famílias; (c) crédito fundiário para 127,5 mil famílias; (d) recuperação da capacidade produtiva e viabilidade econômica dos assentamentos existentes; (e) cadastramento georreferenciado do território nacional; e (f) regularização de 2,2 milhões de imóveis rurais (FERREIRA, ALVES, FILHO, 2009, p. 196-197). Em seu primeiro ano de governo, porém, Lula da Silva assentou apenas 36.301 famílias, 6.611 famílias a menos que Fernando Henrique Cardoso no mesmo período. (POUCA..., 2012, p. 10).

Em 2004, Sue Branford entrevistou Miguel Rosseto. Segundo o então ministro do Desenvolvimento Agrário, o *Plano Nacional...* elaborado por Plínio de Arruda Sampaio "não era realista" perante a correlação de forças políticas daquele momento. Para ele, os movimentos camponeses, como o MST, eram politicamente fracos para enfrentar os proprietários rurais e isto impossibilitava a realização da reforma agrária tal como queriam os movimentos sociais de luta pela terra. Então, o MDA deveria atuar em três frentes: (a) o fortalecimento da agricultura familiar; (b) o aumento da eficácia dos assentamentos existentes; (c) a implantação eficaz de um programa de reforma agrária. (BRANFORD, 2010, p. 423). Naquele ano ficou patente que não haveria qualquer reforma agrária sob o governo de Lula da Silva, mas a consolidação de um admirável novo mundo rural. Mas para compreender como este novo rural se desenvolveu nos anos 2000, é preciso voltar a década de 1990.

## O DESENHO DO "NOVO MUNDO RURAL" AINDA NA DÉCADA DE 1990[2]

Em 31 de julho de 1994 – três meses antes da eleição presidencial da qual Fernando Henrique Cardoso saiu vitorioso pela primeira vez - o Banco Mundial publicou o relatório n° 11783-BR, intitulado *"Brazil: the management of agriculture, rural development and natural resources"*. Segundo o documento, o "...Banco Mundial vê uma agricultura emergindo no futuro como dirigida pela empresa privada, que oferece oportunidades para novos concorrentes e está regulada por um conjunto mínimo e neutro de intervenções governamentais" (BANCO MUNDIAL, 1994, p. 41 *apud* GÓMEZ, 2006, p. 61). E mais: "No lugar de uma reforma agrária administrada pelo governo, uma melhor abordagem seria a reforma através do mercado. Os beneficiários seriam providos com doações para auxiliá-los na compra de terra" (BANCO MUNDIAL, 1994, p. 30 *apud* GÓMEZ, 2006, p. 62).

Segundo o mesmo relatório, as políticas para o campo praticadas durante a década de 1980, como isenções fiscais, créditos subsidiados para os grandes proprietários, entre outras, provocavam distorções econômicas e sociais e os pequenos e médios proprietários familiares ficavam à margem do mercado. Deste modo, o desenvolvimento rural deveria eliminar esses "desvios", integrando a agricultura familiar ao mercado. Neste, o Estado teria como função "...restringir as intervenções de todos os tipos, exceto aquelas que satisfaçam critérios estritos de bens públicos, falhas de mercado e proteção ambiental" (BANCO MUNDIAL, 1994, p. 41-42 *apud* GÓMEZ, 2006, p. 63).

---

2    Neste tópico me beneficio amplamente do trabalho de GOMÉZ, 2006.

O padrão de desenvolvimento dos agronegócios no Brasil (...) 71

Nos termos do Banco Mundial, o Estado se limitaria a melhorar a infra-estrutura e "preparar melhor a população", com saúde, educação, oferecendo à iniciativa privada maiores retornos aos seus investimentos e, ao mesmo tempo, reduzindo as distorções do mercado. (GÓMEZ, 2006, p. 64).

Ainda em 1994, a FAO e o INCRA assinaram um convênio de cooperação em pesquisa, cujo resultado foi a publicação, em 1996, do documento "Perfil da Agricultura Familiar no Brasil"; e, em 2000, do "Novo Retrato da Agricultura Familiar. O Brasil Redescoberto". Este último definiu a agricultura familiar brasileira, ou "o universo familiar", como (a) aquele cujos estabelecimentos possuíam a direção do trabalho exercida pelo produtor e (b) utilizavam mais trabalho familiar que contratado. Ademais, outros aspectos concorriam para a configuração do "agricultor familiar", como o tamanho máximo da propriedade (15 vezes o módulo médio regional), entre outros. (COOPERAÇÂO TÉCNICA INCRA/ FAO, 2000, p. 10-11 *apud* GÓMEZ, 2006, p. 66-67).

No início dos anos de 1990, destacaram-se as pesquisas publicadas por Ricardo Abramovay, "Paradigmas do capitalismo agrário em questão"; José Eli da Veiga, "O desenvolvimento agrícola: uma visão histórica" e os dois volumes de Hugues Lamarche, "A agricultura familiar" (da qual participaram, entre outros, Maria Nazareth Wanderley). Este conjunto de estudos conferiu extrema relevância a então chamada agricultura familiar, consolidando um paradigma segundo o qual os problemas associados ao desenvolvimento do capitalismo brasileiro seriam resolvidos em seu próprio interior, através da dinamização do mercado e da forte intervenção do Estado.

De modo geral, estas obras contradisseram tanto a ideia da proletarização progressiva e irreversível do campo, quanto a afirmação de uma agricultura de base camponesa, tal como vinham elaborando politicamente os movimentos sociais do campo. E apontaram para a centralidade crescente do que chamaram de "empresa familiar rural". Deliberadamente ou não, muitos desses autores adotaram um ponto de vista teórico plenamente de acordo com o horizonte político e teórico do Banco Mundial, ao qual o governo de Fernando Henrique Cardoso – e mais tarde de Lula da Silva – aderiu.

Em 1995, o governo de FHC lançou o Plano Nacional de Fortalecimento da Agricultura Familiar (PLANAF) que, em 1996, se transformou em Programa Nacional de Fortalecimento da Agricultura Familiar (PRONAF), ao lado do Banco da Terra. O primeiro voltado ao financiamento da agricultura familiar e o segundo com o objetivo de promover um programa de reforma agrária através de mecanismos de mercado.

À época, o PRONAF se voltou aos produtores mais eficientes do ponto de vista do mercado. Assentamentos rurais e empresários agrícolas modernos passaram a fazer parte da chamada agricultura familiar. Segundo Neto (2004, p. 31), o programa foi baseado "...na idéia segundo a qual o enfrentamento da tendência universal de redução das margens de lucros da agricultura e a emergência do *agribusiness* deveriam ocorrer por uma combinação entre eficiência produtiva e a produção em escala". Para se integrarem ao programa, pequenos agricultores tiveram que se dedicar aos mercados consumidores sofisticados, das funcionalmente chamadas "classe A e B".

Não à toa, a agricultura familiar se converteu em paradigma político. Sindicatos, federações e confederações de agricultores familiares formaram uma espécie de frente política, sob a direção da Contag e do núcleo agrário da CUT, para defender este programa, contrastando a ideia de agricultura camponesa, tal como construída, por exemplo, por Bernardo Fernandes. Segundo este autor:

> Neste paradigma [da agricultura familiar] defende-se que o produtor familiar que utiliza os recursos técnicos e está *altamente* integrado ao mercado não é um camponês, mas sim um agricultor familiar. Desse modo, pode-se afirmar que a agricultura camponesa é familiar, mas nem toda agricultura familiar é camponesa, ou que todo camponês é agricultor familiar, mas nem todo agricultor familiar é camponês. Criou-se, assim, um termo supérfluo, mas de reconhecida força teórico-política. e, como eufemismo de agricultura capitalista, foi criada a expressão agricultura patronal. O que está em questão nesses estudos é a defesa da tese em que a agricultura familiar está inserida na lógica do desenvolvimento do capitalismo; que a sua existência deve-se muito mais às políticas criadas pelo Estado para garantir a produção de alimentos do que aos interesses políticos e às lutas dos pequenos agricultores (FERNANDES, 2001, p. 29-30).

A reforma agrária, por seu turno, foi tratada como política de mercado. O Estado estimulava a compra e venda de terras, argumentando que desse modo agilizaria os processos de desapropriação de áreas sob conflito.[3] Essa medida se-

---

3 A chamada "reforma agrária de mercado" introduzida pelo governo FHC na década de 1990 no Brasil é, como explica Manuel Domingos Neto, "...a extensão, para o mundo dos trabalhadores rurais, de concepções neoliberais induzidas pelo Bird. A intenção do Banco era testar a eficiência de sua proposta em países politicamente instáveis, a exemplo da África do Sul e da Colômbia. O Brasil foi incluído, sob a justificativa de que a intensidade das ocupações em massa de terra e a radicalização dos conflitos colocariam em risco os direitos de propriedade privada e os ajustes neoliberais". O estado do Ceará foi o primeiro a receber a experiência, com um Projeto-Piloto de Reforma Agrária e Alívio da Pobreza, também conhecido como "Reforma Agrária Solidária", mas popularizado como "Cédula da Terra". A partir

O padrão de desenvolvimento dos agronegócios no Brasil (...)        73

lou a substituição contínua e acelerada (vale dizer, ainda em curso) da reforma agrária pelo desenvolvimento rural baseado na expansão dos mercados comandados pelo capital transnacional.

Entre 1996 e 1998 foi realizada uma extensa pesquisa encomendada pela CUT e pela Contag, financiada por instituições europeias, que identificou a dispersão geográfica da agropecuária familiar e patronal e a incidência de certos produtos agropecuários. Os resultados da pesquisa serviram como subsídio para atuação destas organizações sindicais. O trabalho foi coordenada por José Eli da Veiga. Segundo Favareto (2006), o estudo teria avançado na hipótese de que:

> [...] as melhores configurações territoriais encontradas eram aquelas que combinavam uma agricultura de base familiar forte com um entorno sócio-econômico diversificado e dotado de infra-estrutura; um desenho que permitia aos espaços urbanos e rurais destas regiões, de um lado, abrigar o trabalho excedente que deixa a atividade agrícola e, de outro, inversamente, absorver nas unidades familiares o trabalho que é descartado nas cidades em decorrência do avanço tecnológico e do correspondente desemprego característico dos anos 90. Esta pesquisa mostrou um campo novo de preocupações que viria a se delinear melhor, no Brasil, na virada para a década atual [anos 2000]: a necessidade de se entender as articulações entre formas de produção, características morfológicas dos tecidos sociais locais e dinâmicas territoriais de desenvolvimento; ou, na mesma direção, as articulações entre os espaços rurais e urbanos. Mais do que nas injunções setoriais, o que se sugeria é que nas dinâmicas territoriais – ainda sem usar esta denominação – é que se poderia encontrar as respostas para as causas do dinamismo e da incidência de bons indicadores de desenvolvimento (FAVARETO, 2006, p. 17).

Na sequência veio o projeto "Rurbano", coordenado por José Graziano da Silva, que mostrou a importância do trabalho e da renda não agrícola no campo. A importante pesquisa, que concluiu que o rural não poderia ser reduzido ao "agrí-

---

de 1997, a Cédula da Terra foi estendida para a Bahia, Minas Gerais, Pernambuco e Maranhão. Segundo o Ministério do Desenvolvimento Agrário, o objetivo do projeto era alocar recursos para a reforma agrária e eliminar a burocracia dos processos de desapropriação. Rapidamente tomado como "modelo de reforma agrária", entre 1997 e 2000, dispôs de US$ 150 milhões, dos quais, US$ 90 milhões tomados de empréstimo do Banco Mundial. A partir de 1999, o Cédula da Terra se converteu em Banco da Terra e passou contar com orçamento do Executivo e empréstimos do Banco Mundial. (NETO, 2004, p. 31). Para uma análise da implantação do programa Cédula da Terra ver também SAUER, 2004.

74            Frederico Daia Firmiano

cola" (SILVA, 2001), acabou se tornando importante referência para os estudos que vieram à cena nos anos seguintes sobre a chamada "pluriatividade" no campo conceito trazido da experiência europeia, sobretudo francesa, para contrapor o conceito de proletarização no campo, ao que voltarei nos capítulos seguintes.

Em 1999, ao lado do que Guilherme Delgado chamou de "relançamento do agronegócio", o MDA publicou um documento chamado "Agricultura familiar, reforma agrária e desenvolvimento local para um novo mundo rural. Política de desenvolvimento rural com base na expansão da agricultura familiar e sua inserção no mercado", que ficou conhecido como "Novo Mundo Rural". Seu objetivo central era:

> [...] promover o desenvolvimento socioeconômico sustentável, em nível local e regional, por meio da desconcentração da base produtiva e da dinamização da vida econômica, social, política e cultural dos espaços rurais —que compreendem pequenos e médios centros urbanos—, usando como vetores estratégicos o investimento na expansão e fortalecimento da agricultura familiar, na redistribuição dos ativos terra e educação e no estímulo a múltiplas atividades geradoras de renda no campo, não necessariamente agrícolas (MDA, 1999, p. 2 *apud* GÒMEZ, 2006, p. 70).

Em 11 de junho de 1997, FHC editou a MP 1.577 que, em 2001, foi reeditada, ficando conhecida como a "MP das Ocupações" (sob o número 2.183-56), que proibiu a vistoria pelo Incra de imóvel "invadido" durante um prazo de dois anos, excluindo da reforma agrária todo participante de ocupações de terra. A medida visava conter a luta pela terra, enquanto o governo criava as condições político-institucionais para o avanço do capital no campo. À propósito, o próprio PRONAF, como escreveu Gómez (2006), cumpriu a função política de desestimular a luta pela reforma agrária. Além do mais, veio substituir o Programa de Crédito Especial para a Reforma Agrária (PROCERA), que havia resultado da luta dos assentados da reforma agrária organizados pelos movimentos sociais, especialmente, pelo MST.

O programa "Novo Mundo Rural" foi lançado em 1999 pelo MDA, aparentemente para contrabalancear as ações do MAPA (que só passou a se chamar assim em 2001, com a MP 2.216-37, de 31 de agosto daquele ano). Isto porque, desde então, o programa se filiou ao conjunto de medidas que o governo de FHC tomou para a expansão da economia política do agronegócio.

Conforme Ferreira, Alves e Filho (2009, p. 192-193), o documento "Novo Rural Brasileiro" afirmava que o "sucesso da reforma agrária" no primeiro mandato de FHC inviabilizara o antigo modelo, financeira e administrativamente.

O padrão de desenvolvimento dos agronegócios no Brasil (...)     75

Assim, propunha (a) a descentralização da execução do programa; (b) o fim das desapropriações e do paternalismo dos assentamentos, (c) a implantação do Banco da Terra.

Com a extinção do Procera, os assentamentos rurais passaram a ser atendidos por uma linha especial do Pronaf. O Incra, por sua vez, sofreu um grande desmonte. Em 1999 operava com 30% do orçamento do ano anterior, cerca de R$ 600 milhões. Ao final do mandato de FHC, os assentamentos rurais estavam em situação de grande precariedade: liberação de créditos atrasada, deficiência da infraestrutura, problemas com assistência técnica, dificuldades e falta de incentivo à produção e comercialização, entre outros. (FERREIRA, ALVES, FILHO, 2009, p. 193).

Em 2000 veio à cena o Programa de Consolidação e Emancipação (Auto-Suficiência) de Assentamentos Resultantes de Reforma Agrária (PAC), produto de um acordo entre o governo brasileiro e o Banco Interamericano de Desenvolvimento (BID). O programa visava consolidar os assentamentos rurais, dotando-os de infraestrutura econômica e social. Além disso, os assentados contemplados se tornavam titulares do domínio, "emancipando-se" do Estado para aproveitar as possibilidades abertas pelo mercado. No entanto, perante o sucateamento dos assentamentos e com um orçamento baixíssimo, o Incra conseguiu levar à cabo poucas experiências de emancipação.

Conforme o Estatuto da Terra[4], os assentamentos não podem ser "emancipados" sem que possuam certos requisitos. E segundo a Norma de Execução Incra, n° 9, de 6 de abril de 2001, para sua "consolidação", os assentamentos

---

4    A emancipação dos assentamentos está prevista pelo Estatuto da Terra, de 1964. Segundo o artigo 68, "A emancipação do núcleo ocorrerá quando este tiver condições de vida autônoma, e será declarada por ato do órgão competente, observados os preceitos legais e regulamentares". Segundo o artigo 69, "O custo operacional do núcleo de colonização será progressivamente transferido aos proprietários das parcelas, através de cooperativas ou outras entidades que os congreguem. O prazo para essa transferência, nunca superior a cinco anos, contar-se-á: a) a partir de sua emancipação; b) desde quando a maioria dos parceleiros já tenha recebido os títulos definitivos, embora o núcleo não tenha adquirido condições de vida autônoma". O documento também já afirmava, no artigo 72, a necessidade de serviços gerais, administrativos e comunitários indispensáveis para a implementação de núcleos e distritos de colonizações, serviços de assistência educacional, sanitária, social, técnica e creditícia, serviços de produção, de beneficiamento e de industrialização e de eletrificação rural, de comercialização e transportes e serviços de planejamento e execução de obras. Cf. ESTATUTO DA TERRA. Lei n° 4.504, de 30 de novembro de 1964. Disponível em: http://www.planalto.gov.br/ccivil_03/leis/L4504.htm. Acesso em: 7 nov 2012.

76 Frederico Daia Firmiano

devem apresentar as seguintes condições: (a) medição topográfica; (b) recursos de apoio à instalação, na forma de créditos para aquisição de material de construção; (c) infraestrutura básica de interesse coletivo, como vias de acesso, água, energia elétrica; (d) outorga de título de domínio a pelo menos 50% dos beneficiários, a exceção de projetos agroextrativistas, que se mantém na forma de Contrato de Concessão de Uso. Como veremos a seguir, a taxa de consolidação dos assentamentos rurais é muito reduzida, de modo que, até 2012, a emancipação dos assentamentos atingiu 12 mil famílias, em 75 assentamentos, em 8 estados (Maranhão, Mato Grosso, Mato Grosso do Sul, Minas Gerais, Paraná, Rio Grande do Sul e Sergipe).

## A AGRICULTURA FAMILIAR E A PRECÁRIA SITUAÇÃO DA REFORMA AGRÁRIA

Para muitos autores, como é o caso de Nelson Delgado, a década de 1990 deixou como legado a disputa entre dois projetos políticos para o campo: o do agronegócio e o "democratizante", representado pela agricultura familiar, que ocupou o lugar dos "pequenos produtores", passando ao centro das políticas públicas para o campo. (DELGADO, 2012, 101-103).

Na realidade, porém, o conceito de agricultura familiar, conforme Fernandes (2001) já havia afirmado, estava filiado desde o princípio ao paradigma da expansão do capital no campo, de modo que não poderia se constituir em oposição ao agronegócio, mas como parte integrada do agronegócio, com a função de produzir, basicamente, para o mercado interno. O próprio Nelson Delgado reconheceu que "não se trata, obviamente, de dois projetos estanques, que não se relacionam. Pelo contrário, seus relacionamentos são inúmeros, e o comportamento de um influencia as possibilidades e as características que vão ser assumidas pelo outro". Para ele, ainda que houvesse uma relação conflitiva entre os distintos projetos, existia entre eles "...possibilidades de complementaridades e de alianças entre atores de cada um dos projetos em situações específicas". (DELGADO, 2012, p. 104).

Os governos de FHC e, sobretudo, de Lula da Silva e, mais tarde de Dilma Rousseff, apostaram justamente neste potencial conciliador latente ao admirável novo mundo rural. Suas políticas para o campo buscaram provar que seria possível a convivência pacífica entre a produção agropecuária familiar voltada para o mercado interno (a agricultura familiar) e a produção em larga escala de *commodities*, desde que a primeira tivesse sua dinâmica comandada pela segunda. Foi nesse sentido que Lula da Silva impulsionou fortemente os agronegócios, incrementou a agricultura familiar e, simultaneamente, solapou qualquer possi-

O padrão de desenvolvimento dos agronegócios no Brasil (...)     77

bilidade de realização da reforma agrária reivindicada pelos movimentos sociais.

O problema é que, com o passar do tempo, os movimentos sociais e sindicais que disputavam o já bastante problemático conceito de campesinato como categoria estruturante de seus projetos de reforma agrária, passaram a ver na agricultura familiar uma forma de se contrapor ao agronegócio. Sobretudo depois que o Censo Agropecuário de 2006 mostrou a importância da agricultura familiar na produção de alimentos para o mercado interno[5], esses sujeitos de luta pela reforma agrária também apostaram alto no que imaginaram ser uma disputa a ser travada no interior do Estado (e do governo) contra as forças políticas do agronegócio. Ledo engano, pois ao depositarem suas forças aí, estavam abrindo mão da reforma agrária e, mais que isso, aprofundando a subordinação estrutural da agricultura de base familiar ao capital transnacional, inserindo-a progressivamente na cadeia de produção de mais-valor para o agronegócio.

Já em 2003, por meio de uma articulação feita pelo Conselho Nacional de Segurança Alimentar e Nutricional (CONSEA), o MDA criou o Plano Safra para a Agricultura Familiar, que fortaleceu e expandiu o Programa de Aquisição de Alimentos (PAA). O PRONAF, a partir de 2003/2004, foi muito ampliado. Seus recursos passaram de R$ 2,3 bilhões na safra 2002/2003, para R$ 10,7 bilhões, na 2008/2009 e o número total de contratos, de 953 mil, em 2002, para 1,5 milhão, em 2008 (apesar de ter caído a partir de 2006). (DELGADO, 2012, p. 106-107).

O MDA também criou o Seguro da Agricultura Familiar (Proagro, o PRONAF MAIS e o Seguro Safra). Ao lado destes, o governo recuperou a Política de Garantia de Preços Mínimos, que havia sido abandonada durante a década de 1990, e criou o programa Empréstimos do Governo Federal para a agricultura familiar. (DELGADO, 2012, p. 107).

Segundo os dados levantados por Pedro Ivan Christoffoli, em 2002, o número de contratos de custeio do PRONAF era de 677 mil; em 2004, 1,02 milhão. E os contratos de investimento que contemplavam 275 mil famílias em 2002, chegaram a 551 mil famílias, em 2004. "O número de contratos apresentou crescimento em todas as regiões do país, em especial no Nordeste, subindo de 953 mil em 2002

---

5     Segundo Machado e Casalinho (2010, p, 69), que se apoiaram em dados de 2010 do MDA e do Censo Agropecuário de 2006, realizado pelo IBGE. A agricultura familiar foi responsável por 87% da produção nacional de mandioca, 70% da produção de feijão, 46% do milho, 38% do café, 34% do arroz, 58% do leite, 59% do plantel de suínos, 50% das aves, 30% dos bovinos, e ainda 21% do trigo. No Brasil são 4.367.902 estabelecimentos considerados de agricultura familiar, ou 84,4% do total de estabelecimentos, que ocupam apenas 24,3% (80,25 milhões de hectares) da área de todos os estabelecimentos rurais do País. (MACAHADO, CASALINHO, 2010, p. 69).

para 1,570 milhão em 2004". E o valor bruto disponível para o Programa teve um aumento de 200% neste período. (CHRISTOFFOLI, 2007, p. 125).

Porém, conforme mostram Christoffoli (2007) e Delgado (2012) estes recursos foram aplicados em regiões onde havia potencial de desenvolvimento da agricultura familiar moderna, segundo os critérios do mercado. Quase a metade dos recursos do PRONAF (cerca de 47,5%) foi destinada para a região Sul do país, seguida pela região Nordeste (com 18,5%); região Sudeste (17,4%); região Norte (com 12,1%) e Centro-Oeste (6,4%). (CHRISTOFFOLI, 2007, p 126).

Nelson Delgado, com o benefício do tempo, pode comparar a evolução do programa ao longo de todo governo de Lula da Silva. Assim, observou um período de desconcentração da distribuição dos recursos, entre 2003 e 2006, mas de reconcentração, a partir de 2008, quando as regiões Sul e Sudeste tinham 72% na participação do total dos recursos do PRONAF e o Nordeste apenas 16%, enquanto esta última concentrava metade dos estabelecimentos agropecuários da agricultura familiar de todo o país e a região Sul apenas 20% do total. (DELGADO, 2012, p.109). Segundo o autor:

> [...] permanece ou mesmo se acentua, nas safras agrícolas de 2002/2003 a 2007/2008, a desigualdade de acesso aos recursos do PRONAF entre os grupos de agricultores familiares, a favor dos grupos de maior renda e mais modernizados. A participação do Grupo A (basicamente de agricultores assentados pela reforma agrária), que era de cerca de 20% no montante de recursos executados pelo PRONAF na safra 2002/2003, caiu consideravelmente para cerca de 5% em 2007/2008. O Grupo B, de agricultores com renda bruta anual familiar de até R$ 4 mil, manteve uma participação constante, em torno de 7-8% do total, enquanto o Grupo C (renda bruta anual familiar de mais de R$ 4 mil até R$ 18 mil) teve sua participação reduzida de 30% do total em 2002/2003, para 20% em 2007/2008.
> Os grupos que mais participam nos montantes do programa são o Grupo D (renda bruta anual familiar acima de R$ 18 mil até R$ 50 mil) e o Grupo E (renda bruta anual familiar acima de R$ 50 mil até R$ 110 mil), cuja participação conjunta passou de 51% do total em 2003/2004 para 67% em 2007/2008. Com duas particularidades: o Grupo D é o que tem a maior participação individual nos recursos do PRONAF (oscilando entre 41% e 46% no período) e o Grupo E foi o que apresentou o maior crescimento de participação, iniciando com apenas 9% do total em 2003/2004 e alcançando 23% em 2007/2008. (DELGADO, 2012, p. 110).

O padrão de desenvolvimento dos agronegócios no Brasil (...)

Os dados de Christoffoli (2007, p. 140) também mostram que entre 2002 e 2004 o crédito para os assentamentos diminuiu, passando de R$ 592,8 milhões para R$ 499,3 milhões. No que toca a sua participação no valor destinado à agricultura familiar, no mesmo período, diminuiu de 18% para 9% do total, quando representavam cerca de 20% da agricultura familiar.

A partir do ano agrícola de 2008/2009, o MDA lançou o Plano Safra Mais Alimentos, criando linhas de crédito para a agricultura familiar, a fim de modernizá-la (ou tecnificá-la), o que também ocorreu – e vem ocorrendo, pois é um processo em curso – mais intensamente na região Sul, sobretudo no estado do Rio Grande do Sul, onde o PRONAF Agroindústria apoia as cooperativas e agroindústrias (com destaque para as cooperativas de leite), inclusive flexibilizando as exigências.

> De 2003 a 2007, o teto dos financiamentos coletivos era de R$ 720 mil, sendo que cada agricultor individual poderia obter um financiamento de no máximo R$ 18 mil. Com o surgimento do Mais Alimentos, em 2008, é possível, no caso do processamento e industrialização de leite e derivados em cooperativas, chegar a um montante de até R$ 25 milhões nos contratos coletivos e o limite individual passou a ser de até R$ 28 mil por sócio, segundo o Plano Safra 2008/09. Comparando o limite permitido de agricultores por projeto coletivo entre 2003 e 2010, é perceptível uma brusca alteração: até 2007/08 era possível incluir, no máximo, 40 pessoas por contrato e em 2008/2009 este número foi para quase 900 agricultores (um aumento de 2.231%). Tudo indica, portanto, a ocorrência de uma grande mudança na linha PRONAF Agroindústria com o surgimento do Mais Alimentos, que se expressa, em particular, no propósito de apoiar, também, as grandes cooperativas e agroindústrias familiares (DELGADO, 2012, p. 112).

Além disso, na safra 2009/2010, o Mais Alimento instituiu um importantíssimo instrumento de comercialização, através da promulgação da Lei 11.947, de junho de 2009, segundo a qual 30% dos recursos do Fundo Nacional de Desenvolvimento da Educação (FNDE) repassados ao Programa Nacional de Alimentação Escolar (PNAE) devem ser destinados à compra da produção da agricultura familiar. O Mais Alimentos também implementou programas de assistência técnica e extensão rural, com a Política Nacional de Assistência Técnica e extensão Rural (PNATER), instituída em janeiro de 2010. (DELGADO, 2012, p. 113).

Assim, os governos de Lula da Silva abriram um significativo mercado institucional, um novo filão de disputa entre os movimentos sociais e sindicais do campo. Em 2012, pelo menos 80% dos municípios do país adquiriram alimentos da agricultura familiar para distribuição na merenda escola, movimentando cerca de R$ 360 milhões, com destaque para os estados do Rio Grande do Sul, Espírito Santo, Rio Grande do Norte, Santa Catarina, Paraná e Sergipe. (COMPRA..., 2013, não paginado).

O Plano Safra Mais Alimentos 2009/2010 destacou a Política de Garantia de Preços da Agricultura Familiar (PGPAF) e o Programa de Aquisição de Alimentos (PAA). O primeiro, contemplando cerca de 30 produtos e elevando em mais de 40% o limite anual de desconto (passando de R$ 3.500,00 para R$ 5.000,00 por agricultor); o segundo ganhando extrema importância entre os agricultores familiares e os assentados da reforma agrária, desembolsando, no entanto, apenas R$ 2,7 milhões entre 2003 e 2009, que beneficiaram somente 630 mil agricultores, entre 2003 e 2008 – ano no qual apenas 4% do total de agricultores foram atendidos. O Nordeste foi a região do país que mais canalizou os recursos: cerca de 54% do total no período de 2003 a 2007. A região Sul, 19% e a região Sudeste, 18%. Juntas, essas três regiões absorveram 91% dos recursos. (DELGADO, 2012, p.115).

Em 2006, o governo federal promulgou a Lei da Agricultura Familiar (Lei 11.326, de 24 de julho de 2006) e a Lei Orgânica da Segurança Alimentar e Nutricional (Lei 11.346, de 15 de setembro de 2006). No ano seguinte, foi a vez da Política Nacional de Desenvolvimento Sustentável dos Povos e Comunidades Tradicionais, instituída pelo Decreto 6.040, de 07 de fevereiro de 2007. Em 2010, veio a Lei de Assistência Técnica e Extensão Rural (ATER) (Lei 12.188, de 11 de janeiro de 2010), junto com o Programa de Organização Produtiva das Mulheres Rurais, Programa de Documentação da Trabalhadora Rural, Previdência Social Rural, entre outros.

Vale mencionar, ainda, as medidas governamentais para a ampliação do chamado desenvolvimento territorial rural. Um mês antes de Plínio de Arruda Sampaio entregar o Plano Nacional de Reforma Agrária ao então Ministro Miguel Rossetto, o MDA em parceria com o Instituto Interamericano de Cooperação para a Agricultura (IICA) publicou um documento intitulado: "Referências para o desenvolvimento territorial sustentável", que subsidiou o Programa Nacional de Desenvolvimento Sustentável de Territórios Rurais (PRONAT).

Segundo Jorge Gómez, o documento expressa uma ampla sintonia com os paradigmas desenvolvimentistas que vinham sendo difundidos pelo IICA, pela Comissão Econômica para a América Latina e Caribe (CEPAL), pela Rede Internacional de Metodologia de Investigação de Sistemas de Produção/Centro Latino-Americano para o Desenvolvimento Rural (RIMISP), sob a denominação de "desenvolvimento territorial rural". É um paradigma que se alinha aos modelos de desenvolvimento implementados na Europa, "...um desenvolvimento cuja ênfase se coloca na combinação que um território possa apresentar de oportunidades de concorrer no mercado, de dotação de recursos locais, de capital social e de identidade territorial" (GÒMEZ, 2006, p. 75-76). Mas na América Latina, esta proposta de desenvolvimento territorial rural surge, pois, como estratégia de combate à pobreza.

Assim como o programa do Banco Mundial adotado desde 1994 pelo governo de FHC, a Secretaria de Desenvolvimento Territorial (SDT) do governo Lula também buscou articular o combate à pobreza e a expansão do mercado no novo enfoque dado pelo desenvolvimento territorial rural. A inovação estaria no discurso da valorização do território e na importância conferida à participação social.

Analisando documentos da SDT e comparando-os ao documento "Novo Mundo Rural" de 1999, Jorge Gómez identificou algumas continuidades. A ideia de revalorização do mundo rural, a ênfase maior no território e a valorização das potencialidades específicas de cada local, que aparecem na proposta da nova Secretaria constam no documento de 1999. Também no documento de 2003, a reforma agrária aparece como "medida estratégica de expansão e fortalecimento da agricultura familiar" (MDA, 2003a, p. 14 *apud* GÓMEZ, 2006, p. 80). O autor prossegue:

> Segundo o texto, essa agricultura familiar "tem um imenso espaço para crescer e desenvolver-se, pois apenas 20% dos estabelecimentos familiares são 'muito integrados' ao mercado, enquanto que 40% são 'pouco integrados', restando outros 40% que quase não geram renda" (MDA, 2003a, p. 14). No seguinte parágrafo do documento se explicita que se deve "atuar decididamente no revigoramento dos 80% dos estabelecimentos familiares com espaço para desenvolver-se" (MDA, 2003a, p. 14), ou seja, com possibilidades de maior integração no mercado (GÓMEZ, 2006, p. 80).

Fica claro que a política de desenvolvimento territorial esboçada já no primeiro ano de mandato de Lula da Silva dá continuidade à proposta do BM, de 1994, adotada pelo governo de Fernando Henrique Cardoso a partir de 1999. Além do mais, programas como o Banco da Terra e o PRONAF continuaram com Lula da Silva. Segundo Jorge Gómez, citando João Márcio Mendes Pereira, apesar de ter sido substituído por outro programa sob o nome de "Consolidação da Agricultura Familiar", o Banco Terra persistiu durante o governo de Lula, já que foi criado como instrumento permanente pelo Congresso Nacional, cuja revogação depende da obtenção de maioria no Legislativo. Assim, o nome do programa foi modificado, os itens financiáveis e as condições de financiamento expandidas, no entanto, sob a mesma lógica do Banco da Terra.

E comparando o documento de 1999 com o documento de 2003, o autor mostra como os objetivos gerais e específicos do primeiro estão presentes nas linhas básicas do segundo, ambos amparados pelo documento-base do Banco Mundial, de 1994. Diz o autor:

> No relatório de 1994, como já percebemos, as indicações do Banco Mundial seguiam essas mesmas diretrizes: prioridade para o pequeno e médio produtor, alívio da pobreza existente no meio rural e predomínio do papel regulador dos mecanismos de mercado sobre a atuação do Estado. Com maior ou menor ênfase, esses três elementos vão se converter na base da elaboração das políticas públicas para o meio rural dos dois últimos governos do país, tanto de Fernando Henrique Cardoso como de Luiz Inácio Lula da Silva (GÓMEZ, 2006, p. 84-85).

Em maio de 2005, a SDT publicou o documento "Marco Referencial para Apoio ao Desenvolvimento de Territórios Rurais". Segundo Jorge Gómez, esse manteve a orientação teórica do documento de 2003, *Referências...*, avançando no sentido de identificar estratégias e instrumentos que devem servir ao impulso do desenvolvimento nos territórios rurais. Algumas estratégias constantes do documento de 2005 são: (a) selecionar os territórios, microrregiões com densidade demográfica inferior a 80 habitantes por quilômetro quadrado e população média menor de 50 mil habitantes, com concentração de agricultores familiares e famílias assentadas e onde exista densidade de capital social; (b) atingir entre 2004 e 2007, 190 territórios, em 2.600 municípios, com 50% do público prioritário (o que não foi atingido, como já vimos); (c) fortalecer a gestão social desses territórios, a partir das Comissões de Implantação de Ações Territoriais (CIATs) e dos Planos Territoriais de Desenvolvimento Rural Sustentável (PTDRSs); (d) consolidar redes sociais de cooperação, através do incremento da capacidade técnica, gerencial dos atores sociais, nas instancias de gestão e nas comunidades; (e) dinamizar os território rurais, através de arranjos produtos, distritos industriais e agroindustriais; (f) articular as instituições e integrar os programas públicos em torno dos territórios rurais. Os instrumentos para tanto são: (a) Plano Territorial de Desenvolvimento Rural Sustentável (PTDRS); (b) Projetos específicos de infraestrutura, serviços, através do PRONAF, entre outros. (GÓMEZ, 2006, p. 356-357).

O PRONAT financia a organização dos territórios rurais a partir de outras secretarias e programas do MDA, como PRONAF Infraestrutura, Secretaria de

O padrão de desenvolvimento dos agronegócios no Brasil (...)

Agricultura Familiar, ATER, Plano Safra, entre outros. Ao final do mandato de Lula da Silva eram 164 os territórios rurais.

Com isso, a parcela da agricultura familiar apta a atender as exigências do mercado institucional – incluindo aí uma parte dos assentamentos rurais – pouco se desenvolveu, ficando a cargo de um número pequeno de agricultores familiares. Alguns assentamentos rurais – sobretudo os agroindustrializados – e, principalmente, nas regiões Sul e Sudeste ingressaram no circuito de distribuição da produção deste mercado institucional para creches, escolas, presídios, encontrando nele uma "via para o desenvolvimento".

Paralelamente, os institutos e mecanismos estatais mínimos dedicados à implementação da política de assentamento rural que vinha sendo praticada desde a abertura política sofreram um grande retrocesso. Recentemente, foi a imprensa nacional quem registrou o desmanche dos institutos responsáveis pela reforma agrária. A Confederação Nacional dos Servidores do INCRA-Cnasi afirmou à imprensa que o INCRA chegou ao ano de 2012, sob o governo de Dilma Rousseff, com um corte orçamentário da ordem de R$ 540 milhões, de um total de R$ 1,7 bilhão reservados para a aquisição de novas terras e com um efetivo bastante reduzido: até o ano de 2014 cerca de 2 mil servidores públicos de carreira se aposentaram, de um contingente de 5,5 mil funcionário, no entanto, o último concurso público foi realizado em 2010 e, até 2012, nenhum dos 400 candidatos aprovados havia sido convocado para assumir o cargo. Segundo a entidade, o MDA padecia do mesmo problema: apenas 17% dos servidores do Ministério eram funcionários de carreira, atuando em 127 funções. Sua massa funcional é formada por profissionais de vínculo provisório e desde sua criação, no ano de 1999, o ministério realizou apenas um concurso público. A Fundação Nacional do Índio (FUNAI), por seu turno, sofreu grande reestruturação no ano de 2009 por meio do Decreto 7056, de 29 de dezembro. Segundo Fernando Schiavini isto se deu "...para facilitar os licenciamentos e autorizações da Funai para realização de obras do Programa de Aceleração do Crescimento (PAC) em terras indígenas". Desde então, o governo prometeu contratar 3,1 mil novos servidores, mas foram convocados apenas 700. "Boa parte desses novos servidores foi lotada na sede da Funai, em Brasília, especificamente no setor que trata de licenciamento". Enquanto isso, "...o atendimento na ponta continua precarizado...". Uma servidora que ingressou no ano de 2010 na unidade de Palmas (TO) da Fundação, Mônica Carneiro, disse a imprensa: "nunca recebemos qualquer tipo de qualificação para exercer as funções do órgão". E, mais que isso, inexiste "participação efetiva de servidores e indígenas nas decisões sobre as atribuições" da autarquia. Outro aspecto de máxima relevância é que, nesta reestruturação,

"...as unidades da Funai localizadas em terras indígenas seriam extintas e reinstaladas em cidades próximas". Segundo a servidora, "o argumento era bom, prestar atendimento sem interferir na cultura. O problema é que essas unidades, na maioria, ainda não foram criadas e os indígenas ficaram completamente desassistidos pelo Estado". Por essas razões, os servidores da Funai, assim como do Incra realizaram várias greves no ano de 2012. (GREVES..., 2012, p. 5).[6]

Em 2011, o então vice-presidente do Conselho Missionário Indigenista (CIMI), Roberto Antonio Liebgott, afirmou que, enquanto Collor de Mello e Itamar Franco homologaram 128 terras indígenas, ou 31.913.228 hectares de terras e Fernando Henrique Cardoso homologou 147 terras indígenas, em 36.061.504 hectares de terras, o governo de Lula da Silva homologou apenas 88 terras indígenas, em 14.339.582 hectares de terras (TRATADOS..., 2011, p. 5). Isto para não falar do ataque frontal contra os direitos indígenas nos últimos anos. De 2006 até 2013 foram 21 projetos legislativos contra os direitos dos povos indígenas (O ROLO..., 2013/2014, p. 4-5).

O reconhecimento das terras quilombolas, garantido pelo art. 68 do Ato das Disposições Constitucionais Transitórias segue o mesmo destino dos direitos indígenas. Das 2.408 comunidades certificadas pela Fundação Cultural Palmares, somente 207 têm o título da terra. Muitas delas ainda estão ocupadas por não quilombolas, que não foram retirados ou indenizados pelo Estado (RECONHE-CIMENTO..., 2013, não paginado).

Segundo dados oficiais, a política de reforma agrária de Lula da Silva assentou apenas 624.993 famílias, em 8 anos. No entanto, conforme alertou Ariovaldo Umbelino de Oliveira, a maior parte desses dados refere-se à regularização fundiária. Embora tenhamos que reconhecer a importância da regularização fundiária, em face da categoria histórica dos posseiros no Brasil, foram assentadas apenas 151.968 famílias durante todo o governo de Lula da Silva (OLIVEIRA, 2010), ou menos de um terço das metas já rebaixadas (de 1 milhão para 600 mil famílias) do Plano Nacional de Reforma Agrária para o primeiro mandato de governo.

Dilma Rousseff, por sua vez, conseguiu ter um desempenho ainda pior que Lula da Silva, assentando apenas 22.021 famílias (POUCA..., 2012, p. 10). Em 2010, Ariovaldo Umbelino de Oliveira escreveu que havia no campo mais

---

6   Enquanto isso, inúmeras empresas privadas assumiram, progressivamente, funções antes vitais exercidas pelo Incra, como a assistência técnica, a exemplo da IBS, bastante conhecida entre os assentados da reforma agrária do Estado de São Paulo e que, não raro, se identificam como INCRA, como se não houvesse distinção entre ambos.

O padrão de desenvolvimento dos agronegócios no Brasil (...)   85

de 100 mil famílias acampadas e cerca de 800 mil inscritas nos programas de reforma agrária, ou seja, cerca de um milhão de famílias que poderiam ser assentadas imediatamente. Sua pesquisa indicou, ainda, que há entre 2,5 e 6,1 milhões de famílias que, em diante da abertura de um processo extenso de reforma agrária, gostariam de viver e trabalhar em uma área de assentamento rural. (OLIVEIRA, 2010).

Entre 1995 e 2010, foram assentadas 767 mil famílias, em uma área de 69,6 milhões de hectares.

> Os projetos de caráter florestal/ambiental predominantemente localizados na região Norte compreendem quase a metade da área total apropriada pelos projetos de assentamento; suas áreas médias são bem maiores que as das demais modalidades de projetos. Essa expansão acelerou-se a partir de 2003: até o final de 2002, existiam apenas 27 projetos especificamente comprometidos com a sustentabilidade ambiental (IPEA, 2012, p. 267).

Conforme Ferreira, Alves e Filho (2009, p. 201)

> Tal fato vem elevando consideravelmente as áreas médias nacionais por lote, que atualmente é de 73,4 hectares. Ao desagregar-se esta média para as grandes regiões, nota-se que a média nacional é elevada, sobretudo, pelos assentamentos da região Norte, onde a área média dos lotes é de 123 ha. No Sul está a menor área média: 20,4 ha, seguindo-se as das regiões Nordeste e Sudeste com 27,1 ha e 29,5 ha, respectivamente. As regiões Norte e Nordeste concentram 77% das famílias assentadas, mas em condições e tamanhos de lotes bastante diferentes. Enquanto os assentamentos no Nordeste representam 12,6% da área total do país, no Norte estão 75,7% das terras destinadas a projetos de assentamento e 42,6% das famílias assentadas.

O Banco de Dados da Luta pela Terra (DATALUTA), organizado pelo Núcleo de Estudos, Pesquisas e Projetos de Reforma Agrária (NERA), apresenta pequenas divergências com relação aos dados expostos acima, mas permite que visualizemos a distribuição dos assentamentos rurais por estados e macrorregião.

*Tabela 1 - Número de assentamentos rurais por Estados e Macrorregiões – 1979-2010*

| Região/UF | Assentamentos | % | Famílias | % | Área | % |
|---|---|---|---|---|---|---|
| NORTE | 1.977 | 22,9 | 444.724 | 43,8 | 58.711.207 | 76,2 |
| AC | 146 | 1,7 | 26.548 | 2,6 | 5.126.721 | 6,7 |
| AM | 125 | 1,5 | 48.003 | 4,7 | 25.847.903 | 33,6 |

| | | | | | |
|---|---|---|---|---|---|
| AP | 40 | 0,5 | 12.612 | 1,2 | 2.125.350 | 2,8 |
| PA | 1.052 | 12,2 | 260.486 | 25,6 | 18.641.197 | 24,2 |
| RO | 187 | 2,2 | 52.596 | 5,2 | 4.151.928 | 5,4 |
| RR | 52 | 0,6 | 20.178 | 2,0 | 1.577.631 | 2,0 |
| TO | 375 | 4,4 | 24.301 | 2,4 | 1.240.477 | 1,6 |
| NORDESTE | 4.049 | 47,0 | 333.289 | 32,8 | 10.001.668 | 13,0 |
| AL | 162 | 1,9 | 13.765 | 1,4 | 106.500 | 0,1 |
| BA | 667 | 7,7 | 50.350 | 5,0 | 1.792.517 | 2,3 |
| CE | 430 | 5,0 | 25.101 | 2,5 | 896.651 | 1,2 |
| MA | 972 | 11,3 | 131.390 | 12,9 | 4.334.432 | 5,6 |
| PB | 280 | 3,2 | 14.215 | 1,4 | 265.613 | 0,3 |
| PE | 556 | 6,5 | 34.357 | 3,4 | 539.121 | 0,7 |
| PI | 488 | 5,7 | 34.185 | 3,4 | 1.370.058 | 1,8 |
| RN | 290 | 3,4 | 20.373 | 2,0 | 523.271 | 0,7 |
| SE | 204 | 2,4 | 9.553 | 0,9 | 173.505 | 0,2 |
| CENTRO-OESTE | 1.203 | 14,0 | 161.120 | 15,9 | 7.861.147 | 10,2 |
| DF | 11 | 0,1 | 746 | 0,1 | 5.290 | 0,0 |
| GO | 430 | 5,0 | 25.950 | 2,6 | 1.032.524 | 1,3 |
| MS | 199 | 2,3 | 32.451 | 3,2 | 699.511 | 0,9 |
| MT | 563 | 6,5 | 101.973 | 10,0 | 6.123.822 | 8,0 |
| SUDESTE | 787 | 9,1 | 51.637 | 5,1 | 1.441.685 | 1,9 |
| ES | 89 | 1,0 | 4.486 | 0,4 | 48.362 | O,1 |
| MG | 383 | 4,4 | 23.961 | 2,4 | 987.702 | 1,3 |
| RJ | 67 | 0,8 | 6.071 | 0,6 | 72.277 | 0,1 |
| SP | 248 | 2,9 | 17.119 | 1,7 | 333.344 | 0,4 |
| SUL | 807 | 9,4 | 39.840 | 3,9 | 805.787 | 1,0 |
| PR | 318 | 3,7 | 20.220 | 2,0 | 416.525 | 0,5 |
| RS | 331 | 3,8 | 13.671 | 1,3 | 287.288 | 0,4 |
| SC | 158 | 1,8 | 5.949 | 0,6 | 101.975 | 0,1 |
| BRASIL | 8.823 | 100,0 | 1.030.610 | 100,0 | 78.821.493 | 100,0 |

Fonte: DATALUTA - Banco de Dados da Luta Pela Terra, 2011.www.fct.unesp.br/nera
In.: NERA, 2011, p. 21.

Até 1994, a forma mais comum de obtenção de terras foi a desapropriação para fins de reforma agrária. Cerca de 70% ou 54% da área total. Entre 1995 e

O padrão de desenvolvimento dos agronegócios no Brasil (...)          87

1998, a desapropriação respondeu por 75% dos projetos. E a compra, cerca de 6% do número de projetos. A partir de 1999 – ano do relançamento do agronegócio – as desapropriações diminuíram e a maior parte das terras obtidas foi por meio do reconhecimento, da discriminação e da arrecadação (cerca de 58%). A compra de terras também não foi importante, mesmo sob o impulso do "Novo Mundo Rural". Já entre 2003 e 2008, as desapropriações ganharam importância, mas arrecadaram apenas 46,3% dos projetos de assentamento e 8,4% da área total. Reconhecimento da arrecadação, obtenção e discriminação foram os mecanismos mais utilizados do ponto de vista da área destinada para reforma agrária: representaram 40% dos projetos de assentamento e cerca de 89% da área total.[7] (FERREIRA, ALVES, FILHO, 2009, p. 204).

Em junho de 2011 estavam em execução pelo Incra 8.784 mil projetos de assentamento, em uma área total de 85,9 milhões de ha, abrigando 920,7 mil famílias. Destes, 43,4% no Norte; 33,3% no Nordeste. Pará, Amazonas e Mato Grosso concentram mais de 50% das famílias assentadas, em cerca e 70% da área total dos projetos de assentamento. (IPEA, 2012, p. 266).

No entanto, conforme o documento do IPEA,

> A estruturação produtiva dos assentamentos – novos e antigos – caminha muito lentamente. A cada ano acumulam-se as necessidades de investimentos sociais e produtivos para o conjunto de famílias assentadas. Mais da metade dos projetos atualmente em execução – quase 53% – ainda está em fase inicial, segundo relatório do Sistema de Informações de Projetos de Reforma Agrária (Sipra). Cerca de 30% são considerados em fase de estruturação e somente 18% estão nas etapas finas de constituição (IPEA, 2012, p. 266).

A tabela abaixo mostra os estágios de execução dos assentamentos rurais sob controle do Incra.

---

7    Em 2012, dizia o IPEA: "A quantidade de projetos que têm sido criados em áreas obtidas de forma onerosa, ou seja, com a necessidade de pagamento em espécie por eventuais benfeitorias e por meio de Títulos da Divida Pública (TDAS), ou mesmo em moeda pela terra, ainda abrigam a maior parte das famílias assentadas, em áreas médias menores e em projetos convencionais de assentamento. De outra parte, vem aumentando a criação de projetos em terras públicas, sobretudo na região Norte, como referido anteriormente. Atualmente, esses projetos concentram quase 70% da área total atualmente designada para os assentamentos rurais. A magnitude das áreas comprometidas com os diferentes projetos de assentamento deve considerar que todas têm a obrigatoriedade de respeitar os limites legais de reserva legal, preservar as APPs e recompor áreas degradadas, mesmo que as tenham recebido nestas condições" (IPEA, 2012, p. 269).

# Tabela 2 - Fase dos projetos de reforma agrária em execução, segundo o período de criação – Brasil (1/1/1900 a 30/6/2011)

| Fases dos projetos | 1900 a 1994 | 1995 a 2002 | 2003 a 2006 | 2007 a 2010[1] | Total | % |
|---|---|---|---|---|---|---|
| (a) assentamento criado | 61 | 473 | 1285 | 1081 | 2900 | 33,1 |
| (b) assentamento em instalação | 40 | 889 | 629 | 151 | 1709 | 19,5 |
| (a + b) projetos em fases iniciais | 101 | 1362 | 1914 | 1232 | 4609 | 52,6 |
| (c) assentamentos em estruturação | 224 | 1921 | 395 | 39 | 2579 | 29,4 |
| (d) assentamentos em consolidação | 299 | 824 | 44 | 6 | 1173 | 13,4 |
| (e) assentamentos consolidados | 267 | 188 | 12 | 1 | 398 | 4,5 |
| (d + e) assentamentos em finalização | 566 | 942 | 56 | 7 | 1571 | 17,9 |
| Total de projetos | 891 | 4255 | 2365 | 1278 | 8759 | 100,0 |

Nota 1: Em execução em 19/7/2010.

Fonte: Sistema de Informações de Projetos de Reforma Agrária (Sipra) e Incra (2011b).

Elaboração: Coordenação de Desenvolvimento Rural/Disoc/Ipea. (*apud* IPEA, 2012, p. 268).

Como se vê, em 2010, 52,6% dos assentamentos rurais no Brasil ainda permaneciam em fase inicial de execução. E apenas 4,5% do total dos assentamentos estavam consolidados, ou dotados de infraestrutura produtiva e social relativamente adequadas – relativamente, porque nem sempre a definição formal da adequação corresponde a instalação concreta da infraestrutura, conforme nossa experiência de campo ao longo de anos de pesquisa em áreas de assentamento rural vem demonstrando.

O Programa de assentamento de trabalhadores rurais, por seu turno, tem perdido orçamento desde 2007. Segundo o MDA, em 2009, havia um passivo de R$ 500 milhões de reais que, em 2010, chegou a R$ 800 milhões para a obtenção de terras para cumprir as parcas metas estabelecidas pelo governo. Além disso, boa parte dos assentamentos está fora do circuito do mercado e não têm infraestrutura básica e serviços essenciais, como mostram os dados sobre as fases de execução dos projetos. O crédito para instalação, recuperação e formação de infraestrutura básica de projetos de assentamento está entre as principais atribuições do Programa de Desenvolvimento Sustentável dos Assentamentos Rurais.

O padrão de desenvolvimento dos agronegócios no Brasil (...)

Em 2010, porém, atendeu a apenas 65 mil famílias, que absorveram 61% do total dos recursos; a recuperação e a formação de infraestrutura beneficiaram mais de 70 mil famílias. Juntas, estas ações consumiram 87% do total dos recursos. (IPEA, 2012, p. 273-274).

O Programa Nacional de Assistência Técnica e Extensão Rural na Agricultura Familiar e na Reforma Agrária atendeu, em 2008, a 803 mil famílias; em 2010, pouco mais de 446 mil famílias. Ou seja, somente 12% dos agricultores familiares do país – cujo total foi estimado em 3,5 milhões pelo Censo Agropecuário de 2006, excluindo-se o número de famílias assentadas. Em 2010, apenas 3,7% (R$ 9,7 milhões) dos recursos totais (R$ 264,6 milhões) foram executados. (IPEA, 2012, p. 276).

A Assessoria Técnica Ambiental e Social (Ates), assistência técnica destinada aos assentamentos rurais, cresceu entre 2003 e 2010, passando de 100 mil para 287 mil famílias atendidas. Em 2008 chegou a 415 mil famílias atendidas, mas registrou queda desde então. Em 2010, atendeu a apenas um terço do total das famílias assentadas. As regiões com maior cobertura dos serviços da Ates são a região Sul, com 88% das famílias assentadas, sendo que Santa Catarina e Rio Grande do Sul têm 100% de famílias assentadas atendidas; e a região Sudeste, com 67% das famílias assentadas atendidas. A região Norte tem a menor proporção de famílias atendidas, apenas 23%. Em 2010, Roraima e Amapá, que juntas possuem 28,2 mil famílias assentadas, não realizaram quaisquer ações de Ates. E esta região possui cerca de 10 vezes mais assentamentos que as regiões Sul e Sudeste. No Nordeste, a cobertura é relativamente baixa e muito díspar. Enquanto no Maranhão, as ações de Ates cobrem cerca de 10% das famílias, em Sergipe, no Ceará e Bahia, varia entre 87% e 89% do total. Porém, o número médio de famílias assentadas no Maranhão é seis vezes maior que nos estados citados. No Centro-Oeste, a exceção do Distrito Federal e em seu entorno, que recebe atendimento em cerca de 60% das famílias, os demais estados não ultrapassam 47%, que é o caso de Goiás. (IPEA, 2012, p. 277-278).

É importante registrar que estou falando de quantidade de atendimento e cobertura e não da qualidade do atendimento. Segundo o IPEA, há um documento do Tribunal de Contas da União, de 2010 (que minha pesquisa não conseguiu identificar), que aponta que os beneficiários de Ates se mostram insatisfeitos com o programa, por razões que vão da descontinuidade dos serviços prestados até o mal atendimento. (IPEA, 2012, p. 279).

Assim é que o frágil fortalecimento da chamada agricultura familiar nos últimos anos está profundamente articulado, por um lado, com o progressivo desmonte da reforma agrária e, por outro lado, com a conversão das cadeias de produção de *commodities* agrícolas em um dos principais pilares da "nova" economia política praticada pelos governos de Lula da Silva, cujas demandas foram prontamente atendidas ao longo dos anos 2000.

## AS DEMANDAS (PRONTAMENTE ATENDIDAS) DOS AGRONEGÓCIOS

Durante o pleito presidencial de 2010, a Abag enviou seis questões para os três principais candidatos, Dilma Rousseff, José Serra e Marina Silva, sobre os pilares da proposta da entidade patronal para o País. Foram eles: (1) garantia de renda para o produtor; (2) infraestrutura e logística; (3) política de comércio exterior; (4) pesquisa, desenvolvimento e inovação; (5) defesa agropecuária; (6) institucionalidade.

Indagada sobre como seu governo estabeleceria uma política de renda para o setor agropecuário e sobre seu posicionamento sobre a "insegurança jurídica" dos proprietários perante as "invasões" de terras e a revisão dos índices de produtividade, a candidata que saiu vencedora das eleições respondeu:

> O Brasil rural de hoje é muito diferente daquele de alguns anos atrás. Hoje, o campo cresce e se desenvolve com renda e cidadania. O PIB da agropecuária cresceu 32% entre 2002 e 2009: saltou de R$ 124 bilhões para R$ 154 bilhões. A produção de grãos foi de 96 para 146 milhões de toneladas. O aumento da produção e da produtividade também ocorreu na produção de carnes. Em resumo, o governo do presidente Lula produziu muitos avanços. O crédito rural para a safra 2010/11 é de R$ 116 bilhões, sendo R$ 100 bilhões para o agronegócio e R$ 16 bilhões para a agricultura familiar, quase cinco vezes mais em relação à safra 2002/03. Durante a crise econômica mundial, o BNDES criou linha especial de crédito de R$ 10 bilhões. Além disso, o endividamento foi ajustado por meio de uma ampla negociação expressa na Medida Provisória 432, que virou Lei. O governo atuou fortemente na garantia de preços aos produtores, com o objetivo de garantir a estabilidade, o aumento da produção e a renda do produtor rural. Essas ações foram movidas pela convicção de que a agricultura brasileira responde a três agendas estratégicas para o País e para o mundo: a segurança energética, a alimentar e a climática (ABAG, 2010, p. 20).

Depois de 2003, com Carlos Lessa à frente, o BNDES reorientou sua forma de atuação, contando com quatro grandes linhas interligadas: inclusão social, recuperação e desenvolvimento da infraestrutura nacional, modernização e ampliação da estrutura produtiva e a promoção das exportações. (LIMA, 2011).

O padrão de desenvolvimento dos agronegócios no Brasil (...)      91

Esta nova orientação do Banco inseriu-se no que mais tarde foi chamado de programa neodesenvolvimentista dos governos do PT, ao que voltarei nos próximos capítulos. A agenda de integração do Cone Sul estabelecida ainda durante o governo FCH, por meio da IIRSA, foi reforçada pelo novo governo. Segundo dados de Carrion e Paim *apud* Lima (2011), em 2005 o Banco desembolsou R$ 47 bilhões para empreendimentos de infraestrutura na América Latina. E nos três primeiros anos do governo Lula da Silva foram destinados cerca de R$ 122 bilhões para o mesmo fim. Na área de insumos básicos para a indústria de base, como siderurgia, petroquímica e papel e celulose, os investimentos foram da ordem de R$ 1,7 bilhão, em 2004.

> Os objetivos do BNDES na política externa do Brasil na América do Sul foram, nos anos Lula da Silva: incremento dos fluxos de comércio entre os países; atração de investimentos (especialmente em infra-estrutura física) para modernização da economia; ampliação do mercado, possibilitando ganhos de escala e áreas de atuação; capacitação tecnológica e humana através da cooperação, fortalecimento do poder de negociação dos países da região (CARRION, PAIM *apud* LIMA, 2011, não paginado).

Como mostram Fabio Giambiagi, Fernando Rieche e Manoel Amorin, o desembolso total do BNDES foi de R$ 20 bilhões, em 1995; e em 2008, chegou a R$ 92 bilhões. Em 2000, esses desembolsos corresponderam a 2% do PIB, atingindo 3,2%, em 2008. Os autores explicam que esta evolução decorreu, em larga medida, do aumento dos desembolsos em infraestrutura, que passaram de 0,7% para 1,2%, do PIB, entre 2000 e 2008[8]. (GIAMBIAGI, RIECHE, AMORIN, 2009, p. 20-21).

A maior variação do desembolso do BNDES ocorreu entre 2003 e 2008 (dentro do período analisado por eles, de 2000 a 2008), quando passou de 2,1 para 3,2% do PIB, sendo que mais da metade desta variação se deveu ao incre-

---

8  O painel 2, do 4° Congresso Brasileiro de Agribusiness, organizado pela Abag em 2005, teve como tema "Infraestrutura, logística e comércio internacional". A mesa foi presidida por Mário A. Barbosa Neto, presidente da Bunge Fertilizantes e teve como moderador Marcos Sawaya Jank, Presidente do Instituto de Estudos do Comércio e Negociações Internacionais (Icone). Renato Casali Pavan, Presidente da Macrologística e Flávio Damico, Chefe da Divisão de Agricultura e Produtos de Base do Ministério das Relações Exteriores foram os palestrantes. Segundo exposto no evento, o Brasil não dispunha de infraestrutura adequada para o transporte de carga. Além disso, o país concentrava o escoamento da produção nas rodovias (60%), o que encarecia sobremaneira os custos em operações. Para Renato Pavan, com cerca de US$ 16 bilhões de investimento, os gastos adicionais (da ordem de US$ 8 bilhões) com transportes poderiam ser evitados. (ABAG, 2005, p. 55).

92 Frederico Daia Firmiano

mento dos desembolsos para infraestrutura, que saltou de 0,6% para 1,2% do PIB. (GIAMBIAGI, RIECHE, AMORIN, 2009, p. 21).

Além da ampliação ou formação de infraestrutura, o BNDES expandiu o financiamento para grandes empresas, na maioria dos casos de capital já transnacionalizado, mas também de capital com origem majoritária no país, atuantes nos setores tomados como estratégicos pelo governo do PT. De acordo com o Relatório Especial da empresa de consultoria Fitch Ratings:

> o BNDES não tem uma política explícita de apoiar empresas brasileiras com o objeto de torná-las importantes competidores globais. No entanto, está claro que uma das metas do governo é criar companhias competitivas, em âmbito mundial, nos mercados em que o Brasil desfruta de vantagens competitivas, como os de metais e mineração, celulose e papel e agricultura. O BNDES desempenhou um papel fundamental na criação de líderes de mercado através de opções de financiamentos de baixo custo, a longo prazo (DJMAL, BORMANN *et al*, 2011, p. 2).

Em 2009, durante o 11° Congresso de Agribusiness, ocorrido no Rio de Janeiro, o então presidente do BNDES, Luciano Coutinho, disse que as operações em crédito do sistema financeiro público e privado para a agropecuária e para a agricultura saltaram da casa de R$ 6 bilhões e R$ 20,4 bilhões, em 2000, e para R$ 25,9 bilhões e R$ 71,2 bilhões, respectivamente, em 2009. De 2003 em diante, o BNDES criou o Programa de Sustentação do Investimento (PSI), o Programa de Apoio ao Setor Sucroalcooleiro (PASS), o Programa Especial de Crédito (PEC) e o Programa BNDES de Crédito Especial Rural (PROCER). (COUTINHO, 2009, p. 8-10).

Para termos uma ideia, em 2002, ainda com FHC, a agropecuária recebeu R$ 4,5 bilhões de reais do BNDES. Em 2008, com Lula da Silva, foram R$ 5,6 bilhões, chegando a R$ 6,9 bilhões, em 2004. O setor de produtos alimentícios que, em 2002, recebeu R$ 2,1 bilhões, em 2008, abocanhou R$ 9,5 bilhões, com algumas oscilações no período. O setor sucroalcooleiro, por sua vez, teve um aumento de 380% na participação dos desembolsos totais do BNDES entre 2004 e 2008, saindo da casa de R$ 600 milhões, em 2004, e chegando a receber a R$ 6,5 bilhões, em 2008[9]. (COUTINHO, 2009, p. 11-15).

---

9 Vale lembrar que aquele foi o período de maior euforia com relação ao setor sucroalcooleiro, em razão da demanda internacional por açúcar e álcool. Durante o 4° Congresso de Agribusiness da Abag, em 2005, o entusiasmo de Roberto Rodrigues era tão grande que o Ministro achava que a agricultura deveria ganhar outro prêmio Nobel, a exemplo do que ocorrera com o agrônomo Norman Borlaug, o "pai da

O padrão de desenvolvimento dos agronegócios no Brasil (...)    93

Segundo a consultoria Fitch, o mercado de metais e mineração se tornou o mais proeminente para o Brasil. Empresas como Vale, CSN, Gerdau e Usiminas – além da Petrobrás que embolsa 38% do total de empréstimos feitos pelo BNDES – recebem elevado aporte do Banco para a manutenção de suas atividades. O BNDES também atua fortemente no setor de papel e celulose, em companhias como Fíbria e Suzano. No caso da primeira, suprindo cerca de 15% das necessidades de financiamento de dívida da empresa, obtendo, em troca, 30,45% de seu capital. Segundo os analistas financeiros, esta participação foi determinante para que a Votorantim Celulose e Papel adquirissem a Aracruz Celulose S.A. (que recebeu o nome de Fíbria). Assim, o BNDES compartilha o controle da Fíbria com a Votorantim. No caso da Suzano, o Banco detém cerca de 4,4% de seu capital, mas provê nada menos que 35% de suas necessidades de financiamento de dívida. No âmbito da agropecuária, os analistas destacam o caso da JBS, maior produtora de carne bovina e de carneiro do mundo. No ano de 2009, a empresa adquiriu 64% da *Pilgrim's Pride*, por cerca de US$ 2

---

revolução verde". "A agroenergia talvez seja a possibilidade da agricultura ganhar um Prêmio Nobel da Paz". E, apesar dos biocombustíveis poderem ser produzidos em qualquer país, no hemisfério sul "...os países terão a grande chance de avançar, positivamente, no crescimento do emprego, e riqueza e de renda, a partir da agroenergia". O etanol era o "exemplo extraordinário do Brasil", tanto no âmbito ambiental, como econômico. (ABAG, 2005, p. 22). A partir de 2005, o setor do etanol teve uma expansão intensa, alargando a base física operacional, com a construção de novas usinas, diversificando as fontes de suprimento de matérias-primas e experimentando uma maior e mais rápida expansão no mercado externo, o que também implicou em investimentos em elos da cadeia produtiva sucroalcooleira, como a construção de terminais portuários, armazéns para estocagem, entre outros. Este processo se deu com a participação do capital estrangeiro de diferentes maneiras, associações econômicas variadas, fusões, aquisições, entre outros. Com isso, houve uma internacionalização acelerada da indústria, tanto do patrimônio, quanto da produção. No ponto mais elevado da expansão do setor veio a crise financeira de 2008, paralisando o fluxo de entrada de capitais, tanto produtivos como especulativos, e atravancando os investimentos. Além disso, a projeção de aumento de vendas que, em larga medida, animou o processo de expansão do setor sucroalcooleiro não se cumpriu, diminuindo a capacidade de autofinanciamento das empresas. Disso decorreu o processo de insolvência. (BENETTI, 2009a, não paginado). Mesmo depois de renegociar, em março de 2009, uma divida da ordem de R$ 3,45 bilhões contraída junto ao BNDES, o setor sucroalcooleiro está em bancarrota, devendo cerca de R$ 95 bilhões. De cerca de 450 usinas instaladas no país, 80 já foram à falência e cerca de 70 estão processo de recuperação judicial. (Cf. Dívida de usinas de cana deve somar R$ 95 bi e superar receitat do setor. O Estado de S. Paulo. Disponível em: https://www.novacana.com/n/industria/financeiro/divida-usinas-cana--somar-95-bi-receita-setor-040116/. Acesso em 04 Jan 2016).

bilhões e financiou a aquisição por meio do BNDESPar. O Banco detém 17% da JBS, além de financiar cerca de R$ 700 milhões em linhas de capital de giro. No caso da Marfrig, o Banco possuí 13,9% da companhia. O BNDES também destinou recursos para a aquisição da *Keystone Foods LLC*, que é fornecedora da *McDonald´s Corporation*, passando a ter direito a indicar um membro do conselho da corporação. (DJAML, BORMANN, *et al*, 2011, p. 4-5).

Em 2011, entre as empresas que mais receberam recursos do BNDES, oito operavam na construção civil ou no setor do agronegócio, entre as quais, as gigantes Eldorado Celulose e Papel, Ambev e Fíbria[10]. A justificativa do governo para deslocar recursos financeiros para o capital privado é a suposta necessidade de geração de superávit primário na balança comercial.

Durante o 11° Congresso do Agronegócio realizado pela Abag, em 2012, Luciano Coutinho afirmou que o agronegócio respondeu por 22,15% do PIB brasileiro, registrando um superávit de US$ 77,5 bilhões. Segundo dados do SECEX/MDCI, de 2011, o complexo soja foi responsável por US$ 24,139 bilhões, seguido pelo setor sucroalcooleiro, com US$ 16,180 bilhões; carnes, com US$ 15,639 bilhões; produtos florestais, com US$ 9,638 bilhões; café, US$ 8,733 bilhões; cereais e farinhas, US$ 4,164 bilhões; fumo e seus produtos, US$ 2,935 bilhões; Couros, peles e calçados, US$ 2,761 bilhões; e sucos de frutas, US$ 2,666 bilhões. (Coutinho, 2012, p. 15). Destes, 25,1% foram destinados a União Europeia; 17,5% para China; 7,1% para os Estados Unidos. (COUTINHO, 2012, p. 13-16).

Neste processo de intenso incremento do capital pelo Estado, cumpre destacar também o Programa de Aceleração do Crescimento (PAC). Lançado em 28 de janeiro de 2007, no primeiro mês do segundo mandato de Lula da Silva, o programa condensou um conjunto de políticas econômicas para os quatro anos seguintes de governo, prevendo um investimento da ordem de R$ 503,9 bilhões, prioritariamente, em infraestrutura. Destes, R$ 219,20 bilhões destinados as empresas estatais, entre as quais, a Petrobrás (de economia mista), que deveria investir sozinha R$ 148,7 bilhões. Outros R$ 216,9 bilhões foram dotados para a iniciativa privada. Do total, R$ 67,80 bilhões deveriam destinar-se para o orçamento fiscal e seguridade; e R$ 58,3 bilhões seriam investidos em logística (R$ 33,4 bilhões em rodovias; R$ 7,9 bilhões em ferrovias; R$ 2,7 bilhões em portos; R$ 3 bilhões em aeroportos; R$ 700 milhões em hidrovias; e R$ 10,6 bilhões para a Marinha Mercante). O documento é claro quanto aos investimentos em

---

10 As empresas que mais receberam recursos do BNDES em disponível em: http://veja.abril.com.br/1000-fatos-2011/as-empresas-que-mais-receberam-recursos-do-bndes.shtml. Acesso em 22 de Out 2012.

O padrão de desenvolvimento dos agronegócios no Brasil (...)    95

infraestrutura e logística para a expansão do agronegócio, sobretudo, na região centro-oeste. Diz:

> *"a pavimentação do trecho Guarantã do Norte (MT)/Rurópolis (PA)/ Santarém (PA), da BR 163, vai permitir a finalização da rodovia que corta cerca de 14,5% do território nacional, onde vivem dois milhões de pessoas".* E prossegue: *"nessa região encontra-se um dos mais dinâmicos pólos agrícolas do País (com destaque para a soja), que com a conclusão da rodovia terá uma redução de, aproximadamente, 35% nos custos do transporte da produção local"* (BRASIL, 2007d apud GIRARDI, n.d, não paginado).

O balanço de dezembro de 2010 publicado pelo governo federal sobre a execução do PAC mostrou que, até aquele momento, os empreendimentos alcançaram R$ 444 bilhões ou 82% dos R$ 541,8 bilhões previstos para serem concluídos entre 2007 e 2010. O Programa concluiria até dezembro de 2010, 6.377 quilômetros de rodovias e 909 quilômetros de ferrovias; 12 novos campos de petróleo e 12 plataformas de exploração, além de 3.776 quilômetros de gasodutos construídos[11]. (BRASIL, 2010, p. 3).

Assim, ao longo do segundo mandato do governo de Lula da Silva, o país voltou a experimentar um novo surto de expansão de infraestrutura, que foi reiterado em 29 de março de 2010, com o lançamento do PAC II, que previu investimentos da ordem de R$ 1,59 trilhão, na dinamização do setor da construção civil e na consolidação e ampliação da rede logística, interligando os modais rodoviário, ferroviário e hidroviário (além de infraestrutura social). A segunda fase do programa cumpriu a função de manter o padrão de expansão de capital e as taxas de crescimento econômico, dentro da política de desenvolvimento praticada pelo governo. Ao mesmo tempo, o PAC II alavancou a candidatura de Dilma Rousseff ao cargo mais alto do Executivo Federal.

Isso porque, de acordo com a então candidata à presidência da República, dirigindo-se à Abag:

> Uma das principais limitações para expandir a produção agropecuária e as exportações está na logística. Esta avaliação foi, inclusive, um dos motivos da criação do PAC. A logística continuará sendo prioridade no PAC II. Nesse período de 2003 a 2010, aumentamos muito o in-

---

11    Para um detalhamento das obras realizadas Ver BRASIL. PROGRAMA DE ACELERAÇÃO DO CRESCIMENTO. Balanço 4 anos. 2010. Disponível em: http:// www.pac.gov.br/pub/up/relatorio/6c57986d15d0f160bc09ac0bfd602e74.pdf. acesso em: 22 out 2012.

vestimento público: passamos de 1,4% em 2003 para 3,2% do PIB em 2010. Entre 2007 e abril deste ano [2010], foram investidos R$ 460 bilhões em rodovias, ferrovias, embarcações, estaleiros, aeroportos, terminais hidroviários e portos. O PAC II prevê R$ 100 bilhões em infraestrutura e logística. Um exemplo importante é a construção da ferrovia da integração do Centro-Oeste, para ligar Uruaçu a Lucas do Rio Verde. Isso possibilitará o escoamento da safra de grãos do Centro-Oeste. Além disso, há os financiamentos do BNDES. Portanto, a solução para muitos dos problemas de logística passa necessariamente pelo que foi feito e está sendo feito no PAC I e pelo que será feito no PAC II (ABAG, 2010, p. 21).

Entre 2011 e 2012, o PAC 2 já havia concluído importantes obras nas principais regiões do agronegócio do país, sobretudo, no centro-oeste e no sul, além de ampliar redes ferroviárias, portuárias, aeroportuárias e hidroviárias. (BRASIL, 2012, p. 53).

## A Lei de Biossegurança, o programa Terra Legal, o desmonte do Código Florestal e outras medidas em favor dos agronegócios

O neodesenvolvimentismo brasileiro centrado na produção de *commodities* agrícolas, na extração de minérios, na intensa exploração dos recursos ecológicos, na indústria de baixa densidade tecnológica e na ampliação ou formação de infraestrutura esbarrou, no entanto, em uma estrutura político-jurídica e institucional que havia sido montada nas décadas anteriores, durante o processo de industrialização do país. No contexto da hegemonia do capital financeiro, o aparato jurídico e institucional que amparava a acumulação capitalista deixou de atender aos seus interesses, carecendo uma nova forma política, mais adequada ao novo padrão de reprodução de capital. Os governos de Lula da Silva e Dilma Rousseff criaram um ambiente político e institucional que possibilitou a consolidação e a expansão exponencial do capital em sua nova fase.

Algumas medidas políticas para o campo se destacaram neste período, como a aprovação da Lei de Biossegurança; as Medidas Provisórias 422, 432 e 458, que se converteram em lei, em 2008 e 2009; o desmonte do Código Florestal, iniciado em 2009; e o esboço do desmonte do Código da Mineração, ainda em curso.

A Lei de Biossegurança remonta, pois, a discussão iniciada ainda na década de 1990 sobre a utilização de biotecnologia, que já experimentava um avanço significativo na esfera produtiva. Assim, em 1995, foi promulgada a Lei n° 8.974,

O padrão de desenvolvimento dos agronegócios no Brasil (...)      97

de 5 de janeiro, que ficou conhecida como "Lei de Biossegurança" e que pretendia, à época, coibir e/ou regulamentar a manipulação de biotecnológica, como sementes transgênicas em experimentos, cultivos, comercialização, consumo e armazenamento.

A lei também criou a Comissão Técnica Nacional de Biossegurança (CTNBio), vinculada ao Ministério da Ciência e Tecnologia, mas com representantes dos Ministérios da Agricultura, da Saúde, do Meio Ambiente, das Relações Exteriores, da Educação, da Ciência e Tecnologia, e de setores da sociedade civil, entre os quais, cientistas de distintas áreas, representantes do setor industrial e de órgãos de defesa do consumir e saúde do trabalho. A CTNBio foi responsável pela elaboração da Política Nacional de Biossegurança.

Com o avanço do agronegócio e o desenvolvimento das biotecnologias como importantes fatores de produção aumentou a pressão para a liberação de experimentos, produção, comercialização e consumo de organismos geneticamente modificados (OGMs). As conhecidas sementes transgênicas, na prática, já vinham sendo inseridas no campo, principalmente no setor de grãos (soja e milho), por empresas como Monsanto. Com isso, o pacote da revolução verde que foi adotado desde os idos de 1950 se completou com os avanços recentes da ciência e da tecnologia, contando com a semente geneticamente modificada que permite à empresa detentora da tecnologia desenvolver e comercializar um tipo específico de fertilizante e um tipo único de agrotóxico capaz de combater as doenças que esta semente, quando fertilizada, pode adquirir.

Ainda em 1998 a CTNBio aprovou a soja *Roundup Ready* (RR), produzida pela Monsanto, após produtores de soja já estarem-na experimentando no estado do Rio Grande do Sul. O impulso dado por Lula da Silva aos agronegócios a partir de 2003 não podia ser maior sem que houvesse a liberação das sementes transgênicas, aprofundando o quadro de condições legais para a expansão do capital transnacional do agronegócio. A utilização da semente transgênica permitiu ao capital fechar o circuito da produção, controlando-o desde a produção da semente até sua utilização pelo produtor rural.

Em 24 de maio de 2005, a Lei n° 11.105, também chamada de "Lei da Biossegurança", foi aprovada, revogando a anterior, de 1995, e estabelecendo normas de segurança e fiscalização para os temas relacionados aos organismos geneticamente modificados (OGMs) – além de regulamentação das células tronco para experimento científico. Na safra de 2006/2007, a soja RR da Monsanto foi totalmente liberada.

Segundo divulgado pela imprensa, até 2011, havia 34 sementes transgênicas aprovadas pela CTNBio, entre elas, uma variedade de feijão produzida pela Embrapa e aprovada naquele ano. Segundo a Empresa, a semente seria resistente ao vírus mosaico dourado, transmitido pela mosca branca, evitando o uso de inseticidas. Vale lembrar que a própria Embrapa desenvolve maneiras de combater as pragas a partir do cultivo orgânico (MONOPÓLIO..., 2011, p. 7).

Desde 2005, a área plantada com sementes transgênicas mais que triplicou, passando de 9,4 milhões para 32 milhões de hectares, o que trouxe um aumento substancial no consumo de agrotóxico que, entre 2005 e 2011, saltou de cerca de 7 quilos por ha para 10,1, registrando um aumento de 43,2%. A expansão do consumo de agrotóxicos elevou as vendas do produto no Brasil em 72%. Entre 2006 e 2012, a venda de agrotóxicos saiu da casa de 480,1 mil toneladas para 826,7 mil toneladas por ano.

Também em 2005, o governo federal editou a chamada "MP do Bem", mais tarde, a Lei n° 11.196, de 21 de novembro de 2005, que alterou o artigo 17 da Lei n° 8.666/93 e o artigo 29 da Lei n° 6.383/76, (por meio do artigo 118), permitindo a legitimação de posse na Amazônia Legal de áreas públicas ocupadas até 500 hectares (anteriormente era de até 200 hectares). (OLIVEIRA, 2010, p. 19-20).

Dois anos depois foi editada a MP 410, de 28 de dezembro daquele ano, que permitiu a contratação de mão de obra até dois meses sem carteira assinada. Contrários a este medida, os sindicatos, movimentos e organizações sociais se mobilizaram para pressionar o governo a suspendê-la. No ano seguinte, foi promulgada a Lei 11.718, que criou em lugar da MP 410 o contrato de trabalho por pequeno prazo para o trabalhador rural, desmantelando os direitos trabalhistas constituídos tardiamente para esta categoria de trabalhadores e trabalhadoras e beneficiando os setores do agronegócio que utilizam largamente o trabalho temporário.

Em 2008, foi a vez da Medida Provisória n° 422 se converter na Lei n° 11.763, de 1° de agosto de 2008, e alterar novamente o artigo 17 da Lei n° 8.666/93 e o artigo 29 da Lei n° 6.383/76, permitindo, desta vez, a legitimação da posse na Amazônia Legal de áreas públicas ocupadas até quinze módulos fiscais, desde que não ultrapassassem 1.500 hectares.

No ano de 2009, após a tentativa de anulação da demarcação contínua da Reserva Indígena Raposa Serra do Sol, veio a MP 454, de 28 de janeiro, que transferiu para Roraima as terras públicas da União, facilitando a apropriação de terras indígenas (e de posseiros) em disputa para o agronegócio. Ao mesmo tempo, a Instrução Normativa n° 49 do Incra dificultou o reconhecimento de terras quilombolas.

Meses mais tarde, o governo editou a MP 458, pouco depois convertida em Lei n° 11.952, de 25 de julho de 2009, que incorporou os princípios da MP 422

O padrão de desenvolvimento dos agronegócios no Brasil (...)      99

e ampliou os mecanismos para regularização da grilagem de terra pública rural e urbana na Amazônia Legal.

O argumento do governo era que a regularização da propriedade privada da terra evitaria o aumento do desmatamento da Amazônia. No entanto, Ariovaldo Umbelino de Oliveira, citando o IMAZON, demonstrou que o desmatamento, ao contrário do imaginado, aumentou: em janeiro de 2010 registrou-se 63 quilômetros quadrados de desmatamento, contra 50 quilômetros quadrados em janeiro de 2009, ou seja, houve um aumento de 26% depois da promulgação da lei. O período que compreende agosto de 2009 a janeiro de 2010 totalizou 826 quilômetros quadrados de desmatamento, ou um aumento de 22% com relação ao mesmo período do ano anterior. Em dezembro de 2009 e janeiro de 2010, as florestas degradadas, ou aquelas exploradas de modo intenso pela atividade madeireira e/ou queimadas, na Amazônia Legal, somaram 11 quilômetros quadrados e 51 quilômetros quadrados, respectivamente. Além do mais, segundo Umbelino de Oliveira, a regularização fundiária da Amazônia já contava com instrumentos legais desde a Constituição de 1988, em seus artigos 188 e 191, que permitem a legitimação das posses. Igualmente, já está na legislação relativa à regularização fundiária (Lei n° 6.383 de 7 de dezembro de 1976, artigo 29) que aquele que ocupa terras públicas, tornando-as produtivas com seu trabalho e de sua família, terá direito à legitimação da posse de área contínua de até 100 hectares, desde que não possua outro imóvel rural e comprove possuir cultura efetiva nesta área há pelo menos um ano. (OLIVEIRA, 2010, p. 18).

Com a MP 458, o governo alterou os limites legais sobre a dimensão da área ocupada a ser legitimada, garantindo o direito de preferência para alienação, mediante processo de licitação, aos atuais grileiros invasores das terras públicas, quaisquer que fossem as dimensões destas terras. Por essa razão, foram alteradas também a Lei de Licitações (Lei n° 8.666, de 21 de junho de 1993) e a Lei n°6.383, de 7 de dezembro de 1976, que trata a legitimação de posse em terras públicas.

Desde os governos militares, o INCRA arrecadou ou discriminou na Amazônia Legal um total de 105.803.350 hectares. Até o ano de 2003, porém, durante a elaboração do PNRA do governo Lula, do qual Ariovaldo Umbelino de Oliveira fez parte, como integrante da equipe coordenada por Plínio de Arruda Sampaio, havia sido destinado um total de 37.979.540 hectares. Portanto, estava sem destinação 67.823.810 hectares de terra. Mas o programa de regularização fundiária criado em 2009 pela MP 458, que foi chamado de "Terra Legal", coordenado pelo MDA para justificar a execução da lei, utiliza apenas os dados relativos ao número de imóveis rurais que serão objeto da política, deixando de divulgar as áreas que correspondem a estes imóveis. Criou-se, assim, a ilusão de que os pequenos seriam os maiores interessados na execução da política prevista em lei. Mas, segundo os dados relativos às posses (minifúndios e pequeno imóveis) e grilos (médios e grandes imóveis),

> [...] 93% dos imóveis (minifúndios e pequenas propriedades) com área inferior a 4 módulos fiscais ocupam 40% das terras públicas. Os outros 7% restantes, ou seja, 20 mil imóveis – médios e grandes – declaram no Cadastro no INCRA que apropriaram-se ilegalmente de 60% destas terras, o que equivale a uma área de 25 milhões de hectares. Os grandes imóveis, apenas 6,8 mil, apropriaram-se de 42% da área, ou seja, 17,7 milhões de hectares de terras públicas do INCRA e da reforma agrária. É este lado do programa Terra Legal que o MDA, propositalmente, não mostra à sociedade brasileira: a terra pública continua, desde o período colonial, sendo entregue a grandes latifúndios do país (OLIVEIRA, 2010, p. 22).

E prossegue o Professor Umbelino de Oliveira,

> [...] quando se analisam os efeitos na totalidade das terras públicas e devolutas na Amazônia Legal, a área total não se resume apenas às posses e grilos declarados no Cadastro, e muito menos às terras públicas do INCRA, mas, atingem, a totalidade das terras devolutas na região. E, elas estão sendo estimadas, na pesquisa 'Atlas da Terra Brasil', por nós realizada, em aproximadamente, mais de 115 milhões de hectares. Assim, no total, entregar-se-ia aos grileiros uma área de quase 183 milhões de hectares de terras públicas, devolutas ou não (OLIVEIRA, 2010, p. 22).

Neste mesmo período, as dívidas totais dos produtores rurais alcançaram a ordem de R$ 86 bilhões – excluindo-se os investimentos feitos desde a safra 2006/2007 e as dívidas de custeio da safra 2007/2008. Deste, cerca de R$ 74 bilhões era do agronegócio e R$ 12 bilhões da agricultura familiar. Algo em torno de R$ 27 bilhões eram débitos antigos dos ruralistas, contratados ainda nas décadas de 1980 e 1990, sendo R$ 14,43 bilhões do Programa Especial de Saneamento de Ativos (Pesa), que desde 1989 atende aos devedores de mais de R$ 200 mil com índice elevado de inadimplência e rolados mais de dez vezes; R$ 10,4 bilhões dos programas de Securitização 1 e 2; e R$ 2,5 bilhões de programas como Programa de Revitalização do Setor Cooperativo (Recoop), Funcafé, Cacau, Prodecer 1 e 2. Dívidas de custeio somavam, à época, mais de R$ 10,5 bilhões e as de investimento, R$ 17,3 bilhões. O Fundo Constitucional de

O padrão de desenvolvimento dos agronegócios no Brasil (...)     101

Financiamento do Nordeste (FNE) tinha um "buraco" de R$ 5,9 bilhões; o Fundo Constitucional de Financiamento do Centro-Oeste (FCO), R$ 3,6 bilhões; e o Fundo Constitucional de Financiamento do Norte (FNO), R$ 2,5 bilhões (HASHIZUME, 2009, não paginado).

Diante disso, em 2008, Lula da Silva editou a MP 432/2008 que, meses mais tarde, se converteu na Lei 11.774/2008, atendendo às reivindicações dos ruralistas. O mecanismo utilizado pelo governo de tratamento geral ao setor agrícola, que incluiu as dívidas da agricultura familiar às do agronegócio, apresentando-as como parte do mesmo pacote, dissimulou a diferença existente entre ambas e escondeu o fato de que a maior parte da dívida estava nos contratos acima de R$ 200 mil.

O que, aos olhos de alguns, pareceu a renegociação da dívida da agricultura familiar, nos mesmos moldes que o Programa Terra Legal pareceu regularizar as terras de famílias de trabalhadores posseiros, a Lei 11.774/2008 salvou os grandes proprietários de terras do agronegócio da dívida junto a União, justamente no contexto de emergência da crise financeira que, meses mais tarde, abateu, sobretudo, o setor sucroalcooleiro.

Segundo a matéria jornalística de Maurício Hashizume para o portal "Repórter Brasil", a Secretaria do Tesouro Nacional estimou, à época, que o governo federal desembolsou R$ 15,9 bilhões com financiamentos e equalização de taxa de juros do crédito rural entre 2002 e 2005. No mesmo período, as despesas com as renegociações da dívida do agronegócio chegaram a R$ 9 bilhões (HASHIZUME, 2009, não paginado).

Apesar disso, as condições para a plena expansão do agronegócio não estavam completas. O setor ainda exigia a revisão imediata da legislação referente à proteção ambiental no Brasil que, de acordo com suas entidades representativas, significava um entrave para o crescimento do capital no campo.[12]

---

12   Durante o 7° Congresso do Agronegócio, em 2008, Assuero Veronez, da CNA, expôs dados sobre a perda de lucros imposta pela manutenção das figuras legais de preservação ambiental que, para ele, eram os principais problemas, sobretudo nas regiões Sul e Sudeste, onde não havia ativos ambientais para serem compensados. No Estado de São Paulo, dizia ele, se fossem recompostas as florestas de todas as propriedades rurais – um déficit de 3,7 milhões de hectares – haveria uma perda de renda da ordem de R$ 5,6 bilhões. E os impactos nas cadeias produtivas chegariam a R$ 67 bilhões. (ABAG, 2008, p. 26). Isto exigia a aprovação de uma legislação que fosse complacente com as perspectivas do "desenvolvimento sustentável do agronegócio". Segundo o representante da CNA, "mais de 50% do café de Minas Gerais está em áreas de APP [áreas de preservação permanente], Bahia, Alfenas. No vale dos vinhedos, no Rio Grande do Sul, grande parte da área está em APPs". Pequenos produtores no norte também estariam produzindo em áreas de preservação permanente. (ABAG, 2008, p.

Em 2009, ganhou fôlego no Congresso Nacional a discussão sobre as alterações no Código Florestal Brasileiro, de 1965, dando origem à Comissão Especial sobre alterações do Código Florestal, sob a presidência de Moacir Micheletto, deputado federal pelo PMBD-PR e com relatoria de Aldo Rebelo, também deputado federal, mas pelo PCdoB-SP. A Comissão deveria dar parecer ao Projeto de Lei n° 1876, de 1999, que pedia modificações substanciais na legislação ambiental. Em julho de 2010, o texto substitutivo foi aprovado na Comissão Especial e encaminhado para votação na Câmara dos Deputados. Em março do ano de 2011, em meio a acirradas disputas, a presidência da Câmara (Marco Maia, do PT-RS) instituiu uma Câmara de Negociações das Mudanças no Código Florestal. No mesmo mês, sem acordo, o projeto foi votado e aprovado no Congresso. Entre idas e vindas no Congresso Nacional, no dia 25 de abril de 2012, o Senado finalmente aprovou o texto do Novo Código Florestal e, exatos um mês depois, mesmo sob uma intensa campanha promovida por ambientalistas sob o lema "Veta, Dilma!", a presidenta aprovou parcialmente o texto.

O texto foi aprovado na forma de medida provisória e, antes de sua versão final, a Lei, o desmonte prosseguia. Entre as principais modificações estava a anistia aos grandes desmatadores que ficaram desobrigados a recompor as áreas que devastaram até o ano de 2008; a desproteção de matas ciliares, das reservas legais, topos de morro, encostas e mangues, entre muitos outros.

Neste entremeio, começaram as movimentações no âmbito do Legislativo e do Executivo para a modificação do Código da Mineração que, segundo denunciou o jornal *Brasil de Fato*, em outubro de 2011, deve criar novas regras de concessão e uma agência nacional de mineração, que será responsável pela fiscalização e arrecadação da Contribuição Financeira pela Exploração de Recursos Minerais (CFEM). Para o governo, as novas regras para a mineração teriam o intuito de aumentar a alíquota da CFEM, de 2% para 4% do faturamento das mineradoras e também a receita dos municípios, que receberiam pelo valor bruto e não pelo faturamento líquido das empresas. Além disso, o Código criaria um Conselho Nacional de Política Mineral, favorecendo a agregação de valor de produção mineral. Segundo o jornal, por trás, haveria o interesse de transformar o Departamento Nacional de Produção Mineral-DNPM em uma agência, tirando a autonomia do Ministério de Minas e Energia. E o Código teria o objetivo de facilitar os empreendimentos de mineração.

---

26). No entanto, não nos diz o quanto o agronegócio ocupa das áreas de reserva legal e das áreas de preservação permanente, que teriam que recompor. Mas, acertadamente, concluía sua exposição dizendo que "o desenvolvimento sustentável, da forma que está colocado hoje, é uma farsa" (ABAG, 2008, p. 27).

O padrão de desenvolvimento dos agronegócios no Brasil (...)          103

Como o Código Florestal, que se tornou um grande obstáculo para a expansão do agronegócio, um dos setores mais importantes da economia política do neodesenvolvimentismo, a mineração, já precisa de uma nova forma legal. Assim, a imprensa registrou que estariam sendo substituídos da legislação que trata a exploração mineral termos como "licenciamento" por outros como "autorização" e "outorga". Também seriam definidas por este Novo Código de Mineração jazidas de interesse estratégico, de "elevado potencial" e seus prazos de concessão (MUDANÇAS..., 2011, p. 4).

Desse modo, os governos do PT vêm completaram a reestruturação produtiva do capital, fechando o "caminho das reformas como caminho do progresso para a paz social", conforme imaginava Jango no início da década de 1960. A agricultura familiar, anexada à produção do agronegócio, veio consolidar a dominância do capital financeiro no campo. E a reforma agrária converteu-se em letra morta, consolidando-se, em seu lugar, um modelo de desenvolvimento rural que, no interior do neodesenvolvimentismo, aprofundou os nexos da dependência econômica, convertendo-a em servidão financeira, sob o padrão de reprodução de capital altamente predatório que marca a acumulação capitalista hoje. No próximo capítulo analisarei o neodesenvolvimentismo e o bloco de poder que deu sustentação aos governos do PT, discutindo o padrão político e econômico de reprodução dos agronegócios.

# O NEODESENVOLVIMENTISMO E O PADRÃO DE EXPANSÃO DOS AGRONEGÓCIOS

## O BLOCO DE PODER DO GOVERNO LULA E A *BELLE ÉPOQUE* DOS AGRONEGÓCIOS

> Os usineiros de cana, que há dez anos eram tidos como se fossem os bandidos do agronegócio neste país, estão virando heróis nacionais e mundiais, porque todo mundo está de olho no álcool. E por quê? Porque têm políticas sérias. E têm políticas sérias porque quando a gente quer ganhar o mercado externo, nós temos que ser mais sérios, porque nós temos que garantir para eles o atendimento ao suprimento[1].

A vitória eleitoral do (único) e mais importante partido de massas constituído no Brasil no pós-ditadura de 1964 coroou um período marcado pela renúncia por um projeto político autônomo com relação aos interesses do grande capital, pelo rompimento do vínculo orgânico que o PT havia construído com a classe trabalhadora, pela capitulação. E num quadro "...assinalado pelo esvaziamento das ruas e da política militante, pela contenção das greves e recuo ideológico do socialismo..." e da reestruturação produtiva do capital, o partido "... ampliou o seu discurso para cima (burguesia) e para baixo e conquistou parte das classes desamparadas" (SECCO, 2011, p. 265). Assim Lula da Silva chegou ao Palácio do Planalto em 1° de janeiro de 2003.

Na melhor tradição conciliatória da política brasileira – escreveu Francisco de Oliveira - Lula recebeu um mandato que avalizava reformas sociais fundamentais (OLIVEIRA, 2010, p. 369) e continha, simultaneamente, uma espécie de consentimento da burguesia (OLIVEIRA, 2010, p. 27). Evidentemente, um

---

1    Discurso do Presidente Lula da Silva, durante a realização de evento na cidade de Mineiros (GO), em 20 de março de 2007. Disponível em: http://www1.folha.uol.com.br/folha/brasil/ult96u90477.shtml. Acesso em: 14 jun 2011.

106 Frederico Daia Firmiano

consentimento para a direção do Estado segundo seus interesses e não para a realização das reformas estruturais de base que o PT defendeu nos idos de 1980.

O governo do PT inaugurou, assim, uma "nova forma de dominação", segundo a qual os dominados realizam uma "revolução moral" – ao elegerem pela primeira vez na história um operário à Presidência da República – mas que "...se transforma, e se deforma, em capitulação ante a exploração desenfreada" (OLIVEIRA, 2010, p. 27). A este processo Francisco de Oliveira chamou, sugestivamente, de "hegemonia às avessas".

No plano econômico, o Brasil chegou à primeira década do novo século com uma alta proporção da dívida externa sobre o Produto Interno Bruto (PIB), que lhe exigia o ingresso permanente de capital externo para movimentar a economia: em 2001, a dívida alcançou 41% do PIB e seu serviço, que são os juros sobre o PIB, chegou a 9,1%. Assim, o serviço da dívida reiterava a dependência externa criada pela subordinação financeira que, por sua vez, produzia uma dívida financeira interna, criando a "necessidade" de uma política de enxugamento da liquidez interna que o ingresso de capitais especulativos gerava. Somando as dívidas interna e externa, a produção de um PIB anual ficou condicionada ao endividamento externo na mesma proporção, reiterando a financeirização da economia. (OLIVEIRA, 2003, p. 134-135).

Neste quadro, o PT tratou de aprofundar a financeirização da economia brasileira e sua inserção na mundialização do capital. Desde os primeiros meses do primeiro mandato, Lula da Silva completou a reforma da previdência que FHC havia realizado, alterando, sobretudo, o funcionamento do sistema previdenciário dos servidores públicos. Isto implicou na mudança de regime de "repartição simples" até então vigente para um regime de "capitalização", tal como o sistema privado de previdência. A imposição de tetos para o recebimento dos benefícios também fomentou a ampliação dos fundos complementares de previdência, criando "... finalmente o grande mercado de previdência complementar, que havia mais de duas décadas vinha despertando a cobiça do setor financeiro privado nacional e internacional" (PAULANI, 2008, p. 43). Ou seja, abriram-se novas perspectivas de acumulação de capital para além do mercado previdenciário do setor privado.[2]

---

2  Diferentemente do regime previdenciário por "repartição", onde o trabalhador empregado é quem paga a "renda" de quem já se aposentou e, por isso, se apoia no emprego, na renda e no capital produtivo, o regime por "capitalização" é "rentista", quer dizer, se apoia em juros reais elevados e ativos fixos, preferencialmente, papéis públicos, cujos gestores devem garantir o retorno individual das contribuições nos valores contratados. "A abertura desse novo e suculento espaço de valorização foi, portanto, o primeiro dos grandes tentos (à direita, sempre) marcados pelo novo go-

A Lei de Falências e a autonomia do Banco Central, promovidos pelo PT, completaram o quadro para que o país ingressasse no circuito internacional da valorização financeira. Além da transferência de parcela da renda real da sociedade para a esfera da valorização financeira, o Estado transformou a moeda em "objeto de tráfico e de agenciamento", sujeitando-a a um valor flutuante, que varia de acordo com as aplicações de cada momento. "Ora como objeto de especulação, ora como pretexto para a manutenção de desmesuradas taxas reais de juros, a moeda doméstica põe-se sempre como um caminho promissor para a obtenção de excepcionais ganhos em moeda forte" (PAULANI, 2008, p. 46). Ao lado da dívida pública, os fundos de pensão passaram a funcionar "... no papel de retirar da esfera da acumulação produtiva parcelas substantivas de renda real que poderiam, de outro modo, transformar-se em capital produtivo" (PAULANI, 2008, p. 46).

O PT completava, com isso, o ingresso do país – iniciado há décadas – no circuito internacional da valorização financeira, escancarando as portas para o capital financeiro, justamente no momento em que a "Terceira Revolução Industrial" (ou "molecular-digital"), passou a exigir uma acumulação científico-tecnológica que colocava países como o Brasil no rastro dos países produtores de conhecimento científico, já que a "revolução" anulou a fronteira entre a ciência e a tecnologia, de modo que "...não há produtos tecnológicos disponíveis, à parte, que possam ser utilizados sem a ciência que os produziu. E o inverso: não se pode fazer conhecimento científico sem a tecnologia adequada...", restando apenas os bens de consumo como produtos tecnológicos. (OLIVEIRA, 2003, p. 139). Além dos países não-produtores de tecnologia estarem sempre atrás dos demais, a acumulação feita sob os padrões daquilo que Francisco de Oliveira chama de "cópia do descartável" entra em "obsolescência acelerada", exigindo investimentos sempre além da capacidade interna e reiterando a dependência financeira externa.

---

verno com a aprovação da reforma. Além disso, com a elevação das contribuições, da idade e do tempo de trabalho para a obtenção do benefício, bem como com a taxação dos inativos, o governo contou pontos também no intocável objetivo do 'ajuste fiscal'. Pôde, ainda, por meio de um bem pensado programa de defesa publicitária dessa iniciativa, colocar os funcionários públicos como os grandes vilões do descalabro social do país e vender a ideia de que o intuito da reforma era simplesmente o de fazer 'justiça social'. E, *last but not least,* um sistema previdenciário com predomínio do regime de repartição e sob o monopólio do Estado era algo que não combinava em nada com um país que buscava, desde o início da década de 1990, afirmar-se como uma das plataformas mundiais da valorização financeira. A reforma patrocinada pelo PT veio contribuir de forma decisiva para o alcance desse objetivo" (PAULANI, 2008, p. 44).

A globalização do capital, por sua vez, produziu um "aumento da produtividade do trabalho sem acumulação de capital", combinando acumulação molecular-digital e uso da força de trabalho. Além disso, a superação do caráter efêmero, obsoleto dos padrões tecnológicos que estão na base da acumulação de capital ocorrida em países como o Brasil, exigiria um esforço de investimento que o país não apenas não possui, como já realizou nos melhores anos da década de 1950 e, posteriormente, sob a ditadura civil-militar, por meio do financiamento externo – cujo resultado foi a dívida que, hoje, reitera a financeirização. (OLIVEIRA, 2003, p. 140-142).

Por outro lado, a acumulação molecular-digital se aproveitou da informalidade do trabalho produzida pela reestruturação produtiva e desfez, em larga medida, as formas concreto-abstratas do trabalho nos nichos fordistas, justapondo esta mesma "informalidade" à própria reestruturação da produção (OLIVEIRA, 2003), respondendo às dificuldades de reprodução do capital no contexto de sua crise estrutural.

O resultado foi a reiteração da incapacidade de expansão de capital no patamar hoje exigido pelos centros dinâmicos do capitalismo mundial, convertendo o país (a) em plataforma financeira para os capitais especulativos em busca de valorização e, simultaneamente, (b) revertendo a industrialização e aprofundamento a especialização produtiva por meio da intensificação da produção de *commodities* agrícolas, da extração de minérios, da indústria de baixa densidade tecnológica, dos setores da construção civil.

Não foi à toa, que o bloco de poder que deu sustentação ao governo Lula vinculou-se a duas matrizes ligadas ao processo de globalização do capital:

> A primeira delas é a da financerização. Esta articula a reiteração do financiamento externo da acumulação de capital, já que a mundialização tornou ineficiente as fontes internas, expresso tanto no sistema bancário, cujo lucro depende em grande medida das operações com títulos do governo, quanto nos fundos de pensão. Mas ela é insuficiente para mover todas as formas internas de acumulação de capital, daí sua dificuldade em se nacionalizar, isto é, soldar a maior parte dos interesses burgueses. Além disso: os lucros financeiros são transferência de renda de setores do próprio empresariado para o sistema financeiro, o que prejudica os salários reais pelo aumento dos cursos financeiros das empresas, e em geral desemboca ou em retração das atividades ou em aumento da taxa de exploração da força de trabalho. A segunda provém do agronegócio, a fronteira de mais rápida expansão do capital, que segue em ascensão praticamente há três décadas. As novas frentes de crescimento das exportações são do agronegócio, e

O padrão de desenvolvimento dos agronegócios no Brasil (...) 109

> litígios importantes gravitam em torno da competitividade internacio-
> nal do agronegócio brasileiro, desde a fronteira do *boom* chinês até a
> recuperação da economia argentina, a possibilidade de baixa do pro-
> tecionismo europeu e a Área de Livre Comércio das Américas (Alca).
> Mas, na matriz de relações interindustriais, o agronegócio estabelece
> fortes relações apenas com poucos setores, isto é, sua potencialidade
> de irrigar um processo de crescimento auto-sustentável não é muito
> ampla, o que quer dizer que, como solda de amplos interesses, ela
> é limitada. Trata-se de um ramo muito concentrador. (OLIVEIRA,
> 2007, p. 276-277).

Desde a derrota nas eleições de 1989, o PT assumiu a estratégia – que durante um certo período foi uma tática – de se alçar aos postos de comando do Estado, em seus níveis municipal, estadual e federal, rebaixando seu programa e aproveitando as condições econômicas e políticas que FHC criou ao longo de seus governos, à medida que conduziu a reestruturação produtiva e política do capital, após o ciclo virtuoso de desenvolvimento experimentado nas décadas anteriores. Quando o ciclo de expansão de capital constituído sob as bases das chamadas políticas neoliberais encontrou a primeira barreira, que se manifestou sob a forma de desequilíbrio das contas externas em 1999, com o capitalismo mundial em plena reorganização, abriram-se novas possibilidades de acumula-ção de capital para o Brasil sob uma confluência que nem o mais otimista dos petistas poderia prever, qual seja, a demanda externa por *commodities* que o Bra-sil estava pronto para fornecer.

A modernização capitalista dos anos de 1970 já havia produzido as con-dições para a reestruturação econômica e política dos anos de 1990, em cujo quadro se deu o *aggiornamento* petista. Diante das novas condições históricas e, conseguindo aproveitar as "mudanças sem mudanças" da política econômica promovida por FHC, o PT emergiu a cena eleitoral com um programa capaz de articular forças políticas representantes do capital que tinham no partido um certo amparo para a realização de seu projeto possibilitado pela "nova etapa de expansão de capital".

Os governos do PT foram construídos, assim, sob as bases do neoliberalis-mo, inaugurando uma espécie de "nova fase de acumulação capitalista" que, a partir do segundo mandato de Lula da Silva, foi chamada por seus ideólogos de "neodesenvolvimentista". Foi neste terreno que Lula da Silva, aproveitando a estrutura política e institucional deixava por FHC, produziu a *belle époque* dos agronegócios no Brasil. Entre 2001 e 2006, as exportações de produtos agrícolas perderam participação no comércio mundial, passando de 7,4% para 6%, o que foi revertido em 2007, quando houve elevação dos preços. Porém, a participação brasileira no comércio agrícola mundial se elevou neste mesmo período, passando de 4,8%, em 2003, para 6,7%, em 2007. (BRASIL, 2009, p. 10).

Em 2000, o Brasil exportou US$ 13,2 bilhões em produtos agrícolas, valor que, em 2008, saltou para US$ 58,4 bilhões, superando o aumento das exportações agrícolas mundiais. "A taxa média anual de expansão das exportações agrícolas foi de 20,43% entre 2000 e 2008" (BRASIL, 2009, p. 11). A partir de 2002, os preços das principais *commodities* brasileiras no mercado internacional começaram a subir e, em 2008, eram 34% maiores que em 2007. Além das altas cotações internacionais, houve também elevação das quantidades exportadas – o que compensou o impacto negativo da valorização do real que ocorreu naquele período. Dos 24 setores criados pelo MAPA que reúnem mais de 1.300 itens da Nomenclatura Comum do Mercado Comum do Sul (Mercosul) seis concentram a maior parte do valor exportado. Foram eles: o complexo da soja; o setor de carnes; o complexo sucroalcooleiro; de café; de fumo; e de cereais, farinhas e preparações. Entre 2002 e 2008 o valor exportado cresceu em quase todos os setores, exceto o de pescados (-4,0%) e couros e pelos (-5,7%). Somente o complexo de soja foi responsável por 30,8% das exportações agrícolas em 2008, com um valor de US$ 18 bilhões. Depois, veio o setor de carnes, com US$ 14,5 bilhões ou 24,9% do valor exportado. Juntos, os complexo da soja e de carnes foram responsáveis por 55,7% do total das exportações agrícolas. O terceiro principal setor em valor exportado em 2008 foi o complexo sucroalcooleiro. Ao lado do complexo de soja e carnes, representou 69,2% do total de exportações. (BRASIL, 2009, p. 12-15).

Entre 2002 e 2008 houve um aumento das exportações totais de US$ 137,5 bilhões. Segundo o relatório do MAPA, os países "em desenvolvimento" contribuíram com quase 60% deste aumento. E com relação às exportações agrícolas, sua contribuição foi de 54,2%, dos US$ 40,9 bilhões de aumento no período. A União Europeia foi responsável por 28,2% do aumento das exportações do setor no período em questão. E "a China foi o país que mais elevou sua participação nas exportações agrícolas brasileiras nos últimos seis anos [leia-se até 2009] passando de 6% para 11,5% de 2002 a 2008". Depois, veio a Venezuela, que passou de 3,4% para 3,8% no total das exportações agrícolas em 2008. União Europeia e Estados Unidos tiveram queda de participação de 9,5% e 1,7%, respectivamente. No caso da primeira, houve uma ampliação de suas aquisições, no entanto, perdeu participação relativa. (BRASIL, 2009, p. 18).

Ademais, o faturamento de vendas dos dez principais grupos transnacionais que atuam nos setores de agregação de valor e diferenciação no Brasil que, como

O padrão de desenvolvimento dos agronegócios no Brasil (...)     111

vimos, representam a parte mais substantiva do valor global do agronegócio, foi de mais de US$ 78 bilhões, concentrando-se, respectivamente, nas gigantes: Bunge Alimentos, Cargill, Souza Cruz, JBS Brasil, Brasil Foods, Sadia, Unilever, ADM, Copersucar-Cooperativa e Nestlé (Cf. MELHORES..., 2012).

## O SIGNIFICADO POLÍTICO DA "FRENTE NEODESENVOLVIMENTISTA" DOS GOVERNOS DO PT

A segunda vitória consecutiva de Lula da Silva – mesmo depois do escândalo do "mensalão"[3] – adensou de um tipo de pacto político entre capital e trabalho que, desde o primeiro mandato, o PT já havia mediado. As manifestações públicas de organizações como CUT, MST, Consulta Popular, como também da Fiesp, da Abag, perante o escândalo político de 2005, fosse defendendo o governo abertamente, ou não se pronunciando sobre o episódio – que também o beneficiava –, deixaram patentes que a ampla coalização da esquerda à direita que compôs o primeiro mandato do PT seria preservada e ampliada no pleito seguinte. As condições do novodesenvolvimento capitalista brasileiro eram favoráveis a tanto e, segundo o discurso do governo, beneficiava a todos.

De acordo com muitos de seus ideólogos, o projeto neodesenvolvimentista seria distinto do neoliberalismo que reinou nos anos 1990 e que subordinou o setor produtivo ao capital financeiro internacional. O programa do PT colocaria em voga a construção de um projeto nacional baseado no crescimento econômico e na distribuição de renda, mesmo sem romper os elos da dependência econômica do país com relação ao capital estrangeiro. (Cf. BOITO JÚNIOR, 2012; SICSU, 2005).

Ainda em 2005, João Sicsü organizou uma obra intitulada "Novo-desenvolvimentismo: um projeto nacional de crescimento com equidade social", prefaciada pelo então vice-presidente da República, o empresário já falecido José Alencar, na qual compareceu Luiz Carlos Bresser-Pereira. (SICSÜ, PAULA e MICHEL, 2005). O economista defendeu um pacto desenvolvimentista capaz de associar trabalhadores, classes médias e empresariado progressista a fim de reverter o projeto neoliberal da década anterior. (BRESSER-PEREIRA, 2005). A ideia do neodesenvolvimentismo - nascida das plumas de intelectuais liberal--progressistas - logo se tornou turva no que diz respeito às suas bases políticas, de

---

3     O "mensalão" foi um esquema de compra de votos de congressistas e senadores envolvendo a cúpula do PT e do Governo Federal em troca de uma quantia mensal em dinheiro para que as matérias em favor do governo fossem aprovadas no Congresso.

modo que, desde então, fomentou um debate sobre até que ponto os governos do PT marcaram, realmente, o início de um efetivo programa de desenvolvimento econômico e social e qual o seu significado no contexto da reestruturação do capitalismo brasileiro e sua inserção na nova estrutura global do capital.

À época, Armando Boito Jr. escreveu que Lula da Silva teria promovido a ascensão de uma "grande burguesia interna industrial e agrária" voltada para o comércio de exportação dentro dos estreitos limites impostos pelo capital financeiro na economia nacional. (BOITO JÚNIOR., 2006, p. 246). Simultaneamente, o governo estaria contemplando interesses do operariado urbano, da "baixa" classe média [sic.], do campesinato, dos desempregados e subempregados e de suas organizações sindicais e movimentos sociais, como a CUT, a Força sindical, a Contag, o MST, formando uma "frente neodesenvolvimentista", que se oporia ao campo neoliberal ortodoxo.

Para o autor, o neodesenvolvimentismo – ou o desenvolvimentismo possível na era do neoliberalismo – seria um projeto econômico que evidenciaria a relação entre os governos de Lula da Silva e a nova burguesia nacional promovida pelos governos do PT. (BOITO JÚNIOR, 2012, p. 68-69).

Em torno do programa neodesenvolvimentista teria se formado uma "frente política", integrada tanto pela "nova burguesia nacional", quanto pelo movimento operário, sindical e campesino. Este último, inclusive, – o movimento operário, sindical e campesino – seria sua principal força, apesar de não ser a força hegemônica no interior da "frente". Assim, Lula da Silva teria deslocado a hegemonia política no interior do bloco de poder da burguesia monopolista para a burguesia interna (ou "nova burguesia") – fração que, segundo o autor, relutou a aceitar a abertura neoliberal. (BOITO JÚNIOR, 2012, p. 73-75)

A grande burguesia interna – que, de acordo com Boito Júnior reúne grupos de indústrias, bancos, o agronegócio, a construção civil, entre outros – se unificaria justamente na disputa contra o capital financeiro. As contradições existentes no seio da grande burguesia interna, por seu turno, seriam secundárias perante as contradições que esta fração de classe possuiria com o capital internacional e financeiro, mas significativas no marco do programa neodesenvolvimentista. O mesmo se daria no plano das contradições entre a nova burguesia nacional e o movimento operário, sindical e campesino. Assim, a estratégia do PT para driblar as contradições internas de seu projeto político estaria permanentemente ameaça pela possibilidade de ruptura de qualquer uma das forças políticas que compõe a chamada frente neodesenvolvimentista. (BOITO JÚNIOR, 2012, p. 100-104).

A meu ver, esta forma de abordar o bloco de poder e o significado político do neodesenvolvimentismo prescinde do exame dos nexos históricos necessários

O padrão de desenvolvimento dos agronegócios no Brasil (...)       113

para a compreensão do programa econômico em marcha e do bloco de poder que se sustentam reciprocamente. Nesse sentido, Armando Boito se descuida ao não investigar a ideia sobre a qual advoga de que o Brasil experimenta um novo ciclo de desenvolvimento – mesmo considerando que o programa seja "rebaixado" com relação ao período do que poderíamos chamar de "desenvolvimentismo realmente existente".

A configuração política das frações de classe, suas composições e conflitos internos, bem como suas relações e contradições perante outras frações e classes impede que venham à luz os complexos elos entre a chamada "burguesia compradora e financeira" e a "burguesia produtiva, agrária ou industrial", conforme o autor define. Em outros termos, sua análise desabriga o movimento concreto dos capitais setoriais, que se unem sob a forma de capital financeiro – e o irreversível processo de transnacionalização do capital e da economia nacional –, além das modificações na morfologia da burguesia daí decorrentes e as formas de relacionamento entre suas frações e suas organizações políticas.

Conforme indiquei no primeiro capítulo a respeito da economia política do agronegócio, sob o comando do capital financeiro, assistimos nos últimos anos a um movimento de "condensação de energia produtiva", muito mais que conflitos intersetoriais capazes de produzir fissuras no bloco de poder em questão. À propósito, vale dizer que o agronegócio foi beneficiado em seu conjunto pela abertura comercial e financeira: dos capitais financeiros que operam nos mercados futuros até a indústria processadora de alimentos, passando pela grande propriedade da terra convertida em empresa rural. Isto explica, por exemplo, o fato de o MAPA ter sido comandado pela Abag – representante *par excellance* do capital transnacional – durante todo o governo de Lula da Silva com apoio inconteste da tradicional SRB e da conservadoríssima CNA – inclusive, passando o bastão para esta última durante o segundo mandato do governo Dilma Rousseff. E faz cair por terra o argumento segundo o qual a burguesia integrada ao capital estrangeiro não se beneficia sob o governo Lula.

Além disso, na base da concepção de "frente neodesenvolvimentista", tal como utilizada por Armando Boito Jr. (2012, p. 72), encontra-se uma suposição equivocada segundo a qual, tendo no movimento operário, sindical e campesino sua principal força e, diante das contradições entre as distintas frações de classe que formam a frente neodesenvolvimentista, os governos do PT estariam em permanente disputa. A análise das transformações do mundo rural indica exatamente o contrário. Os governos do PT conduziram a formação de um mundo rural comandado pelo capital financeiro transnacional, capaz de integrar uma parcela da agricultura familiar à economia política dos negócios do campo. Nesse sentido, a concepção do "governo em disputa" dissimula o processo real de capitulação, inclusive, de algumas organizações de trabalhadores do campo diante do capital, ou, ainda, de cooptação, no sentido da perda progressiva da força mobilizadora para o enfrentamento contra o capital.

Sobre a própria concepção de "frente" de classes ou de fração de classes, Silvia Beatriz Adoue[4] assinalou que esta forma política supõe mais unidade que uma "aliança de classes", dado que, enquanto esta última – no jargão político - possui caráter pontual e tático, a primeira exige um alto grau de solidariedade, de modo que Armando Boito Jr. também se equivoca ao configurar teoricamente os nexos políticos entre as forças em disputa na sociedade.

Com isso, o autor especula sobre um (suposto) duplo movimento. Por um lado, a ruptura da principal força política da frente neodesenvolvimentista abriria o campo para o pleno desenvolvimento das frações da burguesia ora beneficiadas. Por outro lado, acirrando a contradição interna por meio da luta social, as frações da classe trabalhadora poderiam disputar a hegemonia no interior do bloco de poder. De uma forma ou de outra, a concepção gramsciana de luta pela hegemonia, convertida nesta tosca estratégia política instrumental de conquista de espaços na sociedade civil e na sociedade política, converte uma (virtual) necessidade em virtude, aprisionando o movimento operário, sindical e campesino aos governos do PT.

Conforme escreveu Francisco de Oliveira, a ascensão do Partido dos Trabalhadores ao posto mais alto do comando do Estado converteu, isto sim, "as capas mais altas do antigo proletariado" em administradores de fundos públicos que, hoje, ocupam lugar estratégico na economia política do neodesenvolvimentismo – e no processo da acumulação de capital em geral. Com isso, diz o sociólogo com o exagero que lhe é peculiar, formou-se uma "nova classe"[5], constituída

---

4    Silvia Beatriz Adoue fez essa observação em uma discussão realizada no Seminário Temático "Trabalho, Movimentos Sociais e Sociabilidade Contemporânea", coordenado pela Profa. Dra. Maria Orlanda Pinassi, na Faculdade de Ciências e Letras, da Universidade Estadual Paulista, ocorrida em setembro de 2012.

5    "A nova classe tem unidade de objetivos, formou-se no consenso ideológico sobre a nova função do Estado, trabalha no interior dos controles de fundos estatais e semiestatais e está no lugar que faz a ponte com o sistema financeiro". (OLIVEIRA, 2003, p. 148). E prossegue: "De fato, tanto há um novo lugar da nova classe no sistema, sobretudo no sistema financeiro e suas mediações estatais, o que satisfaz um critério de extração marxista, quanto há uma nova 'experiência' de classe, nos termos de Thompson: o caso da comemoração do aniversário do ex-tesoureiro da CUT mostra que essa 'experiência' lhe é exclusiva, e não pode ser estendida aos trabalhadores em geral; de fato já não são mais trabalhadores. O aniversario seria nos novos *pubs*, lugar de frequentação da nova classe. Se nessa frequentação ela se

O padrão de desenvolvimento dos agronegócios no Brasil (...) 115

por técnicos e economistas operadores de fundos de previdência – aliás, vale dizer, é aí que reside a identidade do programa político do PT com o programa do PSDB, qual seja, o controle do acesso aos fundos públicos, estatais e semiestatais. (OLIVEIRA, 2003, p. 148). São trabalhadores que personificam (o termo é por minha conta) o capital privado e investem nos setores que promovem a reestruturação produtiva, precarizando o trabalho e a própria classe a que, estruturalmente, pertence, uma vez que deslocam recursos da esfera da produção para a especulação financeira e operam investimentos em grupos transnacionais que reiteram a expansão capitalista centrada na produção de *commodities*.

No interior deste processo, os movimentos sociais e organizações operárias e sindicais, de trabalhadores do campo e da cidade, passaram à mendicância pelos recursos públicos administrados pelo Estado e pela sua distribuição na forma de "política social", ou política pública focalizada, aderindo explicitamente ao projeto político do Partido dos Trabalhadores. Este é o sentido real da "frente neodesenvolvimentismo", qual seja, o rebaixamento da política à administração público-estatal do conflito.

Vejamos, por exemplo, o "dilema insolvente" no qual se encontra o principal movimento social brasileiro, o MST, que, por um lado, necessita dos recursos do Estado para garantir a reprodução de alguns assentamentos rurais e, por outro lado, assiste ao definhamento de parte substantiva de suas conquistas e, sobretudo, das famílias que vivem em seus acampamentos. Isto provoca a exasperação da contradição existente entre a necessidade de manter laços com o governo do partido com o qual conjugou um projeto democrático-popular a fim de garantir alguns (poucos) ganhos para sua base de assentados e o imperativo de imprimir caráter ofensivo à luta em nome dos despojados da terra. (PINASSI, 2011, p. 168). No último capítulo voltarei a esta questão.

Por hora, cabe assinalar, como fez Maria Orlanda Pinassi, que "os governos de conciliação de Lula e Dilma mantiveram a política de fragilização da classe trabalhadora e investiram sobre a subjetividade do trabalhador". Muitas organizações políticas da classe trabalhadora, tratadas como "parceiras" pelo

---

mistura com as burguesias e seus executivos, isso não deve levar a confundi-los: seu 'lugar na produção' é o controle do acesso ao fundo público, que não é o 'lugar' da burguesia. Em termos gramscianos também a nova classe satisfaz as exigências teóricas: ela se forma exatamente num novo consenso sobre estado e mercado sustentado pela formação universitária que recebe, e por último é a luta de classes que faz a classe, vale dizer, seu movimento se dá na apropriação de parcelas importantes do fundo público, e sua especificidade se marca exatamente aqui; não se trata de apropriar os lucros do setor privado, mas de controlar o lugar onde se forma parte desse lucro, vale dizer, o fundo público" (OLIVEIRA, 2003, p. 148-149).

governo, "...não mais o reconhecem como antípoda do capital" (PINASSI, 2013, não paginado), implicando os trabalhadores que representa no mesmo equívoco político.

Nada disto, porém, significa que não houve melhoria relativa e conjuntural das condições de reprodução da classe trabalhadora sob os governos do PT, ainda que suas políticas focalizadas em nada se aproximem do Estado de Bem-Estar Social hoje avassalado pelas condições globais da reprodução capitalista. Ainda no primeiro mandato de Lula da Silva, houve aumento do salário mínimo; aprovação do Estatuto do Idoso; destinação de incentivos aos trabalhadores do setor informal; introdução do crédito consignado, entre outras medidas que, juntas, incrementaram o consumo popular e expandiram o mercado interno. Depois de 2005 vieram também investimentos na educação: o número de estudantes com acesso ao ensino superior dobrou com programa PróUni, que subsidia o ingresso do estudante nas universidades ou centros universitários privados. E, em 2008, quando estourou a bolha financeira do mercado imobiliário norte-americano, levando a mais uma crise cíclica do capital de grandes proporções, o Brasil se tornou credor internacional (em 2009, o país possuía 250 bilhões de dólares em reservas em moeda estrangeira, sendo o quarto maior credor dos EUA). (ANDERSON, 2011, p. 29-32). Além disso, conforme lembrou Maria Orlanda Pinassi, os governos de Lula da Silva e Dilma Rousseff foram "...pródigos na concessão de direitos para as chamadas 'minorias', os direitos de cidadania que vão fortalecer a democracia formal", tal como o avanço da Lei Maria da Penha, os direitos ampliados dos negros, dos índios, dos homossexuais. "O problema é a individualização desideologizada do tratamento, devidamente orientado pelo Banco Mundial, de controle do *miserável*" (PINASSI, 2013, não paginado).

Ademais, se é verdade que a pobreza absoluta diminuiu, funcionando como uma espécie de "derrota do *apartheid*" (OLIVEIRA, 2010, p. 24), nada operou sobre a desigualdade estrutural brasileira.

> Metodologicamente, como lembrou Leda Paulani, as rendas do capital são estimadas por dedução, enquanto as rendas do trabalho são medidas diretamente na fonte. Medidas indiretas sugerem, e na verdade comprovam, o crescimento da desigualdade: o simples dado do pagamento do serviço da dívida interna, em torno de 200 bilhões de reais por ano, contra os modestíssimos 10 bilhões a 15 bilhões do Bolsa Família, não necessita de muita especulação teórica para a conclusão de que a desigualdade vem aumentando. Márcio Pochmann, presidente do Ipea, que continua a ser um economista rigoroso, calculou que uns 10 mil a 15 mil contribuintes recebem a maior parte dos pagamentos

O padrão de desenvolvimento dos agronegócios no Brasil (...)    117

do serviço da dívida [cerca de 120 bilhões de dólares, anualmente]. Outro dado indireto, pela insuspeita – por outro viés – revista *Forbes*, já alinha pelo menos 10 brasileiros entre os homens e mulheres mais ricos do mundo capitalista (OLIVEIRA, 2010, p. 374).

Nesse quadro, a frente neodesenvolvimentista parece condenar a classe trabalhadora à aquiescência passiva a um programa erguido ao custo de sua própria precarização, já que ela afiança o crescimento econômico, a competitividade e a acumulação capitalista sem compartilhar seus benefícios e renunciando à luta de classes. Assim foi que os governos do PT converteram a dependência em servidão financeira, aprofundando os nexos políticos e econômicos que promovem hoje um padrão de reprodução de capital crescentemente predatório, baseado na especialização produtiva.

## DA DEPENDÊNCIA À SERVIDÃO, DA SERVIDÃO AO PADRÃO DESTRUTIVO DO (NEO)DESENVOLVIMENTISMO

Na virada da década de 1960 para a década de 1970, o Brasil experimentou taxas de crescimento econômico nunca antes vistas, que produziram a crença "... numa espécie de novo círculo virtuoso de acumulação capitalista, no qual, mesmo dependentes, poderíamos, se aplicadas as políticas corretas, assistir ao desenvolvimento da periferia..." (PAULANI, 2008, p. 81). No entanto, o que parecia ser uma nova etapa de desenvolvimento, assentada no que Fernando Henrique Cardoso chamou de "tripé do desenvolvimento associado" (formado por empresas monopolistas internacionais-setor capitalista moderno local-setor público) mostrou-se num quadro histórico maior "...a emergência de uma nova configuração do próprio capital, em que a industrialização da periferia tornou necessária para a nova plataforma de valorização que começava a surgir e que, de início, necessitava da internacionalização da própria produção..." (PAULANI, 2008, p. 84).

O investimento externo direto (IED) teve importância central na gênese desse fenômeno. Entre 1960 e 1968, cerca de US$ 1 bilhão em novos recursos foi transferido dos países subdesenvolvidos somente para empresas norte-americanas. E cerca de US$ 2,5 bilhões, sob a forma de lucros e dividendos, foram remetidos às matrizes norte-americanas. Na década de 1970, o Brasil efetuou uma remessa anual média de US$ 314 milhões relativas a despesas de lucros e dividendos de investimentos diretos – números que saltaram para médias anuais de US$ 969 milhões, em 1980, US$ 2,5 milhões, em 1990, e US$ 4,4 milhões, no período de 2000 a 2004. No que se refere ao PIB, essas remessas representaram

0,14%, 0,25%, 0,36%, 0,42% e 0,85%, respectivamente, em 1960, 1970, 1980, 1990, e nos primeiros cinco anos de 2000. Depois do "... surto de industrialização periférica da internacionalização da produção calcada na empresa multinacional, o processo retoma, na década de 1990, seu curso normal de concentração e centralização na aplicação dos recursos produtivos" (PAULANI, 2008, p. 86).

Deste processo, o importante a ser destacado é que a configuração político-econômica de então, mesmo e apesar da assimetria interna do capital, comportava a compatibilização entre a dependência política e o desenvolvimento econômico na forma de industrialização, o que a legitimava entre as classes sociais, dado que havia a possibilidade de ganhos mútuos. Tal como a teorizou Fernando Henrique Cardoso, a dependência continha uma negação que estava na possibilidade do elo dominado se desenvolver para além daquilo que sua capacidade permitia. Isto porque havia uma espécie de combinação entre dependência e modernidade, de uma relação hierárquica, mas com possibilidade de ascensão da parte subjugada.

A "dependência efetiva", que implica a vontade do "dependente" em permanecer em tal condição, apareceria somente mais tarde, sob a dominância da valorização financeira, quando a periferia do sistema do capital se mostrou uma importante plataforma de valorização financeira internacional. Apenas com esta a dependência encontrou uma forma "adequada". Para Paulani (2008, p. 92) há uma harmonia entre a dependência que nega a si mesma – à medida que contém a possibilidade da superação por meio do desenvolvimento – e o fato de a industrialização poder ser vista como momento inicial do desenvolvimento do regime de acumulação sob a dominância da valorização financeira.

O desenvolvimento produzido sob a relação de dependência criou, assim, as condições materiais para a transformação do país em plataforma de valorização financeira internacional, sobre as quais, as políticas neoliberais de 1990, operaram importantes transformações político-institucionais; transformações que faltavam para a completude deste processo. Mas não é somente isto.

A intensa industrialização ocorrida na década de 1970 - que significou também a modernização conservadora do campo, com a incorporação do chamado "pacote tecnológico da revolução verde" e a manutenção da estrutura altamente concentrada da propriedade da terra – produziu, na verdade, as bases para que os governos neoliberais dos anos 1990 promovessem as condições político-institucionais de realização do novo padrão de reprodução de capital baseado na especialização produtiva – ao qual os agronegócios respondem. A ironia deste processo reside no fato de que o desenvolvimento econômico ou, para ser mais rigoroso, a industrialização, formasse uma estrutura produtiva a partir da qual o

O padrão de desenvolvimento dos agronegócios no Brasil (...) 119

país pudesse buscar – e buscou – a posição de grande exportador de *commodities* agrícolas na nova divisão internacional do trabalho. Ou, em outros termos, aquilo que Jaime Osorio chamou de novo padrão exportador de especialização produtiva (OSORIO, 2012) que, contraditoriamente, passou a pressionar a desindustrialização recente (no sentido da perda da participação da indústria no PIB com perda dos setores de ponta, que incorporam alta tecnologia e agregam valor à produção) e a reversão neocolonial, se concordarmos com Plínio Sampaio Jr. (2013).

De qualquer forma, o "novo padrão exportador de especialização produtiva" marcou, definitivamente, o fim do velho padrão industrial de reprodução capitalista e, com ele, da própria possibilidade de conjugação da dependência e do desenvolvimento.

O período do "desenvolvimentismo realmente existente" (se é que posso falar assim) criou uma possibilidade virtual de superação do "subdesenvolvimento", ainda que sob a contraditória relação de dependência que o Brasil estabelecia com os países e capitais centrais. "Essa confluência virtuosa aconteceu, no entanto, tarde demais, pois o capitalismo já entrava na fase terminal da fórmula fordista e milagrosa dos trinta anos dourados" (PAULANI, 2008, p. 101). Ou, na chave explicativa de Mészáros (2009), ingressa na sua fase de crise estrutural.

Nesse exato sentido, essa tal "confluência virtuosa" ocorrida no passado, assim como o próprio desenvolvimentismo, não passou de uma ilusão, como afirmaria Arrighi (1998). Pois o movimento real do capital que produziu a intensa industrialização o fez em resposta à crise, já estrutural, que o sistema do capital experimentava, dados os limites para o deslocamento das contradições exigidas pelo curso "normal" da acumulação permanente de capital. E o que parecia ser um intenso "desenvolvimento" nos idos de 1960 e, principalmente 1970 (e o foi, de fato, se considerarmos o desenvolvimento como a expansão de capital produtivo, ou como sinônimo de industrialização) revelou-se, nas décadas seguintes, um movimento rumo à especialização produtiva no quadro da nova estrutura global do capital que começou a ser desenhada desde então.

Não foi à toa que o Brasil passou de receptor líquido de capitais para exportador líquido de capitais, primeiro, pagando juros da dívida externa e, mais recentemente, como produtor de ativos financeiros de alta rentabilidade. Com esta modificação nos termos da relação entre centro e periferia, não se trata mais do pagamento dos empréstimos convencionais, que pode ser resolvido com a amortização da dívida (embora isto também não seja simples!). Com o "capital fictício" esta situação mudou de figura.[6] A partir de 1990, o país ingressou na fase da "de-

---

6    "O capital que decorre, por exemplo, da transformação do valor de um ativo produti-

120     Frederico Daia Firmiano

pendência desejada" (a expressão é de Paul Singer), "...como se servidão financeira fosse a tábua de salvação ainda capaz de produzir a inclusão do país no sistema, mesmo que no papel o mais subalterno possível" (PAULANI, 2008, p. 103).

Nesta equação econômico-produtiva-financeira, os agronegócios, que já possuíam as condições objetivas para se expandirem, despontaram como uma tentativa de reequilíbrio das contas externas – ao menos desde a crise cambial de 1999. No entanto, conforme afirmou o economista Guilherme Delgado, esta "virada primário-exportadora" não foi acompanhada por uma política econômica que alterasse o livre ingresso e saída do capital estrangeiro que vêm em busca da "valorização financeira". E nem poderia, como vimos. O custo desse capital estrangeiro triplicou o déficit na Conta de Serviços, que saltou de R$ 23,7 bilhões no período de 1995-1999 para R$ 70 bilhões em 2010.

> A solução primário-exportadora para a crise conjuntural de 1999 tornou-se uma espécie de estratégia de ajuste estrutural, mas não resolveu sequer o problema original – o déficit acumulado na 'Conta Corrente' com o exterior, que provocara o ataque especulativo ao real no final de 1998 e início de 1999. O déficit externo vai ressurgir a partir de 2008 (esteve ao redor 48, bilhões de dólares o ano passado)

---

vo em ações comporta um elemento de forte arbitrariedade, já que sua dimensão, em cada momento, não está mais vinculada a esse capital, mas ao jogo das bolsas (...). Mas essa duplicata de capital (como é chamada por Marx) reclama, como qualquer outro capital, seus direitos e ameaça, como um fantasma, sua cobrança, já que, no mundo real e concreto, a renda real produzida por seus ativos de origem pode não ser nem de longe capaz de dar conta desse recado. Por outro lado, o "capital" que decorre da emisão de títulos da dívida pública reclama seus direitos não a um capital real incapaz de atendê-los, como pode acontecer com as ações, mas a um "não-capital" (o ativo real de origem não existe). Por conseguinte, o atendimento desses "direitos" implica a extração de renda real da sociedade como um todo. Tudo se complica ainda mais quando esses papéis tornam-se objeto de cotação em bolsas, já que sua dimensão passa a fugir do controle de seus próprios produtores. Ora, num mundo tão dominado por esses capitais fictícios e pela vertigem de valorizar o valor sem a mediação da produção, nada mais interessante do que transformar economias nacionais com alguma capacidade de produção de renda real, mas sem pretensões de soberania, em prestacionistas servilmente dispostos a cumprir esse papel e lastrear, ainda que parcialmente, a valorização desses capitais. Eliminados os maiores obstáculos a esse desempenho (a inflação, o descontrole dos gastos públicos, a falta de garantias dos contratos, a ilusão do desenvolvimentismo, entre os principais), essas economias estão prontas a funcionar como plataformas de valorização financeira internacional. Assegurada a seriedade no tratamento dos direitos do capital financeiro, elas podem funcionar – e, no caso do Brasil, têm funcionado – como meio seguro de obter polpudos ganhos em moeda forte" (PAULANI, 2008, p. 102).

O padrão de desenvolvimento dos agronegócios no Brasil (...)    121

e continua crescendo, sob o impacto de duas pressões não resolvidas – a perda de competitividade das exportações de manufaturadas e o avanço do déficit dos 'Serviços', atribuível à remuneração do capital estrangeiro na economia brasileira. Em resumo, a 'solução' estrutural de 'primarizar' o comércio exterior mudou a natureza das nossas relações econômicas externas, mas não as resolveu de maneira consistente. Continuam crescendo as exportações de 'básicos', sem diminuir, mas ao contrário elevando ano a ano o déficit da Conta Corrente com o exterior (DELGADO, 2011a, p. 3).

As exportações são uma variável chave para "resolver" o problema das crises de solvência externa. Mas as altas reservas estrangeiras mantidas a altos custos (diferencial de juros internos e externos) escondem as raízes da "dependência externa", ou, para voltar a Leda Paulani, da "servidão financeira". Caso diminuísse ou acabasse o fluxo intenso de capital estrangeiro no Brasil as reservas seriam consumidas rapidamente. "Em síntese, o lugar do Brasil na economia mundial como [plataforma de valorização financeira e] grande produtor de *commodities* não é confortável..." (DELGADO, 2011a, p. 3).

Esta forma de inserção do Brasil no circuito internacional da acumulação, no quadro da nova divisão internacional do trabalho sob a ideologia do neo-desenvolvimentismo, esconde a condição de "plataforma de valorização financeira" atrás da intensa produção de *commodities* para os países que gozam de posição privilegiada na estrutura global do sistema capitalista. Este processo, por decorrência, implica na destruição de quaisquer possibilidades de um "desenvolvimento endógeno" ou de crescimento econômico associado a mudanças estruturais intensas ou, ainda, de um desenvolvimento autônomo com relação ao capital que circula no país em busca de valorização rápida, se é que, depois da internacionalização da base produtiva promovida pela ditadura civil-militar, estas possibilidades de fato existiram.

Assim, as condições atuais do desenvolvimento capitalista, por seu turno, condicionadas pela crise estrutural do sistema do capital, não permitem nenhum salto para além da posição ora alcançada na divisão internacional do trabalho, mas somente o aprofundamento dos nexos da economia política da servidão financeira e econômica e das contradições associadas ao atual modelo econômico. O desenvolvimento econômico baseado na especialização produtiva tende, assim, a impor um padrão de acumulação/valorização de capital marcadamente predatório ou destrutivo, consoante as tendências contemporâneas do sistema capitalista.

Nesse sentido, o Partido dos Trabalhadores, ao dar forma política ao atual processo de acumulação capitalista, acomodar as forças políticas que poderiam se constituir em real alternativa ao capital, não só renunciou a possibilidade histórica de qualquer transformação ou ruptura interna do círculo vicioso da servidão financeira – ainda que a processualidade do capital a negasse –, como aprofundou as condições da heteronomia brasileira com formas não tão "criativas" de acumulação/valorização de capital, como chamaria Arrighi (1998). E não bastasse sua renúncia por qualquer possibilidade de ruptura da relação que determina nossa servidão, ampliou o papel do mais poderoso anteparo do processo de acumulação/valorização de capital contemporâneo, o Estado, para atender ao "...círculo vicioso do capital, ainda que isto signifique sujeitar quaisquer dimensões potenciais a restrições autoritárias extremas" (MÉSZÁROS, 2009, p. 220)

## O ESTADO NA EXPANSÃO DO CAPITAL (TRANS)NACIONAL E O PADRÃO DE REPRODUÇÃO DO NEODESENVOLVIMENTISMO: NOVAMENTE, O BNDES

A ampliação do poder de Estado para fazer valer o "círculo vicioso do capital" pode ser observada – além das inúmeras medidas já apontadas no capítulo anterior – pela trajetória do BNDES. O Banco foi criado em 1952, durante os anos dourados do capitalismo brasileiro, com o principal objetivo de formular e executar a política nacional de desenvolvimento. Depois de 1988, por força da Carta Magna, o Banco passou a receber 40% dos recursos do Fundo de Amparo ao Trabalhador (FAT) para impulsionar o "desenvolvimento nacional" - ainda como rescaldo da ideologia do desenvolvimentismo, segundo a qual o Estado poderia ser gerador de melhoria das condições de vida da classe trabalhadora.

Mas, criado para estimular o "desenvolvimento autônomo e nacional", décadas depois, o Banco serviu a desnacionalização da infraestrutura produtiva e a internacionalização do patrimônio nacional. Durante os governos de FHC, o BNDES foi o fiador das operações de privatização que promoveram o desmanche do que o presidente da época, quando professor de sociologia, chamou de "tripé desenvolvimentista". (PAULANI, 2012, 19-20. Mimeo). Ironicamente, ele próprio iniciou a conversão da dependência, sobre a qual teorizou, em servidão financeira.

O que à época foi chamado de "Estado mínimo", na verdade foi o desmonte do plano dos direitos e das condições objetivas necessárias para sua realização quando surgiu uma espécie de "paradigma da Reação ou do Conservadorismo"[7],

---

7    No fim da década de 1990, escreveu Francisco de Oliveira: "o neoliberalismo re-

O padrão de desenvolvimento dos agronegócios no Brasil (...)     123

que instituiu o contrato mercantil[8] como a mediação por excelência das relações sociais, orientando o processo de reestruturação produtiva do capital. (OLIVEIRA, 1998). Assim, o Estado participou ativamente do processo de acumulação de capital, de tal modo que nem mesmo um radical às avessas como Friedrich von Hayek se oporia, dadas as novas condições para a reprodução capitalista, sob o comando do capital financeiro transnacional.

A crise de liquidez de 1999, que produziu uma grande fuga de capital especulativo do mercado brasileiro fez com que o governo de FHC adotasse uma política de ajuste externo capaz de produzir saldos positivos na balança comercial, como já vimos. Sob as condições que as políticas neoliberais haviam criado, o Estado foi direcionado para o que, ao longo da década seguinte, se tornou um novo "ciclo virtuoso" de expansão capitalista, aproveitando a grande demanda externa por *commodities* e por produtos de baixo valor agregado que o país podia fornecer.

Já no final da década de 1990 o BNDES foi responsável pela formatação dos Eixos Nacionais de Integração e Desenvolvimento (ENID) que, em 2000, redundou na formação do IIRSA. Desde então, o Banco vem viabilizando a

---

nuncia à universalização e ultrapassa sorrateiramente – contraditoriamente, como nos advertiam os frankfurtianos – a soleira do totalitarismo". Em termos concretos, o fenômeno se mostra no Brasil através do "...desmantelamento do campo de significados criado pelo contraditório processo da 'revolução passiva', encurralada (...) pelos recursos políticos criados pelas classes dominadas". Isto significa, que as classes dominantes e as classes dominadas já não partilham de um mesmo campo semântico. "Toda vez que os direitos são transformados em 'custo Brasil', que a estabilidade do funcionalismo (...) é transformada em explicação para a dilapidação financeira do Estado...", ou ainda, que os "...direitos humanos, que incluem julgamentos e tratamento iguais para todos os cidadãos (...) são transformados em causação da violência e da barbárie, o que está em jogo é a exclusão". Exclusão da possibilidade de um projeto integrador. Por isso, para o autor, "o totalitarismo, apesar de seu claro inacabamento, parece mais produtivo teoricamente" que o conceito de hegemonia; "...seu sonho é o *apartheid* total" (OLIVEIRA, 1998, p. 202-203).

8    Um sentido forte deste conservadorismo é a regressão ao contrato mercantil em substituição aos direitos sociais constituídos sob o paradigma do Iluminismo. O contrato mercantil está na base na racionalidade burguesa desde a Revolução Francesa. No entanto, revelou-se insuficiente com a complexidade da própria sociedade burguesa. Nos termos de Castoriadis, Francisco de Oliveira afirmava que a "inventividade democrática" o substituiu pelo plano dos direitos. "Contemporaneamente, o avanço dos direitos já está no plano dos chamados 'direitos difusos', isto é, sem sujeitos (...) uma espécie de estatuto transcendental do direito, que não precisa subjetivar-se". No limite, algo que já não pode ser negado (OLIVEIRA, 1998, p. 229). Mas na Era do Conservadorismo, o contrato mercantil regressa como princípio regulador das relações sociais.

estruturação de corredores de exportação e, simultaneamente, a expansão da base territorial do capital, contando, para tanto, com investimentos de empresas brasileiras que atuam nos países vizinhos – em muitos casos, em parceria com empresas locais, como exploradoras de recursos naturais e humanos. (TAUTZ, SISTON, et. all., p. 252-252). Pelo menos a partir daí, o Estado – através do BNDES – opera como linha auxiliar (absolutamente necessária) de grandes grupos de capital transnacional.

A suposta reviravolta neodesenvolvimentista do PT a frente do Estado brotou, assim, menos como ruptura e mais como continuidade do governo anterior. Alto tributário do neoliberalismo praticado por FHC, o ciclo de expansão capitalista dado sob os governos de Lula da Silva, beneficiou-se também das condições econômicas externas. Obviamente, este processo também dependeu da capacidade política que o Partido dos Trabalhadores teve ao longo de seu *aggiornamento* de articular interesses distintos, formando um bloco de poder que gravita em torno dos processos de financeirização/globalização do capital. E de sua capacidade de cooptar as forças políticas que poderiam se opor ao projeto de realização dos interesses do grande capital (cooptação no sentido preciso de retirar sua capacidade política de intervenção, fundamentalmente, por meio dos recursos públicos ora sob controle do PT e de seus sócios).

A globalização do capital produziu uma "...inédita era do poder monopolista privado". Neste processo despontou um fenômeno de ultramonopolização privada em vários setores da atividade econômica sem precedentes. "Essa realidade possível faz com que os países deixem de ter empresas para que empresas passem a ter países". Além disso, como a crise financeira de 2008 tornou os mercados financeiros assentados em derivativos arruinados, os altos negócios ultramonopolizados do setor privado global passaram a contar com maior presença governamental. Assim, "... a viabilização do capital ultramonopolista global tende a depender crescentemente do fortalecimento do Estado para além do espaço nacional". E mais que isso: "diante da maior instabilidade do capitalismo (...) amplia-se o papel do Estado em relação à acumulação capitalista" na tentativa de buscar a minimização das crises através da regulação da competição intercapitalista. No entanto, cada vez mais se estabelece uma relação orgânica entre Estado e capital privado, que acirra a competição entre Estados nacionais. (POCHMANN, 2010, p. 37).

Com o Partido dos Trabalhadores, o Estado ingressou definitivamente no processo de acumulação capitalista, fundamentalmente, através de dois instrumentos de política econômica: a Política de Desenvolvimento Produtivo (PDP) e o Plano de Aceleração do Crescimento (PAC).

O padrão de desenvolvimento dos agronegócios no Brasil (...)     125

"Pelo lado do PDP, o país imprime intensa reestruturação patrimonial nos setores privados e estatal, com recursos públicos e reposicionamento dos fundos de pensão das empresas estatais". Como vimos no capítulo anterior, o BNDES "...forma também grandes empresas transnacionais (construção civil, alimentos, energia, siderurgia, transportes e outras)...". E o Estado adentra o espaço da ultramonopolização da competição capitalista mundial. Entre 2008 e 2010, "...quase um terço do total dos recursos disponibilizados pelo BNDES foram canalizados para somente dez grandes grupos econômicos privados em processos de concentração e fusão". E, considerando as empresas estatais, quase dois terços do total dos recursos, ou R$ 286 milhões, teriam sido desembolsados para apenas doze grandes empresas nacionais privadas e estatais. (POCHMANN, 2010, p. 41).

Para o economista do Ipea, este é um processo tardio de reversão das privatizações promovidas pelas políticas neoliberais. Segundo ele, entre 12 empresas que receberam recursos do BNDES, 10 são do setor privado. É um processo em cujo bojo está a associação orgânica entre capital nacional, internacional e fundos públicos, o que ocorre intensamente, entre outros, nos ramos dos agronegócios.

Já, pelo lado do PAC, está havendo uma ampla recomposição, em alguns casos, e uma mega ampliação, em outros, da infraestrutura econômica (e também social), como também mostrei no capítulo anterior. Os setores de energia, saneamento, habitação, ferrovias, aeroportos, portos, estradas, tecnologias passaram a contar com recursos bastante avolumados. E, "dos mais de 1 trilhão de reais de investimentos previstos pelos PACs 1 e 2, quase quatro quintos deles encontram-se direcionados à energia e à infraestrutura urbana" (POCHMANN, 2010, p. 42).

Atualmente, o BNDES financia as fusões e aquisições, consolidando os grandes grupos de capital, muitos dos quais com origem nacional. Atentemos: origem nacional que, neste processo, se converteram ou estão se convertendo (trata-se de um processo em curso) em verdadeiros *players* globais. Assim, boa parte de seus recursos são destinados para que as propriedades empresariais troquem de mãos – ao invés de ampliar a capacidade produtiva interna - ou, ainda, para que o setor privado atua na promoção da infraestrutura necessária para a expansão de outros setores econômicos com fortíssimo amparo do Estado.

O BNDES movimenta cerca de 90 bilhões de dólares por ano (cerca de 3 vezes mais que os recursos mobilizados pelo Banco Mundial). Recursos que são destinados, sobretudo, a grandes empresas e grandes grupos de investimentos, entre os quais os setores produtores de *commodities* (sobretudo o complexo carnes, soja e minérios). (PAULANI, 2012, p. 22. mímeo).

126                    Frederico Daia Firmiano

Se nos idos de 1990 o Banco financiou as privatizações, na década seguinte foi a vez das fusões e aquisições. A "novidade" seria a proeminência dos grupos nacionais com relação ao capital internacional, com destaque para os setores da mineração, siderurgia, etanol, papel e celulose, petróleo e gás, hidrelétrico e agropecuário. No entanto, conforme apontam Tautz, Siston et. all. (2010, p. 255), a dimensão nacional dos capitais financiados pelo Banco – que poderia ser uma condição para o Estado atuar no papel de "agente econômico" – não esteve assegurada por Lula da Silva.

Nem Lula da Silva, nem Dilma Rousseff reverteu a revogação feita por FHC do art. 171 da Constituição Federal que estabelecia a diferenciação entre empresa brasileira e empresa brasileira de capital nacional e previa tratamento creditício e fiscal diferenciado para estas últimas. Assim, o BNDES financia empresas de capital estrangeiro da mesma maneira que empresas brasileiras de capital e controle nacional. Além disso, nada garante que as empresas de capital nacional – que seriam as empresas privilegiadas – não funcionem como "empresas casulo", onde o capital estrangeiro começa com uma participação minoritária, mas visando ao controle acionário majoritário. À propósito, esta é uma prática comum no Brasil, vale citar os casos da Ambev, hoje sob controle belga; a aquisição da usina Santa Elisa pela francesa LCD Dreyfus; a associação da Cosan com a Shell; a associação do grupo EBX com o capital chinês, todos os casos, com financiamento do BNDES. A partir da crise financeira de 2008, o capital encontrou uma espécie de oportunidade de escapar para a frente, via fusões e aquisições patrocinadas pelo Estado. Assim se deu com as poderosas empresas do agronegócio JBS e Bertim, Perdigão e Sadia, Votorantim e Aracruz, verdadeiros campeões "nacionais" líderes globais nos setores onde atuam. (TAUTZ, SISTON et. all., 2010, p. 250-255).

A JBS e a Brasil Foods apareceram no *ranking* do faturamento de 2011 no Brasil, respectivamente, na quarta e na quinta posições, segundo a pesquisa *Global Powers of the Consumer Products Industry*, realizado anualmente pela *Deloitte*, divulgado pelo portal exame.com. Em 2010, essas empresas estavam, respectivamente, em 17° e 54° lugar, entre as duzentas e cinquenta (250) maiores empresas de bens de consumo do mundo (JBS..., 2012, não paginado).

No caso da Brasil Foods, resultado da fusão entre Sadia e Perdigão, uma das maiores empresas globais do setor alimentício, com 61 fábricas no Brasil e 7 no exterior, nas quais trabalharam mais de 115 mil trabalhadores, 22% de suas ações ordinárias estão sob controle do Fundo Petros (fundo de pensão dos trabalhadores da Petrobrás) e da Caixa de Previdência dos Funcionários do Banco do Brasil.

O padrão de desenvolvimento dos agronegócios no Brasil (...)      127

O Fundo Petros é também um dos principais investidores da "Florestal Investimentos Florestais", ao lado do Funcef, da JBS-Friboi e da MCL Empreendimentos – esta última uma das maiores negociadoras de terra do país. A empresa na qual investem, cinicamente lançada no dia 21 de setembro de 2009 (quando é comemorado o dia da árvore) pretende ser a maior produtora de madeira do Brasil, tendo a missão de atingir a marca de 215 mil hectares plantados com eucalipto até 2015. Juntos, os fundos de pensão têm 49,75% das ações da nova companhia e JBS-Friboi e MCL somam 50,2%%, de um capital de mais R$ 1,1 bilhão e uma área de 76 mil hectares de terras somente no estado do Mato Grosso do Sul (FRIBOI..., 2009, não paginado).

O Petros, segundo maior fundo de pensão do Brasil[9], paga benefícios complementares aos da previdência social, não tem fins lucrativos e não remunera acionistas. A rentabilidade que seus investimentos geram é revertida para os planos administrados pelo fundo. Em 2012, seu patrimônio era de mais de R$ 55 bilhões, contando com mais de 90 mil participantes ativos e outros 55 mil assistidos (pensionistas e aposentados), cf. www.petros.com.br.

Algo a ser notado é que, ao tomar recursos do FAT para o financiamento do BNDES, o Estado também converte a classe trabalhadora em "um todo rentista", distribuindo seus recursos para a formação do grande capital e para a geração de capital fictício. (PAULANI, 2012, p. 25. Mímeo). Os trabalhadores assim personificam o capital, enquanto a Política de Desenvolvimento Produtivo (PDP) despeja recursos no setor de *commodities*, fortalecendo o que os economistas chamam de "efeito demanda", ao invés de contrabalanceá-lo. São eles quem financiam sua precarização. Para se ter uma ideia, em 2009 o BNDES destinou apenas 5% de recursos nos setores intensivos em ciência e tecnologia. (TAUZ, SISTON *et al*, 2010, p. 256). As exportações brasileiras para a China subiram mais de 100% entre 2006 e 2008, passando de US$ 8,4 bilhões para US$ 20 bilhões. Mas a análise da pauta por produto exportado mostra um quadro de extrema concentração. Quase 70% das exportações brasileiras para a China são de soja em grão, minério de ferro e óleo bruto de petróleo. A pauta brasileira

---

9  Segundo a Associação Brasileira de Entidades Fechadas de Previdência Complementar (ABRAPP), citada pelo sítio eletrônico do Fundo Petros, em dezembro de 2010 os 10 maiores fundos de pensão do Brasil eram: Previ (R$ 154.576.705,00 em investimentos); Petros (R$ 52.991.228, 00); Funcef (R$ 44.600.073,00); Fundação CESP (R$ 18.906.563,00); Valia (R$ 14.010.086,00); Itaubanco (R$ 12.075.496,00); Sistel (R$ 11.649.546,00); Banesprev (R$ 9.942.140,00); Forluz (R$ 9,130,686,00); Real Grandeza (R$ 8.722.833,00). Disponível em: https://www.petros.com.br/portal/server.pt?open=512&objID=207&&PageID=129097&mode=2&in_hi_userid=343417&cached=true. Acesso em: 30 abr de 2012.

128                 Frederico Daia Firmiano

de importações, por sua vez, é bastante diversificada, com três produtos principais: "outras partes" para aparelhos de telefonia; dispositivos de cristais líquidos (LCD); coques de hulha, de linha ou de turfa, que representam cerca de 11,4% do valor total importado. Outros cem (100) principais itens importados da China representam 51,2% do total importado. (BRASIL, 2009, p. 125).

Na medida em que financia a expansão capitalista que hoje conduz a economia brasileira à especialização produtiva, o Estado reitera o padrão servil de inserção na divisão internacional do trabalho, ancorado na exportação de *commodities* ou produtos de baixo valor agregado.

Segundo a estimativa de Tautz e Siston et. all. (2010, p. 265), cerca de 60% dos recursos do Banco foram destinados para financiar a indústria intensiva em natureza. Entre 2003 e 2009, os setores intensivos em natureza da indústria extrativista receberam cerca de 27% do desembolso do BNDES para este ramo, contra 2% dos setores intensivos em trabalho. "O caráter intensivo em natureza destes investimentos revela de modo contundente a conivência do Banco e do governo brasileiro diante da 'canibalização' dos territórios, rurais e urbanos, onde estes projetos são implantados" (TAUZ, SISTON *et al*, 2010, p. 281). Segundo esses autores:

> Em 2009, o Ministério Público do Pará, por exemplo, obrigou o frigorífico Bertin, que recebeu do BNDES cerca de R$ 2,5 bilhões financiamento, a adotar procedimentos que evitem a compra de carne de pecuaristas que criam seu gado em área ilegalmente desmatada. Após denuncia das organizações ambientalistas Amigos da Terra-Amazônia Brasileira e Greenpeace, de que 14 das 21 fazendas do grupo foram denunciadas, o que levou o International Finance Corporation (IFC), braço do Banco Mundial para o setor privado, a suspender um empréstimo de US$ 90 milhões para o Bertin, o BNDES, que controla 27% do Bertin, manteve a sua participação no frigorífico e as linhas de financiamento abertas.
> No caso da Bertin, a responsabilidade do BNDES é mais que uma responsabilidade indireta ou 'solidária'. Isso porque, como vimos, o Banco é um importante acionista da empresa (TAUZ, SISTON *et al*, 2010, p. 280-281).

Esta parece ser mais que uma forte evidência de que o Estado participa diretamente da intensificação do atual padrão destrutivo da acumulação capitalista, tanto sob a forma da dilapidação dos recursos naturais e ecológicos disponíveis, quanto sob a forma da precarização e da degradação social do trabalho, afiançando a superexploração inclusive na sua variante mais radical, o trabalho escravo ou análogo à escravidão.

Assim, o Estado financia o padrão de acumulação de capital que tem na superexploração do trabalho e dos recursos ecológicos e naturais disponíveis seu principal ponto de apoio, como uma forma de obter "vantagem competitiva" no acirradíssimo mercado mundial. Inúmeros empreendimentos que utilizam formas de extração de mais-trabalho análogas à escravidão são financiados pelo BNDES, como o caso da Usina São João, em Quirinópolis-GO, formada com um empréstimo de R$ 600 milhões do Banco e autuada pelo Ministério Público do Trabalho por manter 421 trabalhadores em situação de escravidão. (TAUZ, SISTON *et al*, 2010, p. 279).

Resulta claro que o ingresso do Estado no processo de ultramonopolização do capital a partir de meados dos anos 2000 agravou os antagonismos estruturais do capital no decurso de sua expansão. Além disso, o Estado não só fortaleceu os capitais particulares na disputa interconcorrencial do mercado global, como se inseriu nesta disputa contra os demais Estados nacionais, defendendo energicamente os capitais que operam em suas fronteiras. Desse modo, vem avivando ainda mais um padrão de "desenvolvimento" intensamente destrutivo, à medida que a concorrência entre captais e entre Estados nacionais se converte em um movimento absolutamente avassalador. (MÉSZÁROS, 2009). E não é só isso.

Ao promover um padrão de reprodução perfeitamente adequado às formas hegemônicas de acumulação/valorização de capital hoje, o neodesenvolvimentismo ofereceu para as atividades produtivas que operam com base no monopólio dos recursos naturais e dos territórios e produzem renda fundiária as melhores condições para sua expansão e crescimento.

Os governos do PT elevaram, assim, à máxima potência o espectro destrutivo das formas de acumulação de capital no campo que haviam despontado para equilibrar as contas externas, garantindo ao país um lugar na nova divisão internacional do trabalho. O agronegócio, por seu turno, pode se desenvolver livre de quaisquer restrições ou obstáculos, avançando indiscriminadamente sobre os recursos humanos e ecológicos disponíveis, ainda que as contradições deste processo sejam potencialmente devastadoras para o conjunto da sociedade.

Nesse quadro, o padrão "truncado" de acumulação de capital (OLIVEIRA, 1998), que historicamente marcou a formação econômico-social brasileira, ganhou um novo e decisivo impulso, libertando-se das amarras da assim chamada "acumulação primitiva", para generalizar a precarização das relações laborais por todos os principais setores e ramos da economia nacional e liberar o capital para avançar sobre os recursos naturais e ecológicos ainda disponíveis.

No caso da economia política do agronegócio, as formas de extração de mais-trabalho baseadas na superexploração que se concentravam naqueles ramos ou em certos momentos da produção, principalmente, naqueles em que o capital opera com baixa composição orgânica se expandiram para os momentos da produção mais modernos, que se supunha haver superado essas formas mais degradantes de produção de mais-valor. Igualmente, a devastação ambiental não se restringe mais a expansão da fronteira agrícola – como uma espécie de "destruição criativa", própria do momento de ascensão do capital -, intensificando-se nos territórios consolidados do agronegócio, através da integração da ciência e da tecnologia como fatores de produção cada vez mais decisivos.

Ademais, o padrão de expansão do agronegócio, no quadro do programa neodesenvolvimentista, também resultou em transformações substanciais no âmbito da unidade de produção agrícola e não-agrícola de base familiar, que se converteu em seu apêndice, reproduzindo em seu interior a tendência progressiva à (re)proletarização de trabalhadores-proprietários ou parceleiros da terra.

No próximo capítulo veremos mais de perto o padrão destrutivo de reprodução de capital no campo através da análise do mundo do trabalho nas principais cadeias de produção do agronegócio, bem como o modo de relacionamento do capital com os recursos ecológicos e naturais disponíveis e a progressiva alienação das condições elementares da reprodução social.

# A DEGRADAÇÃO SOCIAL DO TRABALHO E DA NATUREZA NO RASTRO DO AGRONEGÓCIO

O "ADMIRÁVEL NOVO MUNDO RURAL" DOS CONFLITOS

Sob as condições abertas pela mundialização do capital, os governos do PT completaram o processo de ingresso do país na nova divisão internacional do trabalho, imprimindo ao conjunto da economia um padrão exportador de reprodução de capital (OSORIO, 2012). A arquitetura político-institucional do complexo "admirável novo mundo rural" estimulado durante a gestão de Lula da Silva, e mais tarde de Dilma Rousseff, viabilizou a especialização produtiva no campo sob o neodesenvolvimentismo. Com este, a superexploração do trabalho e o avanço desmedido do capital sobre os recursos ecológicos – que historicamente esteve na base da acumulação capitalista à brasileira – se generalizou, liberando-se das amarras que a modernização, ou a falta dela, se lhe impunha.

O processo de abertura de novas fronteiras agrícolas – nunca interrompido por aqui – ampliou-se, sobretudo, nas regiões centro-oeste e norte do país, acirrando a histórica disputa por territórios e recursos naturais. Contemporaneamente, este processo se afirmou tão violento que levou Porto-Gonçalves e Alentejano (2009, p. 113) a dizerem que: "mais do que uma fronteira agrícola, estamos diante de um verdadeiro front, pois é uma verdadeira guerra [do agronegócio] contra os posseiros, os povos originários e quilombolas, que está sendo travada e que (...) vem se agravando nos últimos anos".

A sobreposição dos dados relativos ao crescimento do agronegócio no período de 2000 a 2008 àqueles referentes ao aumento dos conflitos no campo no período de 2003 a 2010 mostra que a produção em larga escala de *commodities* agrícolas para exportação – ao lado das demais atividades econômicas do neodesenvolvimentismo – coloca o conjunto dos indivíduos que vivem do próprio trabalho e que têm sua experiência de vida associada ao trabalho na terra em

# 132       Frederico Daia Firmiano

confronto direto contra o capital. Entre 2003 e 2010, a Comissão Pastoral da Terra (CPT) registrou a maior média anual de "conflitos por terra" desde o início de seus registros, em 1975. Foram 1.034,2 casos em média por ano, contra 800,4 casos, em média por ano, registrados entre 1996 a 2000, quando as mobilizações de luta pela terra atingiram seu apogeu desde o fim da ditadura civil-militar. (PORTO-GONÇALVES, SANTOS, 2012, p. 74).

Nesse período, também ganharam visibilidade os chamados "conflitos pela água", estimulados pelas grandes iniciativas econômicas, ou megaprojetos de infraestrutura, ou o assim chamado hidronegócio, que se desenvolve, sobretudo, nos campos da geração de energia, do uso industrial, da irrigação agrícola e do abastecimento urbano. Apenas no ano de 2011 foram 68 conflitos pela água, atingindo 27.571 famílias principalmente de comunidades tradicionais, em 18 estados brasileiros, com destaque para Pernambuco, Bahia, Rondônia e Minas Gerais. Do total, 42 conflitos (ou 61,7%) tiveram origem com as obras do PAC promovidas pelo Estado, como a construção das emblemáticas usinas hidrelétricas de Belo Monte, Jirau e Santo Antônio. Outros 25 conflitos (38,3%) estiveram associados a iniciativas privadas. (MALVEZZI, 2012, p. 86-87).

Como escreveu Garzon (2010, p. 83):

> nossas águas – que carregam múltiplas possibilidades de uso e compartilhamento – têm servido de base exponenciadora para um modelo de fornecimento subordinado às cadeias transnacionais, que aprofunda a concentração de renda interna e que degrada e expropria preciosas territorialidades socioambientais de povos camponeses, indígenas, quilombolas e ribeirinhos.

Como sistema de extração de mais-trabalho, o capital só pode se expandir às custas do trabalho e, simultaneamente, tendo a sua disposição os recursos naturais e ecológicos que constituem o objeto de intervenção do trabalho produtivo. Assim, no seu processo de expansão, o capital precisa permanentemente sujeitar o trabalho (e a classe portadora exclusivamente da força de trabalho) e submeter a relação vital entre homem e natureza, ou mais propriamente, as condições elementares da reprodução social, a sua necessidade primeira, que é a expansão/acumulação.

Desse modo, a violência se constitui como uma mediação intrínseca à expansão/acumulação de capital, uma vez que a instituição da relação baseada na propriedade privada capitalista supõe a expropriação dos produtores diretos e a dissolução da propriedade coletiva dos meios de produção ou da propriedade privada baseada no próprio trabalho ou sua sujeição no processo de produção do capital, conforme analisou Marx (1996, p. 379-380), e a subordinação, simultânea, das condições elementares da reprodução social às necessidades da acumulação, tal como explicou Mészáros (2009).

Seja através da subsunção formal ou real do trabalho, seja pela sua combinação, o capital se expande indiscriminadamente, criando e recriando relações sociais (e relações sociais de produção). Não raro, lançando mão de expedientes de origem não propriamente capitalistas no processo de produção do capital. Por isso, no rastro de sua expansão/acumulação está "a conquista", "a subjugação", "o assassínio para roubar", como Marx (1996, p. 380) escreveu, analisando o processo de acumulação primitiva do capital. Mas, hoje, será que este crescimento exponencial dos conflitos e da violência no campo - conforme mostram os relatórios da CPT – decorre de um processo de acumulação primitiva inconcluso?

## Da acumulação primitiva aos limites absolutos do capital

José de Souza Martins analisou o processo de reprodução do capital na frente pioneira e a ocupação da Amazônia entre 1970 e 1993. De acordo com o autor, neste período foram registrados 85 mil trabalhadores em condições de escravidão, em 431 fazendas da região. Detendo-se ao processo de produção do capital, o sociólogo afirmou que as "formas coercitivas extremadas de exploração do trabalhador" são produzidas "...em momentos e circunstâncias particulares da reprodução do capital", surgindo "...onde o conjunto do processo de reprodução capitalista do capital encontra obstáculos ou não encontra as condições sociais e econômicas adequadas a que assuma, *num dos momentos* do seu encadeamento, a forma propriamente capitalista" (MARTINS, 2009, p. 74).

As pesquisas de Martins (2009, p. 81) na frente pioneira mostraram que o emprego de peões (trabalhadores escravizados sob a forma da peonagem ou escravidão por dívida) nas décadas de 1960 e 1970 se deu principalmente nas atividades de formação de fazendas e no desmatamento de floresta virgem para pastagens. Isto o levou a dizer que se tratava de uma situação típica de "acumulação primitiva", uma vez que o trabalho escravo foi encontrado "fora" do processo "normal" e permanente de produção capitalista, ou no momento de criação das condições para a reprodução propriamente capitalista.

A peonagem como produção não capitalista no processo de reprodução ampliada de capital, no caso da abertura de novos empreendimentos capitalistas, não é uma situação permanente, mas um momento do processo da produção que, mais tarde, é substituído pela exploração propriamente capitalista do trabalho. Diferentemente, por exemplo, do regime de aviamento na produção de borracha e de castanha-do-pará, onde a superexploração do trabalho na forma de trabalho análogo à escravidão é regular, ou seja, se dá em praticamente todo o processo da produção, demonstrando que a peonagem não é restrita as áreas de expansão territorial e que, segundo José de Souza Martins, a acumulação primitiva se estende pelo interior do processo de reprodução ampliada do capital, pelo menos no caso brasileiro.

Sua análise tem como ponto de partida a noção de formação econômico-social, sobre a qual Henri Lefebvre se debruçou e que, segundo o sociólogo brasileiro, permite alcançar o processo de desenvolvimento desigual do capital. Este processo, por sua vez, possibilita observar que as relações sociais, as forças produtivas e as superestruturas não avançam no mesmo ritmo histórico. Uma das consequências é que, em uma mesma formação econômico-social, podem coexistir relações sociais de idades diferentes, que estão em descompasso, em desencontro. (MARTINS, 2011a, p. 99-100).

Foi por este caminho que José de Souza Martins observou a produção capitalista de relações não capitalistas de produção e a coexistência de tempos sociais diferentes na formação social brasileira. A partir da análise de Marx sobre a renda territorial no capitalismo, ele realizou uma excepcional interpretação sobre o regime de colonato nas fazendas de produção de café na primeira metade do século XX, notando ali uma relação particular de trabalho que preservava uma forma de extração de mais-trabalho pré-capitalista, mas absorvida pelo processo do capital. Sua investigação concluiu que as determinações do capital não destruíam necessariamente relações de origem pré-capitalistas, mas também não preservavam inteiramente seu caráter.

A meu ver, sua contribuição pôs fim à polêmica teórica (e política) de base dualista da década de 1950 que girava em torno do caráter da formação econômica e social do Brasil e da dúvida se havíamos saído de uma condição feudal ou não.[1] José de Souza Martins demonstrou ser possível (e passível) à reprodução capitalista articular formas não-capitalistas de produção no processo do próprio capital.

A persistência de formas diversas de escravidão no campo brasileiro (mas também na cidade), como, por exemplo, a peonagem (ou escravidão por dívida)

---

1    Polêmica, aliás, recorrente no marxismo latino-americano das primeiras décadas do século XX, em função da interpretação positivista que vinha do *Komintern* russo, de inspiração stalinista, e orientava os partidos comunistas da região, segundo a qual a América Latina se caracterizava por uma espécie de feudalidade homogênea, do que decorria a necessidade de um programa político democrático-burguês, a fim de desenvolver as forças produtivas como etapa essencial para o estágio seguinte, o socialismo. Para uma maior compreensão ver GUILLÉN, LANHOSO, 2012.

O padrão de desenvolvimento dos agronegócios no Brasil (...)     135

revelaria, assim, uma espécie de obstáculo estrutural na expansão do modo capitalista de reprodução do capital na formação econômico-social brasileira. (MARTINS, 2011a, p. 30-31). Algo que Francisco de Oliveira chamaria de "expansão truncada", própria de uma economia segundo a qual o "moderno" só o é em função da persistência do "atraso". Ou seja, antes de uma dualidade, haveria uma relação dialética, imbricada, ou de desenvolvimento mútuo. (OLIVEIRA, 2003).

Nos termos de José de Souza Martins, o trabalho escravo, assim como outras formas não propriamente capitalistas de sujeição do trabalho no processo do capital, aparentemente irracional do ponto de vista capitalista, se insere racionalmente no processo de reprodução ampliada do capital como forma de reduzir a proporção do capital variável (que é representado pela parcela do trabalho) com relação ao capital constante, fazendo com que o capital opere como se tivesse alta composição orgânica, quando, na verdade, sua base é "atrasada". Por essa razão, "a chamada acumulação primitiva de capital, na periferia do mundo capitalista, não é um momento precedente do capitalismo, mas é contemporânea da acumulação capitalista propriamente dita" (MARTINS, 2011a, p. 32).

Mas até que ponto as situações de violência no campo, a superexploração do trabalho e o avanço desmedido da fronteira agrícola ou do capital sobre os recursos ecológicos e naturais – entre outros expedientes da acumulação de capital de origem não capitalista - registradas hoje correspondem a um processo de acumulação primitiva inconcluso?

Com a mundialização do capital que seguiu a crise estrutural deflagrada a partir da década de 1970, os países capitalistas ingressaram em uma nova fase da acumulação, marcada pela redução da margem de viabilidade produtiva do capital, que acirrou a contradição fundamental entre capital e trabalho. (MÉSZÁROS, 2009). Além disso, a generalização do capital como modo sociometabólico de reprodução social tornou as economias nacionais ainda mais interligadas, de tal modo que o capital financeiro não reconhece as fronteiras politicamente determinadas pelos Estados particulares. Com isto, a assimetria estrutural determinada pela divisão internacional do trabalho e pelo lugar que cada formação econômico-social ocupa na estrutura global do capital foi acentuada drasticamente. Simultaneamente, cada movimento ou ação particular no plano político-econômico de cada país ou capital transnacional passou a representar implicações diretas para os demais, tornando o desenvolvimento capitalista nacional, próprio de cada formação histórico-social, mais afetado pelas condições globais do sistema do capital, e aprofundando suas contradições internas.

Nesse quadro, os países da periferia do sistema, como o Brasil, que na fase de ascensão histórica do capital já apresentavam obstáculos estruturais para a via-

136          Frederico Daia Firmiano

bilização da acumulação capitalista ficaram mais vulneráveis pela lei tendencial da equalização descendente da taxa de exploração diferencial evidenciada pela globalização (MÉSZÁROS, 2006, 2007, 2009), vendo-se diante da intensificação, em escala exponencial, das formas "flexíveis" de gestão da força de trabalho, e de toda a sorte dos expedientes que já são inerentes ao modo de funcionamento normal do capitalismo periférico. Mas, neste ponto, como "um limite absoluto do capital" (MÉSZÁROS, 2009).

Desse modo, o ingresso brasileiro na mundialização do capital aprofundou os nexos da economia política da dependência, convertendo-a, como vimos anteriomente, em servidão financeira. Neste processo, as condições anteriormente "truncadas" da acumulação capitalista viabilizaram o atual padrão (destrutivo) de reprodução, decorrente da redução da margem de viabilização produtiva do capital, mas conferindo-lhe uma aparência "normal", dado que sua expansão capitalista historicamente se apoiou nos expedientes mais abjetos que o capital desenvolveu ou teve à disposição para submeter o trabalho e as condições elementares da reprodução social às suas necessidades da acumulação. Isto resultou na generalização acelerada de determinados expedientes da acumulação do capital, indicando que o trabalho escravo, a devastação ambiental própria da abertura da fronteira agrícola, o assassínio e a subjugação dos povos, entre outros - que, no momento precedente ao ingresso do país na globalização do capital, podiam ser considerados próprios de um processo de acumulação primitiva inconclusa - pertencem hoje ao mundo do capital não mais como uma "extemporaneidade", mas como método próprio de sua fase atual de desenvolvimento. Isto sugere ter havido uma espécie de superposição daquilo que considerávamos como sendo formas de acumulação primitiva por formas de produção destrutivas inerentes a fase de descendência histórica do capital.

O trabalho escravo, até então circunscrito a frente pioneira, hoje "...segue o rastro do agronegócio (...): na fumaça das carvoarias que sacrifica homens e matas para produzir aço; nas pegadas do gado que avança sobre a Amazônia Legal com desmatamento em grande escala...", mas também nos setores dinâmicos e modernos do *agribusiness*: "...na onda da lavoura de soja que conquista os cerrados centrais; no *boom* do etanol que explode de norte a sul..." (PLASSAT, 2010, p. 90).

Atualmente, a pecuária continua sendo o setor da economia do agronegócio onde mais predominam as situações de trabalho escravo, sendo que, em 2009, foi responsável por 53% dos casos registrados em todo o país (contra 51%, em 2008 e 65%, em 2007). Este aspecto revela que, onde o capital encontra dificuldades para sua reprodução ampliada, pode lançar mão de expedientes não propriamente capitalistas de extração de mais-trabalho. No entanto, como afir-

O padrão de desenvolvimento dos agronegócios no Brasil (...)    137

ma Plassat (2010, p. 99): "…onde chega o holofote da fiscalização, aí se descobre a prática do trabalho degradante que caracteriza boa parte das lavouras brasileiras, de norte a sul".

A partir de 2007, o setor canavieiro, por exemplo, registrou a metade do total de trabalhadores libertos da condição de escravidão ou análoga a escravidão, sendo responsável, em 2009, por 7% dos casos encontrados e 45% do total de trabalhadores libertos. (PLASSAT, 2010, p. 96). Se o número de casos registrados não é tão expressivo quanto no caso da pecuária, o número de trabalhadores encontrados em situação de escravidão ou análoga a tal, por sua vez, é gritante, indicando que aí são enormes os contingentes de trabalhadores escravizados.

Seguindo Xavier Plassat é um equívoco, no entanto, acreditar que o setor sucroalcooleiro, e a região sudeste, onde esta atividade econômica predomina, são os novos campeões do trabalho escravo. Isto porque nesta região, como são também os casos do Centro-Oeste e do Nordeste, a fiscalização ou a sistematização dos dados disponíveis foi mais intensificada. Da mesma maneira, não é correto afirmar que houve uma "descoberta" do trabalho escravo no Sul e no Sudeste.

As formas de precarização/superexploração/degradação do trabalho não estão mais circunscritas a este ou àquele momento da produção, ou a este ou aquele ramo produtivo. Ao contrário, se espalham por praticamente todo processo de produção do capital, inclusive para seus setores mais modernos e dinâmicos, por meio de toda sorte de flexibilizações da gestão da força de trabalho. É o que mostra o exame dos principais ramos do agronegócio que, independentemente de seu grau de modernização, tem no trabalho precário sua marca indelével.

## A DEGRADAÇÃO/PRECARIZAÇÃO ESTRUTURAL DO TRABALHO: O SETOR SUCROALCOOLEIRO, O COMPLEXO DA SOJA E O SETOR DE CARNES

Nas últimas décadas, mesmo com a modernização das relações sociais de produção e a mecanização das lavouras, o setor sucroalcooleiro não foi capaz de eliminar o padrão de desgaste do trabalhador do corte da cana-de-açúcar. Ao contrário, ao torná-lo mais produtivo, tornou-o também mais degradante e precarizado. Na década de 1950, a produtividade do trabalhador manual do corte da cana era de cerca de 3 toneladas por dia; em 1980, saltou para 6 toneladas por dia, atingindo, na atualidade, a impressionante marca que varia entre 12 e 17 toneladas por dia. Esse aumento considerável da produtividade do trabalho demonstra que o desenvolvimento das forças produtivas intensificou a exploração do trabalhador ao invés de livrá-lo da penúria do trabalho.

138 Frederico Daia Firmiano

Como relata Novaes (2007, p. 171-172), hoje:

> Para serem selecionados pela usina, os candidatos terão que cortar no mínimo dez toneladas de cana/dia. Caso contrário, eles serão demitidos. Geralmente essa 'poda' se faz até sessenta dias após a admissão. O sistema de seleção funciona dessa maneira. Sem nomear a usina, relato um caso que observei. A Usina X contratou cinco mil trabalhadores no início da safra. No primeiro mês, calculou-se o rendimento médio dessa turma. No caso analisado, foram descartados dois mil trabalhadores, que não conseguiram alcançar a média. No segundo mês, o mesmo procedimento se repete, agora com três mil trabalhadores. Nessa etapa, foram 'podados' mais mil trabalhadores que tiveram uma produção inferior à média da turma. Assim, os dois mil trabalhadores, altamente produtivos, selecionados nesse processo, conseguiram realizar o *quantum* de produção dos cinco mil trabalhadores que iniciaram a safra. Esses trabalhadores selecionados chegaram a cortar até vinte toneladas de cana/dia e manter uma média mensal ente 12 e 17 toneladas/dia. Esse caso não é uma exceção.

São inúmeros os problemas de saúde decorrentes deste tipo de atividade produtiva, como câimbras em todo o corpo, sintomas de distúrbio hidreletrolítico (acúmulo de ácido lático na musculatura), entre outros que, ao invés de serem tratados com hidratação e soro fisiológico, recebem em seu lugar repositores hidreletrolíticos e vitamínicos, produzindo sensação agradável e estimulando a continuidade do trabalho. Como diz Novaes (2007, p. 173): "soros e remédios podem ser vistos como expressão do paradoxo de um tipo de modernização e expansão da lavoura canavieira que dilapida a mão-de-obra que a faz florescer".

O progresso técnico experimentado pelo setor nas últimas décadas não resultou em elevação das condições de reprodução social das forças do trabalho. Nem mesmo em melhorias das próprias condições de trabalho nas atividades que passaram a contar com alta composição orgânica de capital. Ao contrário, a modernização do setor produziu como contradição: (a) a elevação exponencial do desemprego, e (b) a sujeição formal e real do trabalho no processo capital, com consequente superexploração da massa de trabalho e de trabalhadores envolvidos direta e indiretamente nos processo produtivos.

Segundo a União da Indústria de Cana de Açúcar (ÚNICA) em 2015 o Estado de São Paulo atingiu um índice de 80% de mecanização, com aproximadamente 2200 colheitadeiras operando na cadeia produtiva da cana-de-açúcar, demandando apenas 47.000 trabalhadores rurais no corte manual. Com isso, a indústria deverá gerar 171 mil novos postos de trabalho. No entanto, com a mecanização haverá uma diminuição de 420 mil ocupações nas lavouras de cana.[2] (ÚNICA citada por LIBONI, 2009, p. 35).

O setor sucroalcooleiro, porém, não é uma exceção. Nos anos 2000, o saldo líquido de ocupações geradas para trabalhadores de salário de base para "produtores na exploração agronegócio" registrou um decréscimo de 66.269. A categoria de "trabalhadores na exploração agropecuária" anotou um saldo líquido de 827.525. "Pescadores, caçadores e extrativistas florestais" decresceram cerca de 90.668; e "trabalhadores da mecanização agropecuária e florestal" tiveram um tímido aumento de 18.238 novos postos de trabalho. Chama a atenção o saldo líquido dos "trabalhadores da indústria extrativa e da construção civil": foram 1.998.033 nos anos 2000, contra 18.016 da década anterior. (POCHMANN, 2012, p. 33).

Esses dados me permitem afirmar que a liberação da força de trabalho no campo também faz parte da dinâmica de deslocamento de mão de obra para os outros setores mais vigorosos, que hoje sustentam o programa neodesenvolvimentista, como a mineração e a construção civil. Em 2009, cerca de 15% do conjunto dos trabalhadores encontravam-se ocupados no setor primário. Eram cerca de 15,6 milhões de pessoas, contra 15 milhões de trabalhadores no ano de 1999, ou seja, em uma década houve a diminuição de 600 mil ocupações só neste setor. (POCHMANN, 2012, p. 70).

No mesmo ano, o espaço urbano não metropolitano respondia por 28,1% do total do trabalho no setor primário – e o meio urbano metropolitano menos de 2%. Em 1970, cerca de 17% do trabalho do setor primário era realizado no meio urbano não metropolitano. (POCHMANN, 2012, p. 75). Assim, além da redução substancial dos postos de trabalho do setor primário, houve – e está havendo – um deslocamento das atividades do campo para a cidade. Se este movimento responde a modernização e a industrialização dessas atividades, também está relacionado com o tipo de produção que se desenvolve no campo, pois a monocultura, sobretudo onde o capital opera com alta composição orgânica, dispensa trabalho e transfere para a cidade grande parte das atividades produtivas.

Além disso, "atualmente, a agropecuária destaca-se por ser o setor com a

---

2    Durante os anos 2000, as atividades produtivas do setor sucroalcooleiro aumentaram. Segundo Liboni (2009, p. 85-86), a taxa de crescimento foi de 3,769% no período de 2003 a 2008. Porém, este índice veio acompanhado por um alto índice de admissões e desligamentos de trabalhadores. Apenas no ano de 2007, foram contratados 180.285 trabalhadores para o cultivo da cana de açúcar e desligados 173.620 trabalhadores, tendo-se uma retenção real de apenas 6.665 trabalhadores em toda a região sudeste. A autora ainda lembra que uma colheitadeira abre cerca de 10 novos postos de trabalho e subtrai 100 trabalhadores do corte manual.

taxa mais elevada de rotatividade no emprego formal do país: em relação à indústria extrativa mineral, o setor agropecuário possui uma taxa de rotatividade 4,6 vezes superior". Entre 1999 e 2009, essa taxa saltou de 55,8% para 90,1%, com destaque para a região Centro-Oeste (POCHMANN, 2012, p. 96) que, como já indiquei antes, concentra parte substantiva da produção do agronegócio e com alta tecnologia.

Se considerarmos ainda a sazonalidade do trabalho em setores como a mineração e a construção civil, veremos, pois, que ao longo de um período de 12 meses, o trabalhador desempenha atividades produtivas nos complexos do agronegócio, na construção civil, na mineração e em outros tantos setores que, no mais das vezes, o obriga, sob condições precárias, a percorrer todo o país para se ocupar, com o perdão da redundância, precariamente.

Os trabalhadores "qualificados", por seu turno, incorporados pela modernização da agropecuária, que há algumas décadas se supunha estarem "a salvo" dos precários postos de trabalho ocupados pelos "não qualificados", alcançam, hoje, um padrão de reprodução-desgaste muito elevado, graças às novas condições de reprodução do capital.

Rosemeire Scopinho desenvolveu pesquisa junto aos trabalhadores que operam máquinas no setor sucroalcooleiro. Um guincheiro, cuja tarefa consiste no carregamento da cana-de-açúcar, tem uma jornada de trabalho que chega a 24 horas. Os operadores de colheitadeiras têm jornadas de 12 horas que, considerando-se o tempo de deslocamento até o trabalho, podem chegar a 15 horas. Com a modernização do setor, "se, por um lado, ocorre certa diminuição das cargas do tipo físico, químico e mecânico, por outro, as máquinas acentuam a presença de elementos que configuram as cargas do tipo psíquico e fisiológico porque intensificam o ritmo do trabalho" (SCOPINHO *et al*, 1999, p. 148).

De acordo com Scopinho et. alli (1999, p. 157), as cargas laborais desses trabalhadores qualificados são de ordem (a) físicas: radiação solar, mudanças bruscas de temperatura, umidade da chuva ou sereno, ruídos e vibrações oriundos das máquinas, falta de iluminação no turno da noite; (b) químicas: poeira, fuligem, neblinas e névoas, resíduos de produtos químicos usados no trato da cana; (c) biológicas: picadas de animais peçonhentos, contaminação bacteriológica por ingestão de água e alimentos deteriorados; (d) mecânicas: acidentes de trabalho; (e) fisiológicas: movimentos repetitivos, trabalho noturno etc.; (f) psíquicas: atenção e concentração constantes, pressão no trabalho, consciência do perigo no exercício do trabalho, ausência de controle do trabalho, ritmos intensos, ausência de pausas regulares, monotonia, repetitividade, falta de treinamento, entre outros.

O padrão de desenvolvimento dos agronegócios no Brasil (...) 141

Em geral, esses trabalhadores são remunerados por tempo de trabalho e não por produtividade, como no caso dos trabalhadores manuais. As empresas também combinam salários e premiações, participações em lucros e resultados, entre outras formas de remuneração da força de trabalho. Assim, a composição do salário tem uma parte fixa e uma parte variável. E vários fatores interferem na parte variável do salário, como as condições climáticas ou a disponibilidade de outros equipamentos e trabalhadores para a continuidade do trabalho. Os rendimentos desses trabalhadores chegam a ser o dobro do cortador manual de cana-de-açúcar, por exemplo. No entanto, alguns são horistas, como os motoristas, o que exige o desempenho ininterrupto das atividades laborais, aumentando os riscos de acidentes no trabalho, em função da elevação da carga física e, sobretudo, psíquica. (SCOPINHO *et al*, 1999, p. 154).

Discreta em sua conclusão, diz Scopinho *et al* (1999, p. 148), "...a mecanização na lavoura canavieira pode não estar, efetivamente, contribuindo para sanear os ambientes de trabalho e reverter o padrão de desgaste-reprodução dos trabalhadores, e, sim, apenas imprimindo a ele novos padrões".

Assim também ocorre com o trabalho no interior da agroindústria canavieira, conforme demonstraram Edvânia Ângela de Souza Lourenço e Onilda Alves do Carmo. Segundo sua pesquisa, realizada na região de Franca, interior de São Paulo, as atividades de "operador", restritas ao processo industrial, são aquelas que apresentam mais agravos. A polivalência, que hoje é uma importante característica do trabalho fabril, resultado direto do enxugamento da força de trabalho nos processos produtivos, combinada com as extensas e intensas jornadas de trabalho, potencializa o desgaste físico e o desgaste psíquico do trabalhador da agroindústria. (LOURENÇO, CARMO, 2011, p. 309-310).

Ao lado do setor sucroalcooleiro está o complexo da soja que, como o primeiro, figura entre aqueles que mais fazem uso intensivo de capital fixo, apresentando os maiores índices de mecanização. Ao contrário do que afirma o propalado progresso representado pela modificação da base técnica e pela modernização das relações de trabalho, o setor tem como marca a degradação social do trabalho (e da natureza), tanto na forma de eliminação de amplos contingentes de trabalhadores dos processos produtivos, quanto na forma da degradação da massa de trabalho empregada permanentemente.

"O reaparecimento de trabalho escravo (principalmente nas regiões Norte e Nordeste), trabalho infantil e trabalho de idosos representa precariedade e retrata uma forma de se escapar dos encargos financeiros que distorcem a rentabilidade da tecnificação". A pesquisa de Caroline Arruda e Sônia Teixeira sobre a expansão da soja na mesorregião sul do estado de Goiás revelou que no centro-

142 Frederico Daia Firmiano

-oeste "… a adoção de formas de gestão flexíveis, como participações no lucro e parcerias, ao lado da precarização do trabalho, mediante o não cumprimento dos direitos do trabalhador" integra os expedientes do capital aplicado na produção de soja na extração de mais-trabalho. (ARRUDA, TEIXEIRA, 2010, p. 259).

Marcelo Rodrigues Mendonça e Antonio Thomaz Jr. estudaram a modernização da agricultura nas áreas de Cerrado do estado de Goiás e os impactos sobre o trabalho, mostrando a existência de diferentes formas de produção que exploram, de modo combinado, o trabalho assalariado e outras formas de trabalho camponês e familiar, de acordo com as necessidades da acumulação do capital.

Esses autores observaram um cenário heterogêneo e complexo de precarização do trabalho com: (a) o reaparecimento do trabalho escravo, do trabalho infantil e do trabalho de idosos em extrema precarização em áreas altamente tecnificadas; (b) a adoção de formas de gestão flexíveis, ao lado da precarização do trabalho, por meio do descumprimento de leis trabalhistas; (c) terceirizações de atividades consideradas mais difíceis e menos rentáveis; (d) incentivo à migração, em função da alta sazonalidade da produção (ainda maior que a do setor sucroalcooleiro), entre outros. (MENDONÇA, THOMAZ JÚNIOR, 2004, p. 111-112).

> As mutações do trabalho assumiram formas muito diferenciadas na agropecuária goiana. A requalificação das relações sociais de produção e de trabalho promoveu o aparecimento de formas consorciadas de trabalho nas lavouras, onde se tem trabalhadores altamente qualificados ao lado de trabalhadores temporários (bóias-frias); trabalho familiar em grandes empreendimentos comerciais (administradores e técnicos) combinado com variadas formas de trabalho precário – bóias--frias, produtores integrados, trabalho em tempo parcial etc.; pluriatividades em propriedades camponesas voltadas exclusivamente para o mercado; crescimento das rendas não-agrícolas para uma parcela dos camponeseses; aparecimento de atividades não-agrícolas, como ecoturismo, hotéisfazenda, pesque-e-paque e outras; e a subproletarização e fragilização cada vez maior dos camponeses-proprietários e dos *trabalhadores da terra* que ainda tentam sobreviver do trabalho agrícola tradicional (MENDONÇA, THOMAZ JÚNIOR, 2004, p. 114-115).

Também no Maranhão, a inserção da soja na viragem da década de 1980 para 1990 - que no ano de 2010 atingiu a marca de 1.322.363 de toneladas produzidas – desencadeou uma profunda reestruturação produtiva, particularmente, na região de Balsas, ocasionando, ao mesmo tempo, grande precarização do trabalho e das condições de vida e existência de inúmeras famílias de camponeses. Atualmente, os trabalhadores-camponeses que vivem na região sofrem um

O padrão de desenvolvimento dos agronegócios no Brasil (...)    143

processo intenso de desterritorialização, em razão da incorporação crescente das terras pela monocultura da soja, (LIMA *et al*, 2012, p. 5), sendo submetidos a proletarização, ou àquela condição que, conforme Mészáros (2007), instala distintos grupos sociais de trabalhadores em uma condição na qual já não possui o controle sobre os meios de produção e sobre a própria vida.

Assim, "...os camponeses que permanecem no campo, são inseridos no processo [de produção da soja] de maneira subjugada, uma vez que se subordinam às relações de trabalho desiguais e precarizadas" (LIMA et. alli, 2012, p. 12). Já aqueles que migram para a cidade "...são duplamente marginalizados: socialmente, por passarem a constituir o proletariado urbano, porém sem nenhuma qualificação, e territorialmente, pois ocupam as áreas periféricas das cidades, portanto lhes sendo novamente negado o acesso a serviços básicos, ao emprego e renda" (LIMA et. alli, 2012, p. 12).

Na mesorregião sul maranhense, até 2012 eram 59.440 trabalhadores em atividades produtivas nos estabelecimentos agropecuários. Destes, 10.602 trabalhadores enquadraram-se entre aqueles que não possuíam laços de parentesco com o proprietário, dos quais, apenas 2.694 estavam ocupados em grandes estabelecimentos. Além disso, cerca de 68% dos trabalhadores, ou 7.307 entre aqueles 10.602 que não possuíam laços de parentesco com o proprietário, tinham contratos de trabalho temporário. (LIMA *et al*, 2012, p. 14-15), indicando o baixo grau de emprego de mão de obra e, ao mesmo tempo, sua precariedade, codeterminada pela rotatividade da mão de obra e pela ausência dos direitos trabalhistas fundamentais, como décimo terceiro salário, férias remuneradas, seguro-desemprego, fundo de garantia, entre outros.

Cumpre destacar ainda o complexo de carnes, no âmbito do agronegócio brasileiro. Como já mostrei antes, a pecuária é a atividade econômica onde mais predominam as situações de trabalho escravo no país. Observando os subsetores industriais da cadeia produtiva da carne podemos ver que a extração de mais--trabalho assume outra forma sem, no entanto, eliminar a superexploração. No chão de fábrica são combinadas formas de extração de mais-valia absoluta e relativa, no lugar das situações análogas à escravidão encontradas no momento que precedente o processo industrial.

A modernização da indústria avícola no Brasil, desde os anos de 1970, tornou algumas operações automatizadas, como a escaldagem e a depenagem. Mais tarde, o corte das pernas, seguido pelo corte automático do rabo e do pescoço da ave e, mais recentemente, a evisceração. As atividades automatizadas, porém, ainda coexistem com as atividades manuais. Como no caso da indústria sucroalcooleira, o setor avícola tem se preocupado em priorizar a "polivalência"

144 Frederico Daia Firmiano

na área de abate e o uso de "subsistemas flexíveis" que orientam a produção para atender a demanda diversificada e realizada sob a forma de encomenda. (NELI, NAVARRO, 2013, p. 289-290).

> O trabalho parcelar, fragmentado, estruturado na decomposição crescente das tarefas, reduzido a ações mecânicas e repetitivas, nos moldes do trabalho fundado pelo taylorismo-fordismo, é traço marcante e característico na seção de abate e corte das indústrias de processamento de aves no Brasil (NELI, NAVARRO, 2013, p. 287).

O controle sobre o trabalho é exercido pela figura do supervisor, mas também pelos próprios trabalhadores da linha de produção, que dependem da agilidade e destreza uns dos outros para desempenharem suas atividades. No caso estudado por Neli e Navarro (2013, p. 295-296), o tempo para a desossa da peça de frango (espostejamento) tem que ser realizado em cerca de 20 segundos. Tempo que, aliás, vem sendo reduzido a cada ano. Os erros na produção também devem atender a meta estabelecida pela empresa – no caso relatado por Neli e Navarro (2013), os trabalhadores não podiam ultrapassar seis erros por dia. Além disso, na maior parte do tempo, o trabalho é realizado em pé. Na seção de cortes de coxa e sobrecoxa havia uma única cadeira para os trabalhadores se revezarem a cada 20 minutos.

Segundo o documentário "Carne, Osso: o trabalho em Frigoríficos", realizado pela Ong Repórter Brasil, que investigou os três principais frigoríficos do Brasil, JBS, Brasil Foods e Marfrig, nas regiões Sul e Centro-Oeste do país, o risco de um trabalhador da seção de desossa de frango desenvolver tendinite é 743% superior ao de qualquer outro trabalhador. O índice de depressão entre trabalhadores de frigoríficos de aves é três vezes superior que a média do conjunto dos trabalhadores. Isto porque, nos frigoríficos de aves, chegam a passar pela "nória" (esteira que transporta os animais na linha de produção) mais de 3 mil frangos por hora. Os trabalhadores considerados mais produtivos realizam o trabalho de desossa de uma peça de coxa e sobrecoxa em apenas 15 segundos, realizando cerca de 18 movimentos com a faca, o que representa uma carga de esforço três vezes maior que o limite determinado pelos especialistas em saúde do trabalhador. No caso dos frigoríficos bovinos, os trabalhadores têm três vezes mais chances de sofrer um traumatismo de cabeça ou de abdômen que qualquer outro trabalhador. (CARNE, OSSO..., 2011).

As situações de risco ainda são acentuadas pela exposição constante a facas, serras e outros instrumentos cortantes; pelos movimentos repetitivos que levam a graves lesões e doenças; pela pressão psicológica gerada pelo ritmo intenso da

O padrão de desenvolvimento dos agronegócios no Brasil (...)    145

produção, que produz fadiga e esgotamento físico em razão das longas jornadas de trabalho até mesmo aos sábados. Além disso, não raro os ambientes são insalubres, asfixiantes e com baixas temperaturas, induzindo a elevação dos índices de traumatismos, tendinites, queimaduras e transtornos mentais. (CARNE, OSSO..., 2011).

Os trabalhadores relatam que só podem ir ao banheiro com a autorização do encarregado ou do supervisor e o tempo para tanto é bastante curto, em geral, entre 3 e 5 minutos. As conversas paralelas durante a execução do trabalho são proibidas para que o ritmo de trabalho não diminua. (CARNE, OSSO..., 2011).

Segundo o depoimento de uma terapeuta ocupacional do Instituto Nacional do Seguro Social (INSS) de Chapecó-RS, o trabalhador adoece e acaba "encostado" no órgão federal. Em muitos casos, não consegue mais retornar ao trabalho. As empresas, por seu turno, contratam outros trabalhadores para reporem a força de trabalho que se esgotou, revelando a descartabilidade do trabalhador. (CARNE, OSSO..., 2011).

De acordo com Neli e Navarro (2013, p. 304).

> Os limites físicos e psíquicos dos trabalhadores são postos à prova diariamente. A dor, as angústias, o cansaço, as doenças e os acidentes expressos nos depoimentos revelam essa realidade. O trabalhador que adoece é vítima de danos não apenas físicos e psicológicos decorrentes da precarização e da intensificação da atividade laboral, mas também morais, já que o adoecimento é percebido como uma sinal de fraqueza pessoal. Há nas empresas a construção de uma lógica perversa que culpa a vítima: o trabalhador torna-se o culpado por seu adoecimento. Essa é a lógica da produção capitalista, que requer e determina incessantemente a extração de sobretrabalho nas linhas de produção, sejam elas taylorstas-fordistas, híbridas ou derivadas do modelo japonês.

As distintas situações apontadas, desde o setor sucroalcooleiro até o trabalho fabril no complexo agroindustrial avícola, passando pelas cadeias produtivas da soja no centro-oeste do país, indicam o movimento pendular da força de trabalho hoje, sobre o qual fala Antunes (2013, p. 21), que vai "...da *perenidade* de um trabalho cada vez mais reduzido, intensificado em seus ritmos e desprovido de direitos, a uma *superfluidade* crescente, gerada de trabalhos mais precarizados e informalizados". Progressivamente, o mundo do trabalho vai se constituindo por um núcleo decrescente de empregos que exigem alta qualificação profissional até as modalidades de trabalho mais "instáveis", não raro, marcadas pelas formas de exploração dos trabalhadores mais vis que o sistema do capital pode oferecer.

A precarização do trabalho desponta como um traço constitutivo da acumulação de capital hoje (ANTUNES, 2013, p. 21), atingindo ao conjunto da classe trabalhadora. E apesar de suas formas de manifestação se diferirem em grau e intensidade, elas têm "... como unidade o sentido de ser ou estar precário numa condição não mais provisória, mas permanente" (DRUCK, 2013, p. 56).

Graça Druck, inclusive, considera que hoje já estamos em uma nova face da precarização social do trabalho no Brasil.

> É nova porque foi reconfigurada e ampliada, levando a uma regressão social em todas as suas dimensões. Seu caráter abrangente, generalizado e central: 1) atinge tanto as regiões mais desenvolvidas do país (por exemplo, São Paulo) quanto as regiões mais tradicionalmente marcadas pela precariedade; 2) está presente tanto nos setores mais dinâmicos e modernos do país (indústrias de ponta) quanto nas formas mais tradicionais de trabalho informal (trabalho por conta, autônomo etc.); 3) atinge tanto os trabalhadores mais qualificados quanto os menos qualificados. Enfim, essa precarização se estabelece e se institucionaliza como um processo social que instabiliza e cria uma permanente insegurança e volatilidade no trabalho, fragiliza os vínculos e impõe perdas dos mais variados tipos (direitos, emprego, saúde e vida) para todos os que vivem do trabalho (DRUCK, 2013, p. 61).

Atualmente, os trabalhadores que deixam o circuito formal do emprego, engrossando as categorias dos desempregados e dos trabalhadores informais – que somam atualmente mais de 50% da população brasileira economicamente ativa, segundo a autora – são lançados na mais precária condição de trabalho, sem quaisquer direitos trabalhistas fundamentais. Os que permanecem formalmente no processo de produção do valor, por seu turno, se submetem cada vez mais à aceitação de atividades e horas extras trabalhadas sem remuneração, ao acúmulo de tarefas, a polivalência, a jornadas de trabalho que chegam a 24 horas, enfim, a todos os expedientes capitalistas de produção absolutamente necessários para a garantia das taxas de lucro para o capital. (DRUCK, 2013, p. 65)

Este processo contemporâneo de precarização estrutural do trabalho mostra que, se no passado, a evolução "truncada" do capitalismo brasileiro impedia a constituição de relações sociais de produção modernas, lastreadas pelo direito e pela inclusão formal do trabalhador no circuito da produção capitalista, atualmente a eliminação de parte das condições necessárias para a expansão do capital em âmbito global – resultado de sua crise estrutural – prescreveu qualquer benefício antes prometido pela modernização, de modo que, mesmo formalmente incluído nas relações de produção, o trabalhador experimenta, cada vez mais, a miséria do trabalho.

A intensificação da acumulação capitalista decorrente da redução de sua margem de viabilização produtiva não está circunscrita somente no plano das relações de trabalho. A mesma voracidade com a qual o capital avança sobre a totalidade do trabalho também está presente no modo como se relaciona com o objeto de sua intervenção, a natureza e os recursos ecológicos disponíveis. Assim, inseparável e concomitante ao processo de precarização e degradação social do trabalho, o avanço do agronegócio incide sobre a degradação dos recursos naturais e ecológicos, contribuindo de maneira decisiva para a alienação das condições elementares da reprodução social.

## A DEGRADAÇÃO DA NATUREZA NO CURSO DA EXPANSÃO DO AGRONEGÓCIO

Segundo Karstensen, Peters e Andrew (2013), na última década, a produção da soja e da pecuária foram responsáveis por cerca de 30% do desmatamento no Brasil, respondendo por 2,7 bilhões de toneladas de emissões de carbono. Sua análise sugere ainda que o aumento da pressão global sobre a agricultura brasileira para intensificar a produção, ao lado da busca pelo crescimento econômico contínuo e as modificações recentemente operadas no Código Florestal Brasileiro estão criando um quadro de aumento do ritmo atual de desmatamento. (KARTENSEN, PETERS, ANDREW, 2013, p. 5-6).

O monitoramento feito pela Red Amazónica de Información Socioambiental Georreferenciada (RAISG) de áreas desmatadas nos estados do Mato Grosso, Pará e Rondônia – que lideram o ranking da violência no campo – mostrou que, a partir de outubro de 2006, houve um aumento de 57% das plantações de soja em áreas desmatadas. Na safra 2011/2012 foram 18.410 hectares de soja plantados, contra 11.698 hectares da safra anterior. (RAISG, 2012). À primeira vista são áreas que, segundo os acordos de moratória da soja, devem ser ocupadas pela monocultura. No entanto, nada garante que o desmatamento não seja, antes, a abertura de novas áreas de produção de grão. Ou seja, pode estar havendo uma ação de "legalização" da produção de soja na Amazônia nas áreas devastadas pela atividade madeireira. Além disso, como os conflitos no campo denunciados da CPT revelam, não são áreas "vazias" que estão sendo ocupadas pela monocultura da soja, mas ocupadas por povos tradicionais ou posseiros e famílias de trabalhadores.

Em 2006, a soja já ocupava 22 milhões de hectares e correspondia a 35,4% da área total de lavouras do país. Cerca de 65% da produção estava concentrada em estabelecimentos rurais médios e grandes, com mais de 200 ha. Destes, 75% da produção era destinada ao mercado externo, sobretudo para alimentar

148 Frederico Daia Firmiano

rebanhos. A produção de carne bovina, por sua vez, encontrava-se nas médias e grandes propriedades, que representam 60% do total da produção.[3]

A pesquisa da RAISG mostra também que, em 2000, 68,8% de toda extensão da Amazônia (não só no país) estava coberta por florestas. O Brasil concentrava 58,1% do total da área florestal (RAISG, 2012, p. 11). Em 2010, o país já havia perdido 6,2% de sua cobertura florestal. Esta perda representou 80,4% do total de florestas desmatadas em uma década. Apesar disso, o país foi o que apresentou maior redução relativa de perda de floresta no período, passando de 4,5% para 1,7%. (RAISG, 2012, p. 54).

No entanto, esse aumento do nível atual de produção para exportação supõe a intensificação da produção agrícola ou a utilização de mais terras. Os pesquisadores da universidade de Oslo afirmam que os ganhos em produtividade - que vêm aumentando exponencialmente desde a revolução verde - devem cair no período entre 2010 e 2021. A produção de soja, por exemplo, estaria muito próxima de seu potencial máximo de rendimento, indicando baixo potencial de aumento adicional na produção sem a utilização de mais terras. Desse modo, a produção de soja exigirá a incorporação crescente de mais terras, não só inviabilizando o ritmo de redução de desmatamento alcançado nos últimos anos, mas induzindo o país a desmatar mais floresta amazônica. (KARSTENSEN, PETERS, ANDREW, 2013, p. 5-6). Consequentemente, pressionando o aumento dos conflitos no campo envolvendo os povos tradicionais, conforme os primeiros anos da década de 2010 já mostraram.

Atualmente, o Brasil é o maior produtor e o maior consumidor de madeira tropical do planeta. Em 2008, havia um consumo interna de 86% dos mais de 26 milhões de metros cúbicos das diversas madeiras extraídas anualmente na região amazônica. O estado de São Paulo consome sozinho 5,6 milhões de metros cúbicos por ano de madeira florestal. "A maior demanda por madeira está no setor da construção, que, apesar de ser um consumidor ávido pelo produto, coloca pouca ênfase na qualidade ou no fornecimento sustentável" (MAY, 2008, p. 100).

Segundo o Sistema de Monitoramento de Exploração Madereira (Simex), aplicado aos estados do Pará e Mato Grosso, a extração de madeira está penetrando as Áreas Naturais Protegidas (ANP) e os Territórios Indígenas, o que coloca

---

3    Estes dados foram extraídos do "Atlas da Questão Agrária Brasileira", produzido por Eduardo Girardi, que utilizou as informações disponíveis do Censo Agropecuário de 2006 e do INCRA, e está disponível no sítio eletrônico do Núcleo de Estudos, Pesquisas e Projetos de Reforma Agrária (NERA). Como se trata de documento não paginado, e sem datação, quando utilizar tais dados indicarei GIRARID, n.d, não paginado. O trabalho está disponível em: http://docs.fct.unesp.br/nera/atlas/. Acesso em 11 abr 2012.

O padrão de desenvolvimento dos agronegócios no Brasil (...)    149

esses povos no centro dos conflitos atuais. A área total explorada, de forma legal e ilegal, de agosto de 2009 a julho de 2010 foi de 1.205 km² de bosques, sendo que 65% desta atividade são ilegais. Destes, 84% da exploração ilegal ocorreram em propriedades privadas, desocupadas ou em disputa. No estado do Mato Grosso foram 2.260 km² de área explorada no mesmo período, sendo 44% de forma ilegal. As áreas privadas, desocupadas ou em disputa concentraram 87,8% da extração de madeira. (RAISG, 2012, p. 15).

Ainda segundo o relatório do RAISG (2012, p. 18), a relação entre a construção de rodovias/pavimentação e desmatamento também é bastante elevada. Cerca de 72,4% do total de rodovias existentes na Amazônia se encontram no Brasil. Com o PAC, em suas fases I e II, sou eu quem digo, o que se pode observar é uma aceleração do processo de substituição da paisagem florestal natural por grandes projetos de infraestrutura, seguidos por atividades produtivas nos ramos da agropecuária, indústria petrolífera, indústria de extração mineral, entre outros.

Diante do exposto até aqui, não é difícil chegar a conclusão de que a intensa degradação da Amazônia tem sido, nos anos recentes, resultado direto do neodesenvolvimentismo posto em marcha pelos governos do PT. Hoje, a região convive com cerca de 24 empresas de petróleo, em 81 lotes de exploração; 171 hidrelétricas em operação ou construção – outras 246 já estão planejadas ou em fase de estudo; e cerca de 21% do território amazônico possui áreas de interesse do setor de mineração. (KARTENSEN, PETERS, ANDREW, 2013, p. 5-6).

Somente em 2001, o Brasil forneceu 102,9m³ de toras industriais; metade para lenha e carvão vegetal renovável. Outra parte desta produção foi destinada para celulose, cuja produção naquele ano foi de 7,3 milhões de toneladas. (MAY, 2008, p. 101). Em 2000, os produtos madeireiros brasileiros foram responsáveis por 2,7% das exportações globais desses produtos. Papel e celulose geraram cerca de US$ 3,2 bilhões naquele ano e o Brasil foi o quarto maior fornecedor de celulose do mundo, com 7,7% das exportações mundiais. (MAY, 2008, p. 102). Em 2006, madeira, celulose e papel correspondiam a 5,2% do total das exportações brasileiras, com a característica de ser dominada por empresas transnacionais, concentradas nas regiões Sul e Sudeste. (GIRARDI, n.d, não paginado).

"A extração de madeira é a primeira etapa do latifúndio" (GIRARDI, n.d, não paginado), pois está associada à abertura de novas áreas para a especulação de terras ou para a produção do agronegócio. Hoje, no entanto, este padrão não está associado apenas à expansão da fronteira agrícola, mas também às necessidades do setor da construção civil que, no quadro do neodesenvolvimentismo, vive um *boom* no país.

Ainda com relação à atividade econômica florestal é preciso diferenciar o extrativismo "na" floresta, praticado por seus povos, do extrativismo "da" floresta. Produtos como babaçu, açaí, castanha-do-pará, umbu, pinhão exigem mão de obra para extração e pré-beneficiamento e predominam nos pequenos estabelecimentos, sendo a base da reprodução de famílias que vivem do próprio trabalho. Já o extrativismo "da" floresta ocorre em praticamente todo o país, sendo expressivo no Norte e no Nordeste, com destaque para o projeto Jarí, nos estados do Pará e Amapá, que substitui as áreas de florestas por espécies exóticas como o pinho. (GIRARDI, n.d, não paginado).

O Pampa já possui 35% de sua superfície coberta por eucalipto e pinus (NOVAES, 2013, não paginado). Segundo Marcelo Dutra da Silva, na região litorânea deste bioma, a monocultura de pinus está decompondo a paisagem costeira e ameaçando seu sistema campestre. Apesar disso, a soja tem sido mais devastadora. Embora seja uma cultura antiga no Pampa, comum da região norte do estado do Rio Grande do Sul, "...nunca se viu tamanha produção. Chega a impressionar o volume de áreas convertidas. Lugares que até então só se viam pastagens cultivadas ou outros tipos de cultura, agora estão cobertos por um único e contínuo tipo cultural, formando um espaço homogêneo" (PAMPA..., 2013, não paginado).

Mas é no Mato Grosso do Sul, na microrregião de Três Lagoas, onde a produção de celulose tem se expandido mais rapidamente. Neste município há duas grandes unidades de produção de celulose: a Fíbria (uma fusão entre Aracruz e Votorantim) e a International Paper. A primeira, com uma capacidade de produção de 1,3 milhão de toneladas de celulose por ano e investimentos da ordem de R$ 3,6 bilhões na construção da segunda unidade. Com isso, a empresa elevou para 3 milhões de toneladas de celulose por ano em uma área de cerca de 300 mil hectares de eucalipto plantados. Em 2012, a Eldorado Brasil construiu uma fábrica para produzir cerca de 1,5 milhão de toneladas de celulose por ano. A empresa já ocupou 150 mil hectares com eucalipto na região. Entre 2005 e 2009, a área de plantio na microrregião de Três Lagoas duplicou de 152 mil para 308 mil hectares. As empresas preveem expandir sua produção para 1 milhão de hectares até o ano de 2020 (A NOVA..., 2011, p. 6).

Além de substituir a paisagem natural, a produção de eucalipto exige grandes quantidades de água, consumindo entre 10 mil e 20 mil litros por ano. À medida que vai crescendo, a "floresta" – como cinicamente é chamada - aprofunda suas raízes em busca de mais água. Com o passar dos anos podem penetrar os lençóis freáticos, esgotando-os, ou contaminando-os em função das grandes quantidades de agrotóxicos que a produção em larga escala exige.

O Cerrado, nos dias atuais, é a fronteira de maior expansão do agronegócio no Brasil, "...seja pela riqueza hídrica que abriga, seja pela topografia plana de suas chapadas e de seus chapadões". Há uma estimativa de que 70% da área das chapadas já estejam ocupadas com o cultivo de grãos, algodão e plantações de madeira (eucaliptos e pinus). (PORTO-GONÇALVES, 2004, p. 223).

Conforme explica Porto-Gonçalves (2004, p. 231), os agroecossistemas muito simplificados, como são as monoculturas de grãos, algodão ou plantações de eucaliptos e pinus, estão avançando sobre áreas de florestas tropicais e de savanas, transformando-as em áreas importadoras de matéria e de energia. Com isso, a manutenção da alta produtividade nessas regiões carece de uma permanente importação de energia que não pode vir apenas da energia solar. O balanço energético para regiões como as das florestas tropicais e de savanas ocupadas pela monocultura acaba sendo negativo, "...o que contribui decisivamente para manter a dependência dessas áreas, em si mesmas tão ricas em energia, em diversidade biológica, em recursos hídricos e em diversidade cultural...", colocando-as sob sérios riscos, "...mas também para a humanidade e o planeta como um todo, por sua necessária ineficiência energética".

## A alienação das condições elementares da reprodução social

> No decorrer do desenvolvimento histórico, a constante expansão da escala das operações ajuda a deslocar por muito tempo essas contradições, liberando a pressão dos 'gargalos' na expansão do capital com a abertura de novas rotas de suprimento de recursos humanos e materiais, além de criar as necessidades de consumo determinadas pela continuidade da auto-sustentação, em escala cada vez maior, do sistema de reprodução. Contudo, além de certo ponto, de nada adianta um aumento maior dessa escala e a usurpação da totalidade dos recursos renováveis e não-renováveis que o acompanha, mas, ao contrário, ele aprofunda os problemas implícitos e se torna contraproducente. É o que se deve entender por ativação do limite absoluto do capital com relação à maneira como são tratadas as condições elementares de reprodução sociometabólica (MÉSZÁROS, 2009, p. 257).

A única maneira que o capital possui de melhorar suas oportunidades de controle é aumentando sua escala de operação, tornando a expansão uma exigência absoluta, independentemente do quão destrutivo pode ser a sujeição dos recursos humanos e ecológicos disponíveis as necessidades do capital. Desse modo, as empresas capitalistas ganham vantagem relativa umas com relação às

152 Frederico Daia Firmiano

outras e viabilizam seu negócio por meio do aperfeiçoamento da racionalidade e da eficácia de suas operações. Esse processo também as empurra isoladamente para frente, assim como o conjunto do sistema do capital. Porém, o mesmo processo que promove o deslocamento de suas contradições também as intensifica. (MÉSZÁROS, 2009, p. 258).

Em razão da tríplice ruptura interna de sua estrutura constitutiva (a contradição entre produção e controle; produção e consumo; produção e circulação) o capital apresenta uma racionalidade parcial, já que o impulso expansionista não leva em conta as consequências devastadoras da expansão permanente, contradizendo, assim, qualquer restrição correspondente ao controle (efetivamente) racional dos recursos humanos e ecológicos. Nesse exato sentido, o sucesso das empresas individuais significa a piora das perspectivas de reprodução (e sobrevivência) da humanidade, já que essa forma alienada de controle social exercida pelo capital sobre algumas das principais condições de reprodução impõe a humanidade um conjunto de problemas de ordem vital. (MÉSZÀROS, 2009, p. 258-259).

No caso da produção destrutiva do agronegócio, os problemas relativos ao controle alienado das condições de reprodução social estão associados, principalmente, mas não exclusivamente, a terra; à água; à ciência e à tecnologia; à biomassa; e à manipulação genética de sementes e uso intensivo de agrotóxicos.

Quase a metade (44,42%) do total das terras brasileiras é formada por propriedades privadas com mil (1000) hectares (ha) ou mais, em menos de 1% do total de estabelecimentos agropecuários existentes no país. Outros 34,16% do total das terras estão entre propriedades com tamanho médio entre 100 ha e 1000 ha, privando quase a totalidade dos sujeitos eu vivem do próprio trabalho, ou daqueles que tem a experiência de trabalho e vida associada à terra, deste recurso essencial para sua reprodução. (POLARIZAÇÃO..., 2010, p. 3).

Um dado de extrema importância tornado público com a divulgação do II Plano Nacional de Reforma Agrária, de 2003, diz respeito às terras públicas devolutas ou não. Segundo o documento, o Brasil possui uma área territorial de 851 milhões de hectares. As unidades de conservação ocupavam 102 milhões de hectares, as terras indígenas 128 milhões de hectares e as águas territoriais internas, áreas urbanas, rodovias e posses a serem regularizadas, em torno de 30 milhões de hectares. Cerca de 420 milhões de hectares eram o total das áreas cadastradas no INCRA. Além destas, havia "...outros 170 milhões de hectares de terras devolutas, a grande maioria cercadas ilegalmente, particularmente pelos grandes proprietários" e distribuídas por todo o país. (OLIVEIRA, 2010, p. 299). Somente a região Norte, para onde se expande a fronteira agrícola do país atu-

O padrão de desenvolvimento dos agronegócios no Brasil (...)      153

almente, concentrava mais de 80 milhões de hectares de terras devolutas e não distribuídas pelas políticas de assentamento rural praticadas até hoje no país.

Além disso, o INCRA detectou cerca de 120 milhões de terras improdutivas entre as grandes propriedades rurais no Brasil (cerca de 4,2 milhões de imóveis, com área média acima de 2.700 hectares), com base nos índices de produtividade de 1975. "Ou seja, a grande propriedade é, no Brasil, majoritariamente improdutiva, e este é o seu caráter fundamental. A terra não é apropriada privadamente para ser posta para produzir, pois mesmo sem produzir nada permite ao seu proprietário a geração de riqueza" (OLIVEIRA, 2010, p. 301-302). Além de funcionar como produtora de *commodities* para o mercado externo através das extensas monoculturas, a terra no Brasil também serve como reserva de valor e como reserva patrimonial.[4]

Neste último caso, a terra é utilizada como uma espécie de rota de fuga para o capital. Independentemente das condições do desenvolvimento da sociedade, o capital apenas a utiliza para garantir sua necessidade permanente de expansão. Assim, não importam os mecanismos, se legais ou ilegais, e tampouco a finalidade, se para produzir mercadoria ou para apenas capturar renda, com o avanço substantivo do agronegócio no campo, principalmente depois da crise financeira de 2008, a terra, que historicamente é bem concorridíssimo, se converteu em um ativo fixo ainda mais cobiçado. É claro que as implicações econômicas, políticas e sociais associadas ao tipo de utilização ou não utilização da terra são de extrema importância, pois definem o núcleo central do problema agrário. Mas, por hora, vale assinalar que o controle alienado do capital sobre a terra significa a privação da maioria esmagadora dos trabalhadores da/na terra e da privação do conjunto da população de seus bens.

Isto porque a racionalidade parcial do capital é indiferente aos corolários de sua forma de controle. Para o capital, não importa a quantidade de famílias de trabalhadores que, em razão do avanço do agronegócio, são expulsas de seus territórios, ou o aprofundamento da pobreza e dos problemas sociais decorrentes do desemprego crônico que desponta hoje. O que está em causa é a expansão do capital, cuja reprodução ampliada precisa ser garantida a qualquer custo, inclusive assegurando uma rota de saída para seus momentos de crise.

---

4    "Em 2001, o relatório da Comissão Parlamentar de Inquérito destinada a investigar a ocupação de terras públicas na região amazônica registrou uma verdadeira pérola da grilagem naquela região: 'duas áreas registradas no Cartório de Canutama (AM), a Fazenda Eldorado e Santa Maria, com uma área de *um bilhão e quinhentos milhões de hectares*; e a outra, a Fazenda Boca do Pamafari, com uma área de *12 bilhões de hectares*'. É bom lembrar que o Brasil tem somente 850 milhões de hectares" (OLIVEIRA, 2010, p. 303).

Da mesma maneira ocorre com a água, hoje intensamente disputada, como revelam os conflitos registrados pela CPT. O tipo de agricultura atualmente praticado, baseado na monocultura de *commodities* agrícolas para suprir as necessidades do mercado externo, consome o equivalente a 70% do total de água consumida no planeta. Para termos uma ideia, a produção de "...1 kg de milho ou de soja exige mil litros de água para ser produzido; 1 kg de frango exige 2 mil litros de água" (PORTO-GONÇALVES, 2008, p. 198). Além disso, as quantidades de energia que esse tipo de produção exige, representadas, por exemplo, por hidrelétricas, ou, ainda, a quantidade de resíduos industriais lançadas em lagos e rios também são parte da complexa equação da apropriação privada da água.

"A indústria de papel e celulose e a de alumínio se enquadram perfeitamente nessa situação. Assim, quando se explora soja, milho, alumínio e papel e celulose, além do trabalho embutido no produto, há muita água sob a forma de grão, de lingote ou de pasta" (PORTO-GONÇALVES, 2008, p. 198). É nesse sentido que Porto-Gonçalves (2008, p. 198) chama a atenção para o fato de que "...não será necessariamente sob a forma de aquedutos ou de navios que veremos a água ser drenada das regiões e países periféricos para as regiões e países hegemônicos e, sim, pelos volumes de grãos e de matérias semi-industrializadas...".

Os avanços substantivos nos campos da química, da biotecnologia e da nanotecnologia também têm implicado de modo decisivo a questão da água, uma vez que seu consumo se torna importantíssimo nos procedimentos de manipulação direta da matéria e no consumo de energia hidrelétrica, além do destino dos rejeitos, não raro, em rios e lagos. "Aliás, a água acaba sendo o destino comum da maior parte dos rejeitos, tanto porque nela são lançados diretamente, quanto pelo fato de a chuva levá-los para a água. O que, de resto, retira quantidades cada vez mais importantes de água do consumo humano e animal" (PORTO--GONÇALVES, 2008, p. 199-200).

A ciência e as novas tecnologias ganharam bastante importância no processo contemporâneo da produção de mercadorias. À esse respeito, vale a pena citar a polêmica criação de vida artificial auto-replicante, por meio da qual o capital transnacional promete produzir diversidade biológica não-natural e uma série de produtos como, por exemplo, agrocombustíveis mais produtivos ou bactérias com capacidade de limpar os mares ou, ainda, uma variedade infinita de alimentos para suprir as carências alimentares mundiais. (FIRMIANO, 2011, p. 68).

Como afirma Pat Roy Mooney, co-fundador do Centro de Estudos sobre Tendências e Alternativas Tecnológicas e Socioeconômicas, ETC Group, os governos "...pensam que é uma maneira técnica e rápida de consertar problemas atuais, como a aproximação do pico de produção do petróleo e as crises alimentar e climática". Porém, não há conhecimento "...das profundas implicações para a biodiversidade que essa tecnologia poderia gerar", além de não existir "...capacidade nos governos, individualmente ou de forma coletiva, de regular essa tecnologia" (MOONEY *apud* FIRMIANO, 2011, p. 68).

Ainda sobre a criação de vida artificial auto-replicante, diz o pesquisador: "Essa é a tecnologia mais poderosa que o mundo já viu, com a exceção, talvez, das armas nucleares" e está sob o controle de empresas transnacionais como a British Petroleum e a Exxon, assim como a DuPont e Monsanto. (MOONEY *apud* FIRMIANO, 2011, p. 68).

De acordo com o cientista, esta tecnologia pode ser testada no Brasil. A empresa Amyris, de biologia sintética, que tem contrato com a Britsh Petroleum, e ligada ao grupo de Craig Venter, tem planos de construção de uma planta industrial em São Paulo para produzir uma segunda geração de agrocombustíveis, a partir da cana-de-açúcar. Trata-se de "...uma forma de vida que o mundo nunca viu, e se essa forma de vida não possuir inimigos no meio ambiente, então ela pode destruir ou se alimentar da biodiversidade". Existe, ainda, "...o perigo de que o micróbio artificial que eles [os cientistas] usarem escape para o meio ambiente". Isto porque "tudo que um dia esteve dentro de um laboratório sempre acaba saindo. (...) E eles estão fazendo isso em um país [o Brasil] que tem mais biodiversidade que qualquer outro no mundo. É uma coisa perigosa de se fazer". No fundo, "o que as empresas querem fazer de verdade é controlar as biomassas...", substituindo o "...carbono fossilizado, como nós fazemos com petróleo ou gás natural..." por "...carbono vivo, que será transformado em plástico, comida, o que quiserem" (MOONEY *apud* FIRMIANO, 2011, p. 69).

Com essa tecnologia "...tudo aquilo que até então pode ser feito com o carbono fóssil, o petróleo, passa a ser produzido também com carbono vivo. Com a biologia sintética é possível sintetizar DNA e, em tese, criar formas de vida inimagináveis..." (FIRMIANO, 2011, p. 70).

Como afirmei em outro trabalho,

> No limite, não importa se haverá monocultura de cana-de-açúcar, de soja, de milho. Nem mesmo se a monocultura será substituída pela policultura de alimentos. Sob o controle do capital tudo poderá se transformar em plástico, combustível, alimentos, eletricidade, tinta ou qualquer outra coisa. Assim, a biomassa se transforma na nova *commodity*. E considerando que todas as formas de vida são, fundamentalmente, do ponto de vista da biologia, biomassa, tudo, poderá vir a ser *commodity* - até mesmo grupos de pessoas, principalmente, aqueles que não mais servirem ao capital ou que servirem para esse fim! (Firmiano, 2011, p. 70).

Segundo Pat Mooney, em 2011, os investidores em biologia sintética diziam que 23,8% da biomassa terrestre produzida todo ano no mundo era transformada em *commodity*. Com a biologia sintética, o capital transnacional poderá controlar o restante da biomassa produzida. "A estratégia das grandes empresas é produzir o que elas chamam de genes climáticos, ou seja, que podem suportar mudanças climáticas. O que elas na verdade estão fazendo é tentar capturar um grande pedaço de DNA e monopolizá-lo". Em outros termos, "esse mesmo pedaço de DNA existe em praticamente todas as plantas que conhecemos e o que eles estão tentando dizer é que qualquer parte de uma planta que tenha esse pedaço de DNA é delas". Esse pedaço de DNA poderá garantir que as plantas aguentem mudanças climáticas drásticas. "Então, elas [as empresas] dizem que vão proporcionar a segurança alimentar de todos nós através do controle desse pedaço de DNA. Já há 262 patentes desse tipo, e 79% delas estão em apenas seis empresas" (MOONEY *apud* FIRMIANO, 2011, p. 69).

Como Mészáros explica, durante um período relativamente longo, que o autor considera ser o período da ascendência do capital, a capacidade de ignorar a causalidade espontânea e o ritmo da natureza provocou um grande aumento do poder de produção, decorrente do desenvolvimento do conhecimento. Porém, sob a mediação do capital, este progresso se deu sob o domínio de sua "objetividade reificada", implicando diretamente o intercâmbio reprodutivo entre homem e natureza, no sentido de converter a positividade que ora portava em seu oposto. A ciência e a tecnologia se subordinaram ao imperativo da expansão e da acumulação de capital, sendo utilizadas de acordo com essa exigência absoluta da ordem social vigente. "Assim, mesmo as formas existentes de conhecimento científico, que até poderiam combater a degradação do ambiente natural, não podem se realizar porque interfeririam com o imperativo da expansão inconsciente do capital…" (MÉSZÁROS, 2009, p. 254), de modo que a ciência e a tecnologia só podem ser utilizadas se estiverem a serviço da expansão do capital e "…se ajudarem a empurrar para mais longe os antagonismos internos do sistema". Desse modo,

> [...] a ninguém deve surpreender que, sob tais determinações, o papel da ciência e da tecnologia tenha de ser degradada para melhorar 'positivamente' a poluição global e a acumulação da destrutitividade na escala prescrita pela lógica perversa do capital, em vez de atuar na direção oposta como, em princípio, poderia – hoje, só mesmo 'em princípio' (MÉSZÁROS, 2009, p. 255).

A revolução verde e as promessas de elevação da produtividade do trabalho por meio da transformação da base técnica e tecnológica da agricultura não

O padrão de desenvolvimento dos agronegócios no Brasil (...)    157

erradicaram a fome mundial, por exemplo. Ao contrário, sob sua vigência, os famélicos do mundo chegaram à casa dos 870 milhões de pessoas. E as promessas de produção agrícolas, hoje baseadas nos novos produtos tecnológicos, kits para diagnóstico de doenças de plantas, vacinas, melhoramento e aperfeiçoamento genético de variedades de plantas, sementes geneticamente modificadas pela biotecnologia, entre outros, não só continuam impotentes perante a fome mundial, como aprofundam o signo da destrutividade do capital em atenção à sua racionalidade reificada.

A expansão exponencial recente da produção de culturas transgênicas elucida o problema da submissão da ciência e da tecnologia à racionalidade reificada do capital, assim como a agudização da contradição entre a socialização da produção e a apropriação privada e sua implicação no plano das condições elementares da reprodução sociometabólica.

Há uma estimativa de que a soja transgênica tenha ocupado 26,9 milhões de hectares na safra 2013/2014, registrando aumento de 8,9% com relação a safra anterior, ocupando 92,4% da área plantada (INVASÃO..., 2013, p. 3). Na safra 2010/2011 o milho transgênico, por sua vez, ocupou 55% do total produzido no Brasil (FATOS..., 2010, p. 6). Este último é produzido em grande parte dos estabelecimentos agropecuários brasileiros. E os pequenos estabelecimentos são responsáveis por praticamente metade desta produção, destinando-a tanto para o consumo humano interno, quanto para a alimentação de frangos, galinhas e porcos. Por isso, a cultura é considerada como parte do agronegócio, como exportação indireta (já que alimenta o produto de exportação, no caso, a criação de aves e suínos), cujo controle é de grandes empresas, como Brasil Foods, Sadia, Perdigão, entre outras. (GIRARDI, n.d., não paginado).

Além da ameaça a soberania alimentar, a produção transgênica apresenta grande insegurança para o consumo, uma vez que "... inexistem estudos epidemiológicos que comprovem a não existência de riscos", segundo Magda Zanoni (TRANSGÊNICOS..., 2011, p. 7). A cientista também se indaga "se os laboratórios levam até dez anos para pesquisar os benefícios e riscos de medicamentos originários da transgênese, é de se perguntar as razões de tanta pressão das multinacionais para liberar a comercialização de produtos transgênicos" (TRANSGÊNICOS..., 2011, p. 7).

Segundo denúncia da imprensa, a poderosa transnacional Monsanto estimulou o contrabando de sementes transgênicas de soja, tendo pressionado sua regulação. Coincidentemente, na safra 2010/2011, a empresa anunciou que o Brasil já era seu segundo mercado no mundo.

A contaminação de cultivos com variedades crioulas tem consequências diretas sobre a redução da agrobiodiversidade. Os mecanismos internos que a biologia molecular e a genética estudam para a transferência de genes e a criação de novos seres vivos não encontram, no mundo da ciência, unanimidade. Enquanto a Monsanto faz estudos de impacto em um prazo mínimo, com um número reduzido de animais que se alimentam de transgênicos, há cientistas, como Gilles-Eric Serralini, que realizam essas pesquisas há vários anos, tendo já obtido resultados sobre as modificações fisiológicas dos animais de experimento que corroboram com a presença de riscos (TRANSGÊNICOS..., 2011, p. 7).

Conforme aponta o sociólogo Gian Mario Giuliani, as preocupações com relação aos produtos transgênicos se agrupam em pelo menos três ordens de problemas ligados: (a) à segurança alimentar, pois ainda não se sabe como as toxinas ou as substâncias alergênicas funcionam nesses produtos, nem seus efeitos à longo prazo e como afetam a cadeia alimentar; (b) ao meio ambiente, tanto pelo desconhecimento sobre o controle da eventual criação imprevista de novas plantas, inclusive daninhas; o controle de transferência de genes para parente próximos não poluindo novas plantações; o cálculo de eventuais perdas de biodiversidade; a previsão dos efeitos adversos em outros ciclos ecológicos; (c) a dimensão socioeconômica, que envolve questões como o controle do capital sobre essas tecnologias, a concentração do conhecimento, a regulação da propriedade intelectual, o problema da fome, entre outros. (GIULIANI, 2008, p. 288).

O Brasil, no entanto, "...está investindo muita energia e somas bastante elevadas em diversos campos da bioengenharia, obtendo reconhecidos resultados". A partir de financiamentos públicos, desde 2004 "...está em curso o mais ambicioso projeto de genomas vegetais do mundo". Os cientistas buscam, agora, decodificar o código genético da cana-de-açúcar, já tendo decifrado, até 2007, cerca de 42 mil dos quase 50 mil genes da cana. A Esalq vem estudando há anos o isolamento dos genes do milho resistentes à ferrugem do gênero conhecido como *Puccinia* e de espécies como *polysora* e *sorghi*. "O que, de fato, os cientistas buscam é a redução das perdas da produtividade" (GIULIANI, 2008, p. 290-291).

A própria Embrapa desenvolveu e aprovou uma espécie transgênica de um grão de feijão, sob o argumento de que, com isso, vai oferecer aos agricultores uma semente resistente ao vírus mosaico dourado, transmitido pela mosca branca. A variedade geneticamente modificada do feijão permitiria, ainda, o aumento da produção, diminuindo a importação da leguminosa e baixando seus preços

O padrão de desenvolvimento dos agronegócios no Brasil (...) 159

no mercado interno. A empresa afirma que não cobrará *royalties* pelo feijão transgênico e que o entregará aos produtores de sementes. Mas isto não anula a subordinação da agricultura ao capital monopolista, que detém as tecnologias necessárias para esse tipo de produção, já que permanecerão presos ao chamado pacote tecnológico da revolução verde[5].

Desde o ano de 2005, quando a nova Lei de Biossegurança foi aprovada, regulamentando a produção de sementes transgênicas, a área plantada com esse tipo de semente geneticamente modificada no país mais que triplicou, passando de 9,4 milhões para 32 milhões de hectares. Ao lado desta, o consumo médio de agrotóxicos saltou de cerca de 7 quilos por ha para 10,1, registrando, assim, um aumento de 43,2% e elevando as vendas desses produtos em mais de 72%, entre os anos de 2006 e 2012 (de 480,1 mil para 826,7 mil toneladas). Estes números colocam o país como o maior consumidor mundial de agrotóxicos (FATOS..., 2012, p. 3).

Segundo Letícia Rodrigues da Silva, em 2010, o mercado mundial de agrotóxicos movimentou US$ 48 bilhões. O Brasil foi responsável por gerar US$ 7,1 bilhões de lucro a cerca de 6 grandes empresas transnacionais, como as norte--americanas Monsanto, Dupont e Dow AgroSciences, as alemãs Bayer e Basf e a suíça Syngenta.

> A fragilidade da legislação brasileira permite que os agrotóxicos sejam registrados para toda eternidade e que o ato administrativo do registro, que deveria ser automaticamente cessado quando da ocorrência de qualquer indício de perigos à saúde, ao ambiente ou de perda de eficácia agronômica, tenha que ser objeto de um longo e desgastante procedimento administrativo de reavaliação, procedimento no qual os escassos recursos humanos dos órgãos públicos responsáveis por tais

---

5    Vale lembrar ainda que, antes da votação da liberação comercial da variedade transgênica, o integrante da CTNBio e pesquisador da Ufscar, José Maria Ferraz, apresentou um estudo controverso, segundo o qual, as consequências toxicológicas do feijão transgênico não foram avaliadas a contento. Faltaram análises morfológicas e histológicas dos animais submetidos à dieta com esta variedade geneticamente modificada. O professor também encontrou diferenças nutricionais na variedade geneticamente modificada, com níveis de vitaminas abaixo da variedade convencional. Por isso, seu parecer solicitou diligência do material para esclarecimentos, com base no princípio da precaução. Além disso, o representante do Ministério da Saúde, Pedro Binsfel, o assessor técnico da Ong AS-PTA, Gabriel Fernandes, e o representante do Ministério do Desenvolvimento Agrário, Leonardo Melgarejo se manifestaram pelo adiamento da votação, a fim de que fossem realizadas novas pesquisas. No entanto, em setembro de 2011, a Comissão aprovou a leguminosa geneticamente modificada da Embrapa por 15 votos favoráveis, 5 pedidos de diligência e 2 abstenções.

160 Frederico Daia Firmiano

avaliações têm que comprovar que o produto representa perigo ou causa danos, subvertendo-se o grande avanço da legislação, de que o ônus da segurança incumbe ao empreendedor/desenvolvedor da tecnologia (SILVA, 2011, p. 2).

Em 24 de outubro de 2013 foi sancionada a Lei n° 12.873/13 e quatro dias depois, o Decreto n° 8.133, que preveem a liberação de agrotóxicos ainda não aprovados no Brasil e o uso de substâncias para outra finalidade daquela aprovada anteriormente, em casos de emergência fitossanitária ou zoossanitária. No dia 4 de novembro do mesmo ano, a região oeste do estado da Bahia foi declarada em estado de emergência fitossanitária em relação à lagarta *Helicoverpa armigera*. Três dias depois, o MAPA publicou uma portaria (n° 1109), permitindo a importação da substância benzoato de emamectina, proibida no Brasil. O Ministério da Agricultura passou a possuir certos poderes em situações que considerar emergenciais, sem que estas situações sejam definidas *a priori*. Vale ainda mencionar que, desde pelo menos o mês de outubro de 2013, quando a Lei e o Decreto foram sancionados, há rumores de que esteja em discussão a reformulação completa do rito de análise, autorização e uso dos agrotóxicos no Brasil (PORTARIA..., 2013, p. 4-5).

Segundo a especialista em Regulação e Vigilância Sanitária, gerente de Normatização e Reavaliação da Anvisa e responsável pelas reavaliações toxicológicas dos agrotóxicos, atualmente a estratégia dos donos de registro inclui a contratação de especialistas para darem parecer e opinião em seu favor, desqualificando os estudos que consideram o produto inadequado para a saúde. Outro expediente do capital é buscar "...apoio político em todos os escalões governamentais e legislativos para o convencimento da imprescindibilidade do agrotóxico X ou Y, com as eternas ameaças de fechamento de unidades fabris...", que provocariam desemprego e outros impactos na economia. (SILVA, 2011, 2). O que demonstra como os agrotóxicos são elementos viscerais do modelo de desenvolvimento agrário regido pelo agronegócio.

Em 2011, a pesquisa realizada por Wanderlei Pignatti, da Universidade Federal de Mato Grosso, revelou a presença de agrotóxicos no leite materno. "Amostras colhidas de 62 voluntárias apresentaram, pelo menos, um tipo de agrotóxico, como o DDE, derivado de um produto proibido desde 1998" (O Globo *apud* Pinassi; Mafort, 2012, p. 142). Uma pesquisa divulgada pela revista *Proceedings of the National Academy of Sciences* (PNAS) mostra que:

> [...] níveis elevados de poluentes orgânicos persistentes (POPs) na placenta estão associados ao nascimento de crianças com problemas

neurológicos graves, especialmente defeitos no tubo neural. Os POPs incluem certos pesticidas, além de gases eliminados por incineradores industriais e de resíduos.

Em primeiro lugar, estas pesquisas demonstram que, mesmo após décadas de proibição à sua produção, os poluentes orgânicos continuam a ser utilizados em larga escala. Ao mesmo tempo, buscam comprovar o impacto extremamente negativo e imprevisível dos agrotóxicos sobre a saúde humana, caracterizando-se pela alta resistência e durabilidade no meio ambiente porque possuem efeito bioacumulativo, ou seja, concentração rápida e excreção lenta. Além disso, é imenso seu poder de dispersão podendo ser levados, através dos ventos e correntes marítimas, para regiões muito distantes daquelas em que foram produzidos ou aplicados (PINASSI, MAFORT, 2012, p. 142).

Segundo Pignatti *et al* (2012, p. 60) "... a aplicação de agrotóxicos é, provavelmente, a única atividade em que a contaminação do ambiente de produção e trabalho é intencional". Isto porque, apesar de os agrotóxicos serem aplicados para combater as pragas, como não é possível separá-las do conjunto da lavoura, sua totalidade é atacada com a intenção de atingir apenas uma parte, mas isto contamina todo o conjunto. Além disso, como a própria nomenclatura já indica, os agrotóxicos possuem uma toxicidade para o homem e para a natureza, que é classificada em níveis que variam de I a IV. "Não cabe dúvidas ao fazendeiro e ao agrônomo que emitiu o receituário, quanto à contaminação intencional pelo uso daqueles tóxicos". (PIGNATTI *et al*, 2012, p. 61). Não raro, as pulverizações intencionais das plantas são realizadas próximas às residências, às criações, às águas, às reservas florestais, contaminando o meio ambiente onde é aplicado e seu entorno.

Em absolutamente todos os casos, os agrotóxicos podem implicar a saúde humana, provocando efeitos e sintomas agudos e crônicos, de acordo com a classificação quanto ao grupo químico. Os sintomas vão de sensação de fraqueza, cólicas abdominais, espasmos musculares, convulsões, náuseas, vômitos, irritações conjuntivas, tonteiras, tremores musculares, dor de cabeça, perda de apetite, sangramento nasal, desmaios (sintomas de intoxicação aguda) até outros mais graves, decorrentes da intoxicação crônica, como efeitos neurotóxicos retardados, alterações cromossomiais, lesões hepáticas e renais, arritmias cardíacas, neuropatias periféricas, asma brônquica, doença de Parkinson, cânceres, entre outras. (PIGNATTI *et al*, 2012, p. 64).

Os dados do Censo Agropecuário de 2006 trazidos por Pignatti et. alli (2012, p. 63) dizem que 27% das propriedades de 0 a 10 hectares; 36% das propriedades de 10 a 100 hectares e 90% das propriedades acima de 100 hectares utilizam agrotóxico frequentemente. Assim, se é verdade que a produção do agronegócio concentra a utilização de agrotóxicos em suas monoculturas, também é certo que os estabelecimentos agropecuários considerados pequenos, associados à agricultura familiar, não escapam ao padrão atual da produção mediada pelo capital.

Sob a mediação do capital, esta racionalidade parcial e reificada se amplia por todos os domínios, não importando em qual escala de operação a produção se dá. Da moderna empresa capitalista a unidade familiar de produção agrícola, qualquer restrição correspondente ao controle racional dos recursos humanos e ecológicos tende a ser anulado pelo impulso expansionista do capital. De tal modo que, sob seu comando, a agricultura e a agropecuária de base familiar passa a reproduzir a lógica de operação do grande capital, na forma de exploração dos recursos ecológicos disponíveis em quantidade limitada e também no que toca a exploração do trabalho alheio ao da unidade familiar – guardadas as devidas proporções, evidentemente.

Como veremos no próximo capítulo, cada vez mais as unidades familiares de produção agrícola e não-agrícola no campo operam sob a lógica e, não raro, sob o comando direto e indireto do capital, seja por meio da integração às cadeias produtivas do agronegócio, como conectoras do processo de produção do valor, seja se subordinando a racionalidade reificada do capital, por meio da incorporação do pacote tecnológico da revolução verde. Com isso, não escapam da tendência à produção destrutiva, marcada pela relação igualmente alienada com os recursos ecológicos disponíveis e da generalização do trabalho social abstrato, ingressando também em uma espécie de nova proletarização, mas desta vez assinalada pela precarização estrutural da totalidade do trabalho.

# O CONTROLE DO CAPITAL SOBRE AS UNIDADES FAMILIARES DE PRODUÇÃO AGRÍCOLA E NÃO-AGRÍCOLA NO CAMPO E O ESPECTRO DA PROLETARIZAÇÃO

## O ESPECTRO DA PROLETARIZAÇÃO NAS UNIDADES FAMILIARES DE PRODUÇÃO AGRÍCOLA

O padrão de acumulação de capital que nos últimos anos vem conduzindo a expansão do agronegócio produziu transformações de larga monta no mundo do trabalho e na forma de utilização dos recursos ecológicos disponíveis, conforme vimos até aqui. A precarização estrutural do trabalho, bem como o processo de alienação das condições elementares da reprodução social, como contradições intensificadas pela crise estrutural do capital impactaram, assim, a totalidade do trabalho e a natureza.

Sob o neodesenvolvimentismo, a economia política do agronegócio tem sido responsável pela acentuação das formas de subordinação e subsunção formal e real do trabalho no processo do capital implicando, além dos despojados da terra, indivíduos que vivem do próprio trabalho, naqueles que venceram virtualmente a proletarização que a condição de não-proprietários dos meios de produção os instalava, ora obrigando-os a vender a força de trabalho em troca de salário ou quaisquer outras formas de remuneração, ora sujeitando seu trabalho e seus meios de produção ao controle direto ou indireto do capital, no que toca a produção, distribuição e comercialização.

Em alguma medida, aquela parcela de trabalhadores que já se supunha haver obtido conquistas substanciais, como no caso de agricultores cujo trabalho é organizado por meio da unidade familiar e, principalmente, das famílias de assentados da reforma agrária, também experimenta hoje uma nova forma de proletarização, ou reproletarização, no exato sentido da perda do controle sobre os meios de produção. E nesse momento histórico, este processo é marcado pela precarização estrutural do trabalho.

Como mostrei anteriormente, desde os anos 2000 os investimentos estatais dedicados a agricultura familiar vem se dando, sobretudo, nas regiões Sul e Sudeste do país, em estabelecimentos agropecuários e assentamentos rurais considerados mais dinâmicos, com capacidade de se modernizar e se integrar ao mercado de modo exitoso. Ao mesmo tempo, os esforços público-estatais para a criação de novos assentamentos rurais, sempre irrisórios no Brasil com relação ao agronegócio, foram reduzidos drasticamente, assim como os recursos destinados para a formação ou ampliação de infraestrutura produtiva e social nos territórios da reforma agrária. Esta política deliberada dos governos do PT instalou a maior parte das unidades familiares de produção agrícolas, não-agrícola e/ou agropecuárias no campo em uma condição de extrema precariedade.

Assim, a dinâmica concentradora e seletiva do "novo mundo rural" também vem cumprindo importante função econômica na liberalização de mão de obra para os setores dinâmicos que movimentam o programa neodesenvolvimentista ora em curso. Tanto para o agronegócio, como para os setores da própria agricultura familiar que demandam força de trabalho externa à unidade familiar, operando segundo as exigências do capital. Evidentemente, essa dinâmica também libera mão de obra para os outros ramos e setores da economia, como a construção civil, a mineração, os setores de serviços etc.

Observando a chamada "agricultura tradicional" no Rio de Janeiro da qual falam Carneiro e Teixeira (2012) e os "assentados-assalariados" encontrados por Orzekovski (2013) em assentamentos rurais no estado do Paraná, é possível notar que, apesar das inúmeras diferenças, esses trabalhadores integram o mesmo contingente de indivíduos que, em função da ausência de condições objetivas para se reproduzirem propriamente como "agricultores" (pequenos proprietários ou assentados da reforma agrária), se submeteram ao férreo controle do capital, sob a forma do assalariamento. Isto indica que o espectro da proletarização ainda os ronda mesmo após alcançarem a condição de "pequenos proprietários", parceleiros da terra proprietários de algum meio de produção.

No caso de Nova Friburgo-RJ é "...dessa categoria [da agricultura tradicional] que sai o maior contingente de jovens que irá responder à demanda de trabalho gerada pela exploração turística" (CARNEIRO, TEIXEIRA, 2012, p. 73), ou, então, para as confecções domésticas de peças de vestuário feminino que na década de 1990 se alastraram no estado fluminense ou, ainda, para as atividades em crescimento da construção civil. (CARNEIRO, PEREIRA, 2012).

O mesmo acontece no caso estudado por Orzekovski (2013), cujos assalariados são assentados e filhos de assentados da reforma agrária e que, na impossibilidade de se reproduzirem nos lotes conquistados no processo da luta pela

O padrão de desenvolvimento dos agronegócios no Brasil (...)

terra, vendem sua força de trabalho na cidade ou mesmo no campo, nos próprios assentamentos rurais onde vivem ou, ainda, para agricultores familiares modernizados, que geram ocupações excedentes além do trabalho dos membros da família. No mais das vezes, esses trabalhadores engrossam o contingente de precários e informalizados, aquele lado do pêndulo do mundo do trabalho de que fala Antunes (2013) onde se situa a maioria esmagadora da classe trabalhadora hoje.

## Duas pesquisas sobre assentamentos rurais na viragem do século

No início dos anos 2000, a pesquisa coordenada por Sérgio Leite, Beatriz Heredia, Leonilde Sérvolo de Medeiros *et al.* analisou os resultados das experiências de 92 projetos de reforma agrária, em seis "manchas" do país (Sudeste do Pará; entorno do Distrito Federal; Sertão do Ceará; Zona Canavieira do Nordeste; Sul da Bahia; Oeste de Santa Catarina), mostrando que, do total da população maior de 14 anos, 11% trabalhava, simultaneamente, no lote e fora dele; 1% trabalhava somente fora do lote, enquanto a maioria (79%) trabalhava apenas no lote. (LEITE, HEREDIA, MEDEIROS, 2004, p. 125).

Como disseram à época, "... é muito provável que haja uma subdeclaração dos dados de trabalho fora do lote uma vez que, no geral, os assentados ficam temerosos de revelar sua inserção em outros tipos de trabalho..." (LEITE, HEREDIA, MEDEIROS, 2004, p. 125), de modo que esse percentual de trabalhadores que vende a força de trabalho mesmo depois de assentados, certamente, é bem maior, principalmente, depois dos investimentos governamentais destinados para apenas uma parcela da agricultura familiar.

A pesquisa também mostrou que dos 12% da população acima de 14 anos que desempenhavam algum trabalho fora do lote, 44% o faziam em caráter eventual; 31% de modo permanente e 24% em caráter temporário. A maior parte dos trabalhadores que trabalhava fora do lote (57%) formava um contingente de "assalariados rurais", dentro ou fora do assentamento. (LEITE, HEREDIA, MEDEIROS, 2004, p. 126).

Entre os 12% daqueles que possuíam ocupações fora do lote, 56% exerciam atividades produtivas dentro do próprio assentamento em ocupações diversas, agrícolas e não agrícolas. Conforme os coordenadores da pesquisa: "quando se considera a contratação de trabalho pelos assentados, verificamos (...) que, no total, 36% dos lotes pesquisados contratam pessoas de fora" (LEITE, HEREDIA, MEDEIROS, 2004, p. 129).

As determinações desse processo são múltiplas, tanto no caso daqueles que se proletarizam, quanto no caso daqueles que exploram a força de trabalho alheia

166          Frederico Daia Firmiano

a própria unidade familiar a que pertence. Inclusive, há situações nas quais os que exploram força de trabalho são também proletários em certos momentos, o que confere extrema complexidade a questão.

Leonilde Sérvolo de Medeiros e Sérgio Leite, no entanto, já haviam realizado um grande esforço de investigação das transformações que os assentamentos rurais provocam nas regiões onde se inserem, tendo analisado, com a participação de equipes locais de pesquisadores, 26 projetos de assentamentos implantados até o ano de 1995, em 27 municípios, em seis estados, Acre, Mato Grosso, Rio de Janeiro, Rio Grande do Sul, São Paulo e Sergipe.

Nos quatro assentamentos selecionados para a pesquisa no Rio Grande do Sul, 24% das famílias assentadas declararam que, pelo menos, um membro trabalhava fora do lote. Destes, 66,67% era assalariado permanente. Vale lembrar que do total de famílias assentadas nos quatro projetos analisados, cerca de 22,34% participavam de formas coletivas de organização do trabalho, inclusive através de cooperativas, que também são responsáveis pela geração de postos de trabalho agrícolas e não agrícolas no interior dos assentamentos rurais – o outro lado do mesmo processo de diferenciação determinado pelo desenvolvimento desigual do capital.

Em São Paulo foram selecionados seis projetos de assentamentos rurais, em quatro municípios. "As fontes de renda auferidas fora do lote tiveram, na média ponderada, importância menor que as fontes de renda no interior do lote", representando 12,89% do total da renda das famílias assentadas. O assalariamento, por sua vez, representava 4,82% do total da renda auferida pelos assentados. Um aspecto importante é que o assalariamento externo foi encontrado em duas situações opostas: "...entre as famílias com menor volume de rendimentos monetários e entre as famílias (...) com maiores rendimentos..." (BERGAMASCO *et al*, 2004, p. 115).

As experiências paulistas analisadas também revelaram a importância da contratação de trabalhadores externos nos lotes dos assentamentos. Em alguns casos, cerca de 60% das famílias assentadas contratavam trabalho externo, ainda que, dominantemente, de forma temporária. (BERGAMASCO *et al*, 2004, p. 128). Nos três assentamentos estudados no estado de Sergipe, 34,6% dos parceleiros da terra contratavam assalariados em regime temporário, chegando a 65,5% no caso do assentamento Califórnia. (LOPES, MATOS *et al*, 2004, p. 246). E no Acre, as quatro experiências pesquisadas apresentaram um índice de 27,3% de assentados que declararam contratar trabalhadores temporariamente e 8,1% tinham trabalhadores contratados em caráter permanente. (PAULA, SILVA *et al*, 2004, p. 288).

O padrão de desenvolvimento dos agronegócios no Brasil (...)

A análise de quatro assentamentos no estado do Rio de Janeiro mostrou que "...a maior parte das famílias combinava atividades dentro e fora do assentamento, assim como atividades agrícolas e não agrícolas" no campo e na cidade, no beneficiamento de produtos, corte de cana, serviços gerais realizados nas fazendas locais e, como citei antes, atividades ligadas ao turismo, a confecção etc. Em alguns assentamentos do estado, o percentual de assentados que combinava atividades dentro e fora do assentamento chegou a 35%, como no caso do assentamento Novo Horizonte. (MEDEIROS, LEITE *et al*, 2004, p. 164).

No estado do Mato Grosso, por sua vez, cerca de 18% da Renda Média Familiar Bruta (RMFB) era proveniente da previdência social, salários e "outras rendas". (FERNANDÉZ, FERREIRA, 2004, p. 212). E, em Sergipe, no assentamento Ivan Ribeiro e Vitória da União, 40% e 20%, respectivamente, dos assentados trabalhavam para terceiros, como diaristas, fora do assentamento, no corte da cana, batendo pasto ou consertando cerca nas fazendas vizinhas. Nos três casos estudados naquele estado, 5,6% da renda total auferida pelos assentados era oriunda do trabalho assalariado e outros 3,9% de aposentadorias. (LOPES, MATOS *et al*, 2004, p. 247). Na composição média da renda familiar nos assentamentos pesquisados no Acre, o assalariamento representou 11,7%. Ao lado da renda previdenciária (18,01%) e "outras" (9,88%), as formas de renda não provenientes da agricultura, pecuária, extrativismo e artesanato chegaram a média de 39,68% nos projetos de assentamento estudados. (PAULA, SILVA *et al*, 2004, p. 288).

Esses dados são da virada de 1990 para os anos 2000, de modo que mais de uma década nos separam daquela realidade e do retrato feito pela pesquisa. A ausência de estudos atuais de larga extensão, como os apresentados, não permite que comparemos a evolução deste processo de proletarização nos assentamentos rurais. No entanto, no quadro do neodesenvolvimentismo e da generalização do agronegócio, esta parece ser uma importante tendência constituída na última década e que deverá determinar o destino das unidades familiares de produção agrícola nos próximos anos. Isto porque, se é verdade que o processo de sucateamento dos assentamentos rurais avançou exponencialmente nesse período – ao lado da acentuação da diferenciação econômica e tecnológica no interior da categoria da agricultura familiar e, principalmente, da ascensão do emprego impulsionado por setores como o de serviços, da mineração, da construção civil – a proletarização passou a rondar o conjunto dos assentados da reforma agrária e os pequenos proprietários dedicados à agricultura e/ou à agropecuária.

## O SIGNIFICADO DO PROCESSO DE PROLETARIZAÇÃO HOJE

A expansão do capital no campo sob a forma de agronegócios alargou os mecanismos de expropriação dos meios de produção, sem que os instrumentos de superexploração/subordinação/expropriação anteriores fossem abandonados, exigindo, ainda, uma intensa e profunda desregulamentação das leis trabalhistas e de proteção ambiental, na esteira da reestruturação produtiva do capital e da precarização da totalidade do trabalho. Nesse sentido, a proletarização que vem despontando no início deste século tem caráter bastante amplo. Não se trata apenas da expropriação dos meios de produção e dos instrumentos de trabalho – processo ainda em curso e fundamental para a expansão das relações capitalistas de produção –, mas se mostra também como sujeição do trabalho no processo do capital, seja o trabalhador desprovido ou não de algum meio de produção.

Nos anos de 1860, Marx evidenciou como o processo de trabalho se converte no instrumento do processo de (auto) valorização do capital, subsumindo-se nele e constituindo, simultaneamente, o próprio capital. Em suas palavras:

> [...] a relação de hegemonia e subordinação ocupa no processo de produção o lugar da antiga *autonomia* anterior, como por exemplo, entre todos os camponeses auto-suficientes, agricultores (*selfsustaining peasants*, farms. Ing.) que só tinham que pagar uma renda em espécie, quer ao Estado, quer ao terratenente (*landlord.* Ing.), ou, no caso da agricultura subsidiária – doméstico-rural – ou no *artesanato independente*. Registre-se aqui, pois, a perda de *autonomia* anterior no processo de produção; a relação de *hegemonia* e *subordinação* é ela mesma produto da implantação do modo capitalista de produção (MARX, 2004, p. 97).

Esse processo, que Marx chamou de subsunção formal do trabalho no capital, ainda vige, principalmente, na chamada frente pioneira, ou nas faixas de expansão da fronteira agrícola do país, sobretudo quando consideramos os povos tradicionais, indígenas, ribeirinhos, quilombolas ou os grupos de trabalhadores cuja experiência esteve, ao longo dos séculos, associada à posse ou mesmo a propriedade da terra no Brasil.

Com o desenvolvimento do modo de produção especificamente capitalista, a conversão da produção como fim em si mesmo que, como afirmava Marx, já tinha lugar com a própria subsunção formal do trabalho, passou a se realizar de maneira mais adequada, "...convertendo-se numa *condição necessária* inclusivamente do ponto de vista *tecnológico*..." (MARX, 2004, p. 107).

O padrão de desenvolvimento dos agronegócios no Brasil (...)      169

A modernização capitalista das unidades familiares de produção agrícolas e não-agrícolas no campo iniciada pelos militares na década de 1970, bem como o adensamento de sua relação com o mercado capitalista promovido mais recentemente sob os governos neoliberais subsenquentes ao fim da ditadura, converte o valor de troca em seu objetivo último, subsumindo o trabalho no processo do capital. "Este é um dos aspectos que distinguem esta produção do modo de produção precedente; é, se se quiser (*if you like*. Ing.), o aspecto positivo; teremos, por outro lado, o aspecto negativo, antitético: produção que se contrapõe aos *produtores*, para a qual os produtores não contam" (MARX, 2004, p. 107).

O desenvolvimento das forças produtivas do capital tem levado às últimas consequências a subordinação do valor de uso pelo valor de troca, a subsunção real do trabalho no processo do capital, a reprodução ampliada do trabalho social abstrato, da proletarização, com as transformações vultosas ligadas ao processo de reestruturação produtiva do capital e, neste, com a emergência de inúmeras formas de precarização do trabalho, por meio da flexibilização do uso da força de trabalho, entre outros.

Nesse quadro, as possibilidades de controle sobre a reprodução social mediada pelo capital que, durante algum tempo, certas parcelas da população puderam exercer, ainda que de modo relativo, foram progressivamente corroídos e "... mesmo a autonomia mais limitada que alguns grupos de pessoas anteriormente gozavam no processo de trabalho" foi nivelada por baixo ou negada. (MÉSZÀROS, 2007, p. 70). Assim, a esmagadora maioria dos indivíduos veio caindo "... em uma condição na qual perde todas as possibilidades de controle sobre sua vida e, nesse sentido, torna-se proletarizada" (MÈSZÀROS, 2007, p. 70).

Com a reestruturação produtiva do capitalismo brasileiro, no sentido de ajustar-se a ordem global e a recente expansão do programa neodesenvovimentista do PT, a disseminação da agricultura familiar como apêndice do agronegócio criou formas distintas e complexas de precarização do trabalho no campo, por meio da informalização, das subcontratações e terceirizações de tarefas e serviços, anulando a mais precária autonomia anterior gozada pelas unidades familiares de produção agrícola. É assim que o espectro da proletarização tende a atingir e a sujeitar todas as experiências produtivas mediadas pelo capital, combinando a subordinação às formas de subsunção formal e real do trabalho no processo do capital.

No entanto, mesmo sob a vigência das "flexibilizações" abertas pelo neoliberalismo e, mais recentemente, por sua versão neodesenvolvimentista, algumas pesquisas dedicadas às relações sociais de produção no campo têm procurado nublar as consequências da atual tendência à proletarização no sentido exposto anteriormente. Nas últimas décadas despontaram categorias teóricas como a chamada pluriatividade, que busca afirmar que o processo de proletarização seria contradito pela dinâmica da reprodução social familiar, cujos membros estariam encontrando na combinação de atividades produtivas agrícolas e não-agrícolas uma alternativa a própria proletarização. Mas, além de uma compreensão estreita do que é, de fato, o processo de proletarização atual, parece-me que as próprias pesquisas sobre a pluriatividade, mesmo sem qualquer intenção, corroboram o processo hoje em curso.

## Pluriatividade ou nova proletarização?

É bastante significativa, diversa e heterogênea a literatura brasileira sobre a *pluriactivité brésilienne*. Não me cabe aqui, porém, examinar exaustivamente a produção científica que se dedica ao tema, posto que um esforço como este escaparia aos objetivos desta pesquisa. Assim, limito-me a trazer ao texto algumas referências que podem contribuir para com o avanço da discussão indicada. Como referência histórica, basta dizer que foi a partir da década de 1990 que os estudos sobre a pluriatividade e as chamadas novas ruralidades ganharam fôlego no Brasil, mobilizando importantes pesquisadores do (admirável) mundo rural brasileiro.

Como destaca Maria José Carneiro, a categoria emerge no repertório técnico-político para depois ganhar tratamento pelas ciências sociais, buscando diferenciar aqueles trabalhadores – o termo é por minha conta – que deixam de se dedicar exclusivamente a agricultura. Assim, o termo não leva a uma nova categoria social, tampouco a uma nova classe social. Nem mesmo pode assumir o *status* de um conceito, uma vez que se refere a um repertório largo, complexo e variado de práticas sociais produtivas e reprodutivas. (CARNEIRO, 2006).

As pesquisas do grupo Rurbano na viragem da década de 1990 para os anos 2000, ao lado de outras pesquisas sobre a agricultura familiar no Brasil, revelaram que a soma dos rendimentos não agrícolas das pessoas que viviam no campo superava os rendimentos provenientes das atividades agrícolas. E, apesar do crescimento da população rural no mesmo período, havia ocorrido redução do emprego agrícola. Em parte, essa redução do emprego agrícola decorria do incremento das atividades não agrícolas no campo. Nesses termos, o espaço rural não poderia mais ser considerado estritamente agrícola. (SILVA, 2001, p. 39-40).

O padrão de desenvolvimento dos agronegócios no Brasil (...)     171

Outra tendência importante registrada por Graziano da Silva (2001, p. 41-43) foi a individualização da gestão das pequenas e médias propriedades. Enquanto um membro da família desempenhava tal atividade, os demais procuravam outras formas de inserção produtiva, em geral, fora da propriedade. Além disso, atividades produtivas anteriormente realizadas no interior da propriedade também começavam a ser contratadas externamente. Com isso, parte significativa das famílias rurais brasileiras estava se tornando "pluriativa".

Para Sérgio Schneider, o crescimento das atividades não-agrícolas no campo não implica, necessariamente, no crescimento da pluriatividade. Ou, dito de outra forma, apesar da pluriatividade no campo depender da combinação de atividades agrícolas com atividades não-agrícolas, a dinâmica destas últimas pode não levar a pluriatividade, de modo que é preciso diferenciá-la do acúmulo de ocupações que, eventualmente, um indivíduo ou o grupo familiar pode possuir. (SCHNEIDER, 2009, p. 3).

Para este autor, a pluriatividade é heterogênea e diversificada. E não pode ser configurada apenas pela obtenção de rendas não agrícolas, como aposentadorias, salários etc., assim como o tempo de trabalho dedicado a esta ou àquela atividade não-agrícola. Nesses casos, o risco é confundi-la com a dupla profissão. Em suas palavras:

> [...] o que diferencia a combinação de atividades que os agricultores realizavam no passado da pluriatividade atual é o fato que esta aparece como uma etapa final do processo de integração dos agricultores e de suas famílias à sociedade regida pelo intercâmbio mercantil (Polanyi, 1980) (SCHNEIDER, 2009, p. 6).

Schneider (2009, p. 8-11) propõe uma tipologia das formas de pluriatividade no campo que, como caminho teórico-metodológico, não é suficiente para capturar o complexo e variado processo através do qual inúmeras famílias de trabalhadores passam a combinar atividades agrícolas e não-agrícolas, mas pode ajudar-nos, mesmo não sendo este o objetivo do autor, na evidenciação da referida tendência à proletarização – ao contrário do que rezam os estudiosos da pluriatividade.

Haveria, assim, quatro tipos de pluriatividade. A pluriatividade tradicional ou camponesa, que ocorre dentro da propriedade rural, combinando atividades de produção, transformação e artesanato com a produção agrícola para o autoconsumo e que, em geral, não visa a mercantilização. A pluriatividade intersetorial, que decorre do encadeamento da agricultura com a indústria e o comércio e que está ligada aos processos de descentralização da indústria e da rurbanização, além da criação de novos postos de trabalho gerados pelas formas "flexíveis" de acumulação de capital e dos processos de informalização e precarização dos trabalhadores.

Outro tipo seria a pluriatividade de base agrária, gerada pela demanda de serviços e atividades não-agrícolas que a modernização da agropecuária promove e, assim como no caso do segundo tipo, guarda relação estreita com as novas formas de gestão produtiva integradas do setor e que geram formas "flexíveis" de organização do trabalho. Desse modo, as ocupações aí geradas também são marcadas pelas terceirizações de fases da produção, demanda por serviços, informalização da mão de obra, subcontratações, entre outros.

Esse tipo de "pluriatividade" se manifestaria de várias formas, como: (a) por meio do acúmulo de atividades produtivas na agricultura e prestação de serviços remunerados; (b) por meio da combinação de trabalho na agricultura e em atividades como beneficiamento, comercialização, ensacamento, administração, entre outras geradas no âmbito da indústria e comércio; e (c) pela venda da força de trabalho informal em atividades sazonais geradas pela dinâmica da agricultura, e por atividades agrícolas realizadas no próprio lote ou propriedade etc.

Por fim, haveria a pluriatividade pára-agrícola, quando o agricultor/camponês extrapola a produção para a subsistência e se torna "independente", inaugurando uma nova rotina e jornada de trabalho no próprio domicílio ou fora dele, combinando as novas atividades produtivas com práticas agrícolas. Este agricultor pluriativo buscaria, com isso, se diferenciar dos sistemas de integração – que veremos mais adiante – para atender demandas do mercado interno (e às vezes externo). O funcionamento das agroindústrias de produtos derivados de leite, carnes, frutas, cana de açúcar, por exemplo, organizadas na forma de cooperativas ou associações de trabalhadores se enquadraria nessa forma de pluriatividade, de acordo com Schneider (2009).

Essa tipologia evidencia que a pluriatividade tem relação direta com a reestruturação produtiva do capital, em cujo seio estão as novas formas de gestão da força de trabalho e os processos de informalização, terceirização e precarização das relações laborais. Não é à toa que o conceito, surgido ainda em meados de 1940, ganhou força nos países centrais somente nos idos de 1970, ou seja, quando os primeiros impulsos que levariam a formação da nova estrutura produtiva-financeira do capital se tornaram evidentes.

No Brasil, com a reestruturação produtiva do campo na década de 1990, a pluriatividade passou a ser uma exigência crescente do capital que, por um lado, destrói formas familiares ou coletivas de organização da produção ou submete o trabalho familiar no seu processo de produção e reprodução no campo, arrasando os postos de trabalho outrora constituídos sob o impulso da industrialização e, simultaneamente, cria formas de reinserção precarizada de uma parte (e apenas uma parte) dos trabalhadores e trabalhadoras, inclusive os pequenos proprietários ou assentados da reforma agrária avassalados pelo avanço do agronegócio.

Desse modo,

> [...] o desenvolvimento da pluriatividade significa uma forma de acentuação da exploração capitalista, na medida em que faz parte do conjunto de transformações em curso no mundo de hoje que apontam para a flexibilização e precarização das relações de trabalho e para a reestruturação produtiva, que têm como efeito básico o aumento da exploração do trabalho e a ampliação da margem de lucro dos capitalistas. (ALENTEJANO *apud* MACHADO, CASALINHO, 2010, p. 69).

Para Antonio Maciel Botelho Machado e Helvio Debli Casalinho: "a pluriatividade (...) tem estreita relação com o processo de descentralização da indústria nos espaços agrários". A tendência do capital é "...a de se utilizar do trabalho camponês como mão de obra barata com a finalidade de obter maior acumulação através da mais-valia produzida nessas relações" (MACHADO, CASALINHO, 2010, p. 69).

Evidentemente, a pluriatividade também está diretamente ligada ao processo de modernização da base técnica da agricultura, que tem gerado uma ociosidade crescente da força de trabalho, reestruturando o mercado de trabalho (vale mencionar que, de 1999 a 2009, o setor agropecuário sofreu um enxugamento de 600 mil postos de trabalho, como mostrei no capítulo anterior). Além, é claro, do crescimento do setor de serviços no espaço rural, que estimula as subcontratações e a precarização do trabalho; e da queda continuada da renda agrícola, já identificada pelo grupo *Rurbano* nos anos 1990.

O quadro da chamada pluriatividade no Brasil, tal como esboçado pelo Instituto Brasileiro de Geografia e Estatística (IBGE), oferece-nos pistas importantes para sua própria desmistificação. Mais uma vez me valho das contribuições de Sérgio Schneider (2009, p. 15-17), que considerou as informações sobre os domicílios em áreas rurais não metropolitanas para configurar a pluriatividade no Brasil.

Segundo o PNAD/IBGE, em 2005, 6.117.000 famílias residiam em áreas rurais não metropolitanas no Brasil, contra 5.847.000 milhões, em 2001 (nesse período houve, portanto, um crescimento de cerca de 270 mil famílias nessas áreas).

Do total dessa população, em 2005, 2.302.000 eram constituídos por famílias de "empregados assalariados", que representavam 37,6% do total das famílias. Na categoria "famílias de empregadores" estavam 293.000, ou 4,7%, das quais, 240 mil famílias (3,9%) empregavam até dois assalariados permanentes e 53 mil famílias (0,86%) empregavam mais de dois trabalhadores. Os ocupados por "conta-própria" eram a maioria do campo, somando 2.845.000, ou 46,5%. Outras 677.000 famílias (11,7%) estavam desempregadas ou sem ocupação na semana em que foram coletadas as informações para a pesquisa.

Ainda em 2005, as famílias ativas ocupadas exclusivamente na agricultura formavam um total de 3.069.000 (50,1% do total), ao passo que 983.000 (16% do total) estavam ocupadas exclusivamente em atividades não-agrícolas. Outras 1.388.000 (22,7%) de famílias possuíam pelo menos um membro que possuía ocupações em atividades agrícolas e não-agrícolas, ao mesmo tempo.

No período de 2001 a 2005, o número de domicílios rurais em áreas não metropolitanas nos quais os membros da família se ocupavam em atividades agrícolas aumentou apenas na categoria "empregados assalariados", em cerca de 1,7%. A categoria "conta-própria" sofreu uma diminuição de 2,4% ao ano, sendo a categoria que mais se reduziu ao longo do período. As famílias "pluriativas", por sua vez, tiveram aumento tanto na categoria "ocupados por contra-própria" (1,7%), como de "empregados" (4,2%). O aumento mais expressivo, no entanto, se deu entre as famílias rurais cujos membros estão ocupados em atividades não-agrícolas. Entre esses, a categoria "conta-própria" sofreu um incremento de 7,1%; e a categoria "empregados" aumentou 5,3%.

Como se pode notar, de 2001 a 2005, houve um aumento significativo tanto da categoria de "empregados assalariados" no âmbito das famílias ocupadas em atividades agrícolas (com diminuição da categoria "conta-própria"), além de acréscimo da categoria de "empregados" entre as famílias ocupadas em atividades não-agrícolas. O que demonstra que um contingente expressivo de trabalhadores passou a vender a força de trabalho em troca de salário ou outras formas de remuneração, de modo que, menos que uma opção ou parte da dinâmica própria do campesinato – que na sua tradição desempenha inúmeras atividades produtivas, de acordo com a sazonalidade da agricultura que pratica –, a pluriatividade aponta, pois, para uma expansão do trabalho social abstrato, da proletarização em sentido lato.

No entanto, a sujeição do trabalho no processo do capital não está circunscrita somente àqueles trabalhadores que são proprietários de terra e que se proletarizam no sentido de venderem sua força de trabalho em troca de salário ou outras formas de remuneração - embora esta seja uma dimensão de suma importância no interior da generalização do trabalho social abstrato. Ao contrário, a proletarização, no sentido da perda da autonomia anterior ou da perda de controle sobre o

O padrão de desenvolvimento dos agronegócios no Brasil (...)

processo de produção e reprodução vem atingindo também aqueles que preservam a condição de "proprietários" ou de parceleiros da terra (assentados rurais), sobre cujo processo produtivo, assim como sobre o resultado do processo do trabalho, pouco ou nada podem intervir, uma vez comandados pelo capital.

As diversas unidades familiares de produção, agrícolas e não-agrícolas, que surgiram no "novo mundo rural", em muitos casos, estão submetidas a diferentes e complexas formas de controle do capital, de modo que veem corroída qualquer autonomia perante o processo da produção, da distribuição e da comercialização do resultado de seu trabalho e do trabalho de terceiros que explora.

Assim, a hegemonia do capital atinge indiscriminadamente diferentes formas de organização produtiva que vai desde aqueles "agricultores familiares modernos ou em vias de se modernizar" (CARNEIRO, TEIXEIRA, 2012, p. 73-74), que possuem relação densa com o mercado e grau elevado de mecanização e técnicas de produção aprimoradas, até as agroindústrias de produtos derivados de leite, carnes, frutas, cana de açúcar, organizadas na forma de cooperativas ou associações que se enquadram no tipo de pluriatividade pára-agrícola definida por Schneider (2009). Ademais, inserem-se aí muitos "camponeses pequeno-burgueses", assentados da reforma agrária que produzem lucro (logo, extraem mais-valia de seus trabalhadores) e possuem estreita relação com o mercado, com níveis elevados de modernização, como define Orzekovski (2013, p. 166-167); ou as unidades familiares de produção que passam a se dedicar a atividades não-agrícolas no campo, combinadas ou não com a agricultura ou agropecuária, como, por exemplo, as confecções em domicílios rurais, as atividades ligadas ao turismo rural, entre tantas outras. E não podemos nos esquecer daqueles que constituem elos nas cadeias produtivas do agronegócio, seja por meio da chamada agricultura de contrato, seja por meio dos sistemas de produção integrado (SPI). Algumas pesquisas recentes sobre as "novas ruralidades" têm apontado para essa direção.

## O controle do capital sobre as unidades produtivas de famílias não-agrícolas no campo e a precarização estrutural do trabalho: o caso das oficinas de confecção, no Rio de Janeiro

No "novo mundo rural brasileiro" tem proliferado um conjunto de formas de reprodução social de grande heterogeneidade e complexidade, que reúne desde as empresas rurais de capital transnacional do agronegócio até a extrema pobreza na qual estão instaladas milhares de famílias de trabalhadores[1]. Neste intervalo, entre

---

1     Segundo a Nota Técnica do Ministério do Desenvolvimento Social e Combate à Fome, de 02 de maio de 2011, à época, o contingente de pessoas em extrema

176 Frederico Daia Firmiano

as empresas rurais de capital transnacional e a extrema pobreza, podemos encontrar formas distintas de organização agrícola e agropecuária, com níveis diferentes de modernização e integração ao mercado, bem como inúmeros negócios baseados em atividades não-agrícolas, como o turismo rural e as oficinas domiciliares em diversos ramos produtivos, integrados diretamente ou não à grande indústria. Além das diferentes formas de reprodução social tradicionais, no interior das quais poderíamos incluir os "camponeses", povos indígenas, ribeirinhos, quilombolas etc.

Essas inúmeras, complexas e heterogêneas experiências vêm sendo determinadas pelo desenvolvimento desigual no capital no campo que, ao mesmo tempo gera "manchas de desenvolvimento" em "regiões prósperas", algumas dominadas pelo agronegócio, outras marcadas pela forte presença da agricultura familiar e dos pequenos negócios baseados na combinação de atividades agrícolas e não-agrícolas. E, ainda, aquelas onde predominam a precariedade extrema de grupos, povos e famílias que vivem do próprio trabalho e do intercâmbio direto com os recursos ecológicos disponíveis. Em todos os casos, é a dinâmica desigual do capital no campo quem determina, de forma direta ou indireta, o conjunto das experiências produtivas e reprodutivas.

Como afirma Antonio Thomaz Jr (*apud* ORZEKOVSKI, 2013, p. 164): "em meio a esse turbilhão, reproduzem-se relações capitalistas e não essencialmente capitalistas para garantir o projeto hegemônico do capital, a dominação de classe e o controle social". Desse modo, o capital viabiliza "...a exploração, a subordinação, a expropriação, a sujeição, enquanto estratégia para garantir sua produção e reprodução".

Recentemente, a reestruturação produtiva do capital e as formas "flexíveis" de organização da produção e gestão da força de trabalho promoveram uma profunda reorganização do espaço rural, inviabilizando uma parcela significativa da agricultura de base familiar e deslocando contingentes expressivos de trabalhadores para atividades não-agrícolas no campo.

---

pobreza no Brasil era de 16,27 milhões de pessoas, ou 8,5% da população total. Destas, 46,7% viviam em áreas rurais (cujo total perfaz 15,6% da população brasileira total). A população total rural em situação de extrema pobreza no Nordeste e Norte representa, respectivamente, 26,9% e 26,5%, os maiores índices do país. E nessas regiões "...também se concentra mais da metade da população em extrema pobreza – 56,4% na região Norte e 52,5% na região Nordeste..." (BRASIL/MDS, 2011, p. 3). Ainda segundo o documento, "de um total de 29,83 milhões de brasileiros residentes no campo, praticamente um em cada quatro se encontra em extrema pobreza (25,5%), perfazendo um total de 7,59 milhões de pessoas". A população rural em extrema pobreza no Norte e no Nordeste são, respectivamente, 35,7% e 35,4% (BRASIL/MDS, 2011, p. 4).

O padrão de desenvolvimento dos agronegócios no Brasil (...)      177

Em muitos casos, a dinâmica desigual do capital tem, inclusive, anulado a possibilidade de constituição de atividades produtivas em sentido estrito, fazendo despontar, no interior do setor de serviços com ou sem qualquer vínculo com a atividade agrícola ou agropecuária, atividades como o turismo rural, o comércio de artesanato, a gastronomia, entre outras, concebidas e destinadas a "... gente de origem nitidamente urbana e de classe média em busca de 'natureza' e 'tranquilidade' por períodos mais longos ou mais curtos..." (COMEFORD, 2012, p. 11). Um "cenário" que, não raro, é exaltado por distintos estudiosos do campo brasileiro, como "processos de reelaboração da ruralidade e da construção de novas identidades sociais em localidades situadas em diferentes regiões..." (CARNEIRO, 2012, p. 20).

Onde a agricultura de base familiar não pode desenvolver-se são as atividades não-agrícolas que "pervertem o campo" – para usar a expressão de Bartra (2008) – e descampesinizam ou desruralizam o mundo rural, ainda que preserve elementos sociais, políticos e culturais da sociedade rural. (NETO, 2010, p. 102).

Na região de Nova Friburgo-RJ, que historicamente foi marcada pela presença de grandes indústrias do setor têxtil, a reestruturação produtiva do capital combinada com a crise do emprego e com a crise da pequena agricultura familiar vem promovendo o desenvolvimento de inúmeras oficinas de confecções de roupas em domicílios rurais como forma de mobilização de força de trabalho, não sem produzir a informalização, a quebra do assalariamento e, consequentemente, dos direitos trabalhistas.

A partir da década de 1980, essas unidades familiares rurais de produção não-agrícola se expandiram com caráter marcadamente informal. Segundo Carneiro e Pereira (2012), a própria condição de clandestinidade favorece a proliferação deste tipo de negócio, uma vez que diminui os custos da produção e estimula a contratação de pessoas da família e da localidade, mobilizando um contingente significativo – principalmente – de trabalhadoras.

"Percorrendo as trajetórias de trabalho de alguns homens dessa localidade, observamos que elas incluem uma gama variada de ocupações, o que só vem confirmar a tendência à informalização dos contratos de trabalho..." (CARNEIRO, PEREIRA, 2012, p. 114-115). Pelo turno dos trabalhadores e trabalhadoras submetidos a essa "gama variada de ocupações" gerada pelas confecções em domicílios rurais, a precariedade é a marca do trabalho que, em geral, é destituído dos direitos trabalhistas fundamentais.

Entre as costureiras existem, há aquelas contratadas por tarefa, conhecidas como faccionistas. Quando donas das máquinas, as faccionistas podem prestar serviços para as confecções médias e/ou grandes. "Como atividade terceirizada, o

178 Frederico Daia Firmiano

trabalho da faccionista não é legalizado: não há contrato formal, mesmo quando o serviço é prestado a uma empresa legalizada. Essa também é uma vantagem para as empresas" (CARNEIRO, PEREIRA, 2012, p. 129).

No âmbito dos trabalhadores que são proprietários dos meios de produção, ou aqueles que deslocam parte de seu capital, investindo em atividades não-agrícolas (às vezes por meio da venda, parcial ou integral, de parte da propriedade rural), são distintas as modalidades de oficinas de confecção, sendo igualmente distintas as formas de produção e apropriação de mais-valor, assim como o ritmo e a intensidade do trabalho. Carneiro e Pereira (2012, p. 129-133) registraram algumas dessas formas, como (a) a pequena empresa semidomociliar, que dispõem de instalações próprias e contratam trabalho assalariado e temporário; (b) a microempresa familiar domiciliar, que se distingue da anterior por utilizar, basicamente, mão de obra familiar e; (c) as pequenas oficinas domésticas que, em geral, utilizam o espaço domiciliar e o trabalho familiar. Também aí o trabalho familiar, ou desses "trabalhadores-proprietários", é marcado pela precarização. Para muitos, a jornada de trabalho pode chegar a 12 horas diárias (como no caso das microempresas familiar-domiciliares).

Como produtores simples de mercadorias, esses trabalhadores informais por conta própria "... adotam essas estratégias porque seus pequenos negócios informais não têm condições de concorrer com as empresas capitalistas, [que, por sua vez] (...) definem sua forma de inserção no mercado" (ALVES, TAVARES, 2006, p. 433). Em muitos casos, a própria existência desses pequenos negócios está condicionada ao seu contrato com a grande empresa e o rompimento do contrato de prestação de serviços ou fornecimento de mercadorias significa o fechamento do pequeno negócio.

Conforme Alves e Tavares (2006, p. 433):

> Analisando a relação entre a pequena empresa artesanal (ou trabalho em domicílio) e as grandes empresas, observamos que estas últimas adotam a prática de se apropriar das pequenas produções que são remuneradas por peça produtiva (...), possibilitando aos compradores grandes lucros com a comercialização destas mercadorias (Azevedo, 1997; Colli, 2000). Nesse caso entendemos que essa atividade possibilita apenas uma renda necessária à sobrevivência desses trabalhadores e, nos casos das empresas capitalistas, essas utilizam-se das práticas da informalidade para se liberar dos custos empregatícios.

Não há por parte destes trabalhadores que detém algum meio de produção qualquer controle sobre o processo e o resultado do trabalho. A autonomia ou controle sobre a reprodução social, que poderia ser encontrada no fato desses trabalhadores possuírem os meios de produção e/ou os instrumentos de trabalho, é anulada pela subordinação ao grande capital. Basta observarmos a longa jornada de trabalho nas oficinas de confecção, que pode chegar a 12 horas diárias ou mais, a fim de atingir as metas de produção – determinadas pela necessidade (do capital) de produzir mais-valor –, para vermos quem realmente comanda o processo produtivo. Embora sejam proprietários de meios de produção são, ao mesmo tempo, proletários do capital a quem servem.

Vale lembrar, como fazem Alves e Tavares (2006, p. 433), que essas "... formas de inserção do trabalhador por conta própria na economia informal não são práticas novas, mas foram recriadas pelas empresas capitalistas como forma de possibilitar a extração de mais-valor relativo como mais valor absoluto".

Formalmente, trata-se de agentes econômicos que realizam atividades de troca, regidas por contrato. No entanto, esta relação de igualdade formal esconde, pois, o processo real de produção e transferência de mais-trabalho. A forma de remuneração por peça, conforme analisou Marx (2013, p. 619-621), é uma variante da forma-salário, ou do salário por tempo, que mede o *quantum* produzido durante determinado período, ou o trabalho despendido pelo trabalhador relativo ao número de peças produzidas. É uma forma de controle sobre o trabalho que torna a supervisão externa supérflua, já que a qualidade e a intensidade do próprio trabalho são garantidos pelo próprio salário. O trabalhador é quem intensifica seu próprio trabalho e estende sua jornada, pois é por aí que pode aumentar seus ganhos. Mas, ao fazê-lo, está, ao mesmo tempo, criando valor para o capital sob a aparência de fazê-lo para si próprio. Assim, o salário por peça "... proporciona ao capitalista uma medida plenamente determinada para a intensidade do trabalho" (MARX, 2013, p. 623).

Além disso, à medida que se torna pequeno proprietário, este antigo trabalhador também passa a personificar o capital, explorando o trabalho alheio, mas sem deixar, ele próprio, de remunerar o capital a que está submetido, configurando, assim, um tipo combinado de exploração entre os próprios trabalhadores, com a (importante) diferença de que um se torna proprietário de algum meio de produção e o outro não. De resto, esta forma de transferência de mais-valor produzida pelo trabalho está perfeitamente adequada às novas formas de organização e gestão da produção e do trabalho contemporâneos. Mais adiante voltarei a esta questão.

Por hora, vale assinalar, que essa situação particular de uma "nova ruralidade", baseada no trabalho não-agrícola informal, pode nos levar a pensar na complexa relação entre a inviabilização produtiva da atividade agrícola no contexto de ascensão do agronegócio e a viabilidade da sujeição do trabalho em outras atividades de produção. Assim, não se trata apenas da "perda da autonomia anterior", da qual fala Marx (2004), ou da subsunção formal do trabalho no processo do capital, embora também o seja. Mas da combinação da subsunção formal e real do trabalho no processo do capital, por meio da captura da mais-valia absoluta e relativa do trabalho pelo capital transnacional.

Na atualidade, esses pequenos negócios vinculados ao grande capital, atuam em áreas que não atraem investimentos capitalistas de maior vulto, passando a atender à demanda por bens e serviços. (ALVES, TAVARES, 2006, p. 433) e, ao mesmo tempo, a constituírem uma importantíssima conexão com a produção do valor, ou do capital.

Ademais, conforme Antunes (2013, p. 17), se a informalidade não é sinônimo direto de precarização,

> [...] sua vigência expressa, com grande frequencia e intensidade, formas de trabalho desprovidas de direitos, as quais, portanto, apresentam clara similitude com a precarização. Desse modo, a informalização da força de trabalho vem se constituindo como mecanismo central utilizado pela engenharia do capital para ampliar a *intensificação* dos ritmos e dos movimentos do trabalho e ampliar seu processo de valorização. E, ao fazê-lo, desencadeia um importante elemento propulsor da *precarização estrutural do trabalho.*

No limite, as "novas ruralidades" adensadas pelo capital se inserem nesta engenharia à qual se refere Antunes (2013), como conectoras do processo de valorização do capital, à medida que este desmantela as experiências produtivas anteriores ligadas à agricultura de base familiar, que não consegue se afirmar com um mínimo de autonomia no mercado, ou não interessam ao capital como conectoras da produção do valor. E funcionam também como elemento propulsor da precarização estrutural do trabalho, mesmo quando não se conectam a esfera da produção.

Isto não significa, porém, conforme já afirmei antes, que aquelas experiências agrícolas que se preservam e, em alguns casos, se modernizam também não se insiram neste quadro. Cada vez mais, as unidades familiares de produção agrícola ou agropecuária se conectam ao processo de valorização do capital e se subordinam à sua lógica, direta e indiretamente, ora prevalecendo a subsunção formal, ora a subsunção real do trabalho no processo do capital, ora combinando-as (a subordinação e as distintas formas de subsunção do trabalho ao capital) de modo bastante complexo.

Vale assinalar, ainda, que o fato destes "trabalhadores-proprietários" se sujeitarem ao capital não quer dizer que não podem auferir rendas relativamente elevadas.

O padrão de desenvolvimento dos agronegócios no Brasil (...)

Da mesma maneira, a obtenção de uma renda mais ou menos elevada também não significa que esses trabalhadores possuam boas condições de vida. Esta relação é mais visível quando observamos o chamado sistema de produção integrado (SPI).

## A INTEGRAÇÃO É HORIZONTAL, MAS O COMANDO É VERTICAL: OS CASOS DOS SETORES FUMAGEIRO E AVÍCOLA

O processo anteriormente analisado, da perda da autonomia no processo da produção e da conexão das unidades familiares à produção do valor ganha contornos mais bem definidos no âmbito do sistema de produção integrado (SPI), que visa "unir as duas pontas", ou integrar a agricultura e a indústria, mediado por uma forma jurídica que regula a relação de comando do capital sobre o trabalho.

Assim como nas situações analisadas das unidades familiares de produção não-agrícola no campo, dedicadas à confecção de roupas para a indústria têxtil, a sujeição do trabalho nas unidades de produção agrícola que se constituem como elo nas cadeias produtivas do agronegócio pelo capital também é determinada pelo o que Marx (2013) chamou de salário por peça, "... a forma de salário mais adequada ao modo de produção capitalista" (MARX, 2013, p. 627).

Essa forma de salário remonta pelo menos ao século XIV, mas no período manufatureiro ganhou "... um espaço de ação mais amplo", como dizia Marx (2013, p.627) que, séculos depois, viria a assumir sua forma mais plenamente desenvolvida, sobretudo com a crise estrutural do capital e com a emergência das formas "flexíveis" de acumulação.

O processo de modernização do campo, principalmente ao longo da década de 1970, estreitou os laços entre a agricultura e a indústria, incentivando a produção agroindustrial. A modernização da agricultura produziu inúmeras e complexas cadeias produtivas, compostas por várias atividades e subsetores agroindustriais, que integraram distintas formas de organização produtiva agrícola e agropecuária a grande indústria, entre as quais, aquelas baseadas na pequena ou média propriedade e no trabalho familiar.

Ainda hoje, a forma predominante de produção do fumo em folha, matéria-prima principal da indústria fumageira, é a agricultura familiar, sobretudo, por meio do SPI. Cerca de 80% dos produtores de fumo são pequenos proprietários de terra, além daqueles que trabalham em regime de parceria, produzindo, em média, em áreas de 2 a 4 hectares de terra. (FARIA, PREVITALI, 2013, p. 253).

Como explicam Faria e Previtali (2013, p. 254-256), os contratos entre a agricultura familiar e as indústrias fumageiras, em geral, são de exclusividade.

Basicamente, aos primeiros cabe a produção do fumo em folha; aos segundos, o fornecimento de insumos básicos, assistência técnica e aquisição da produção, se o agricultor atingir a qualidade esperada pela indústria. Sem o contrato de integração os agricultores não conseguem acessar as empresas agroquímicas, de modo que se sujeitam às fumageiras e se subordinam as relações contratuais para a comercialização da produção. Por vezes, os agricultores familiares pagam pelos insumos antes de colher o fumo, comprometendo sua renda futura antes da comercialização. As fumageiras, por seu turno, acompanham o processo de produção e prestam serviço técnico, comandando a produção, a produtividade e o processo de trabalho.

Segundo Braga (2009, p. 98-99), o contrato de integração, em geral, (a) não prevê negociação entre as partes, caso a produção seja baixa ou de qualidade inferior ao exigido pela indústria; (b) impõe o fornecimento do pacote tecnológico da revolução verde pela empresa fumageira, impedindo os agricultores de buscarem melhores preços; (c) exige que os insumos sejam fornecidos no início do plantio, mesmo aqueles que são utilizados no final do processo produtivo, no momento de maior valorização dos produtos, de forma que o agricultor deve estocá-los; (d) elege a empresa fumageira como intermediária da relação financeira entre o agricultor e sistema financeiro, sem que o agricultor participe da negociação; (e) estima a produção, a partir do valor financiado para o plantio; (f) confere à indústria a responsabilidade pelo transporte, cujo valor do frete é descontado da produção e, em caso de não haver negociação, é pago pelo agricultor; (f) não garante a contrapartida dos direitos trabalhistas, uma vez que o agricultor é tomado como prestador de serviços; (g) e transfere a responsabilidade pela preservação do meio ambiente e das relações de trabalho que, eventualmente, as unidades de produção familiar contraem externamente a unidade familiar, para o agricultor.

De acordo com Hartiwig e Vendramini (2008), o contrato é a forma de instituir a extração de mais-trabalho. Assim, apesar da cadeia de produção ser integrada de modo horizontal, o comando do capital é vertical. O complexo método de classificação das folhas de fumo também é outra forma de subordinação direta dos produtores. Como afirma Braga (2009, p.106), o quilo do fumo é reajustado anualmente, mas a qualidade da folha do fumo vem sendo depreciada pela indústria, garantindo ou aumentando a taxa anterior de exploração de mais-valia.

A colheita e o plantio do fumo são, respectivamente, as etapas mais difíceis e penosas do trabalho das unidades familiares. A colheita, em geral, é realizada entre dezembro e janeiro e todo o processo de trabalho é manual. As jornadas costumam ser longas e intensas, com o agravante das altas temperaturas do verão.

O padrão de desenvolvimento dos agronegócios no Brasil (...)    183

Já o plantio é realizado entre setembro e novembro e deve ser feito quando o solo está úmido, por isso o trabalho também pode ser realizado sob a chuva. (BRAGA, 2009, p. 101-102).

A alta taxa de utilização de agrotóxico nas culturas de fumo é outra marca do setor. Não raro, a aplicação dos produtos é realizada sem a utilização dos equipamentos de segurança necessários (BRAGA, 2009, p. 103), tornando o nível de intoxicação bastante elevado entre esses trabalhadores, sem que as empresas fumageiras assumam quaisquer responsabilidades, já que estão protegidas pelo contrato.

O trabalho infantil também é comum, sobretudo nas tarefas consideradas simples, como a tiragem esporádica de folhas danificadas dos pés de fumo, ou daquelas que caem no chão. Igualmente comum é a contratação de trabalho externo pelas unidades familiares de produção, sobretudo, no período da colheita. No ano de 2009, o valor pago aos trabalhadores volantes foi entre R$ 4,00 e R$ 6,00 por hora. (FARIA, PREVITALI, 2013, p. 253).

Esses trabalhadores e trabalhadoras são aqueles que experimentam as condições mais vis entre todos aqueles que trabalham na cadeia produtiva, como vimos no capítulo anterior. São os despojados da terra e dos postos de trabalho regulares com carteira assinada e direitos trabalhistas assegurados. Em geral, são empregados temporários nas atividades mais penosas e difíceis. A eles é transferida uma parte do ônus sofrido pelos trabalhadores-proprietários da terra e dos meios de produção, configurando uma relação de superexploração entre os próprios trabalhadores. Aqueles que são proprietários, por sua vez, continuam empregando a própria força de trabalho e, por isso, produzindo mais-valor para o capital. Os demais produzem mais-valor para o "trabalhador-proprietário" e para a indústria fumageira, ao mesmo tempo. Dessa forma, o capital fragmenta o mundo trabalho, criando contradições entre os próprios trabalhadores, ao oferecer a um a possibilidade que nega ao outro de possuir uma porção de terra.

Os membros da unidade familiar de produção também se empregam nas empresas fumageiras para completarem a renda familiar no período de funcionamento da usina. (FARIA, PREVITALI, 2013, p. 253-254). É o que poderíamos chamar, não sem ironia, de "pluriativos", que se dedicam a produção do fumo e, ainda durante a safra, se empregam temporariamente na usina que, no auge da produção, chega a funcionar em três turnos. Desempenham, no mais das vezes, tarefas manuais, como a preparação da matéria-prima nas linhas de processamento. Vale lembrar, que cerca de 90% desse trabalho manual nas usinas é realizado por mulheres. Segundo Faria e Previtali (2013, p. 252), as lesões por esforço repetitivo (LER) atingem a 10% do total dos trabalhadores aí empregados, graças ao ritmo intenso do trabalho no processamento do fumo realizado por trabalhadores precários, que entre 2001 e 2008, tiveram um aumento de 95%, contra a redução de 42% do número de efetivos, com contratos de 2 a 3 meses por anos, que antes possuíam uma duração de 5 a 6 meses.

Como disse Paula Jonhs, socióloga da Aliança de Controle do Tabagismo (ACT), "a cadeia produtiva do fumo causa dependência de quem o cultiva, assim como a nicotina causa dependência em seus usuários. Isso é um bom negócio para a indústria". Para ela, "pode se fazer uma analogia com o fumante que deseja parar de fumar e não consegue..." e o agricultor que para romper a extrema dependência da indústria "... precisa de políticas públicas para o campo que viabilizem uma agricultura familiar que seja boa para as famílias produtoras". Isto porque "o agricultor é o elo mais fraco da cadeia produtiva"[2]. Na verdade, o elo mais frágil é o trabalhador que possui apenas sua força de trabalho e a emprega na agricultura no período da produção da folha de fumo.

Mesmo sendo esta a cultura que apresenta a maior rentabilidade por hectare para os pequenos agricultores na região Sul - na safra 2007/2008 um hectare de fumo rendeu R$ 9.500 em média, contra R$ 1.008 do milho e R$ 632 do feijão - (FARIA, PREVITALI, 2013, p. 258), as condições de produção e reprodução são, pois, de degradação extrema.

Situação semelhante ocorre entre os pequenos avicultores integrados à indústria de carnes de frango. A precária condição das unidades familiares de produção avícola veio à público quando, em setembro de 2011, os integrados à Brasil Foods realizaram protestos no município de Dois Vizinhos, no estado do Paraná, que se autointitula a "Capital Nacional do Frango", denunciando as condições impostas pelo capital ao trabalho e reivindicando melhores preços pela unidade de frango produzida. Segundo os relatos dos trabalhadores à imprensa, a empresa remunerava, em média, entre R$ 0,10 e R$ 0,29 por ave criada, tratando de modo diferenciado cada unidade de produtores como forma de estimular a competição entre eles. (PRISÃO..., 2011, p. 9).

---

2     Segundo informações do IHU On-Line, entre 2007 e 2012, o BNDES emprestou R$ 336 milhões para a agroindústria do fumo. Destes, apenas R$ 22,4 milhões foram destinados aos pequenos fumicultores para diversificarem as culturas agrícolas. E nenhum centavo foi destinado a garantia de direitos aos trabalhadores que aí se empregam. C.f. Indústria do tabaco: "O agricultor é o elo mais fraco da cadeia produtiva". Entrevista especial com Paula Johns. Disponível em: http://www.ihu.unisinos.br/entrevistas/industria-do-tabaco-o-agricultor-e-o-elo-mais-fraco-da-cadeia-produtiva-entrevista-especial-com-paula-johns/513558-industria-do-tabaco-o-agricultor-e-o-elo-mais-fraco-da-cadeia-produtiva-entrevista-especial-com-paula-johns. Acesso em: 10 nov 2012.

O padrão de desenvolvimento dos agronegócios no Brasil (...) 185

Para ingressar no SPI os avicultores fazem um investimento relativamente alto (de cerca de R$ 80 mil), tornando-se, fornecedores de matéria-prima para a indústria processadora. Em função da ultramonopolização do mercado avícola, esta é a única maneira das unidades de produção familiar de frango conseguir comercializar a produção. No entanto, conforme denunciaram os produtores de Dois Vizinhos-PR, o retorno é lento e baixo para boa parte das famílias integradas e o trabalho precarizado e extenuante para a maioria dos pequenos produtores. (PRISÃO..., 2011, p. 9).

Como no caso dos produtores de fumo, a necessidade de cumprir metas de produção impõe um ritmo de trabalho intenso, com longas jornadas, que variam de acordo com o grau de modernização da granja e sua capacidade produtiva.

No caso de Dois Vizinhos, no Paraná, a unidade local da Sadia recebia as aves de 939 famílias integradas (entre as 10 mil granjas integradas à Sadia em todo o país). Essas famílias produziam juntas em torno de 50 mil frangos a cada 28 dias, de cuja produção, 90% era destinada ao mercado externo. No entanto, apenas 10%, ou cerca de 94 unidades familiares de produção, apresentavam bons rendimentos financeiros. Rendimentos financeiros, explicite-se, oriundos de um altíssimo padrão de desgaste da força de trabalho e da superexploração de trabalho externo a unidade familiar. (PRISÃO..., 2011, p. 9).

A indústria processadora de carne de frango, a exemplo da indústria fumageira, não assume erros na produção e os produtores são penalizados quando não cumprem as metas ou produzem fora dos padrões contratuais exigidos. Assim, o contrato é a porta de ingresso para a subsunção formal e real do trabalho no processo do capital.

Belusso (2010) investigou a integração de 1.958 produtores rurais a cinco importantes cooperativas agrícolas abatedoras de frango no Oeste do Paraná, quais sejam, C. Vale Cooperativa Agroindustrial; Copacol-Cooperativa Agrícola Consolata; Copagril-Cooperativa Agroindustrial; Coopavel-Cooperativa Agroindustrial e Cooperativa Agroindustrial Lar.

Essas grandes cooperativas que intermedeiam a relação entre a agricultura e a indústria operam na mesma lógica empresarial, adotando práticas gerenciais oligopsônicas, produção em escala, terceirização e prestação de serviços, a fim de buscar competitividade no mercado. A integração dos avicultores ao seu quadro segue critérios como produtividade, desempenho, eficácia. (BELUSSO, 2010, p. 28). Desse modo, tendem a promover (a) a exclusão e substituição de pequenos produtores, reduzindo o número de famílias integradas para cada planta industrial, exigindo práticas "flexíveis" de gerenciamento da força de trabalho aplicada nos próprios aviários; (b) a regionalização da avicultura de corte os investimentos onde

186 Frederico Daia Firmiano

há maior presença de médios e grandes aviários; (c) o aumento da degradação do meio ambiente, em razão da concentração dos dejetos em poucas unidades de produção. (FERNANDES FILHO e QUEIROZ *apud* BELUSSO, 2010, p. 56).

Entre os "integrados" há grande diferenciação com relação ao padrão tecnológico, a capacidade produtiva, a capitalização, as estratégias empresarias, o tamanho da propriedade, o tipo de mão de obra empregada etc. Essa diferenciação é estimulada pelas cooperativas como forma de aumentar a produtividade do trabalho e reduzir os custos operacionais, sobretudo, entre aquelas que se dedicam ao mercado externo. (BELUSSO, 2010, p. 157). Dessa forma, não se trata de uma categoria homogênea. Convivem desde avicultores prósperos altamente capitalizados até aviários que sobrevivem a duras penas do trabalho do proprietário da terra, dos meios de produção e dos instrumentos de trabalho e do trabalho alheio, dos despossuídos. Muitos, nem mesmo possuem a maior fonte de renda com a atividade avícola e por razões opostas: alguns são verdadeiros "empreendedores", mantendo inúmeros negócios em atividades agrícolas e não-agrícolas; outros, ao contrário, para preservarem a pequena propriedade e o pequeno negócio se proletarizam na própria indústria processadora sob aquelas condições de trabalho que vimos no capítulo anterior ou em outros aviários, mais modernos que o seu, ou ainda, em atividades produtivas agrícolas ou não-agrícolas, no campo e na cidade.

Aqui, como no caso das unidades familiares de produção voltadas para a confecção de roupas, ou dos agricultores que produzem folha de fumo para a indústria, o controle sobre o processo e o resultado do trabalho aparece como sendo do produtor direto. No entanto, apenas em aparência. Nestes casos, a remuneração pela mercadoria nada mais é que uma forma modificada do salário por tempo. "A qualidade do trabalho é controlada, aqui, pelo próprio produto, que tem que possuir uma qualidade média para que se pague integralmente o preço de cada peça". É sob esse aspecto que "… o salário por peça se torna a fonte mais fértil de descontos salariais e de fraudes capitalistas" (MARX, 2013, p. 623).

Neste, a figura do patrão também desaparece, mas isto não significa que, em algum momento, o capital abrirá mão do comando do processo produtivo: "como a qualidade e a intensidade do trabalho são, aqui, controladas pela própria forma-salário, esta torna supérflua grande parte da supervisão do trabalho" (MARX, 2013, p. 624). A extração de mais-trabalho é quase imperceptível aos olhos do trabalhador-proprietário, cuja consciência, não raro, é de um "empreendedor" capitalista.

O salário por peça "… permite ao capitalista firmar com o trabalhador principal (…) [aquele que detém os meios de produção e os instrumentos de

O padrão de desenvolvimento dos agronegócios no Brasil (...) 187

trabalho] um contrato de tanto por peça, a um preço pelo qual o próprio trabalhador principal se encarrega de contratar e pagar seus auxiliares". Com isso, "a exploração dos trabalhadores pelo capital se efetiva, aqui, mediante a exploração do trabalhador pelo trabalhador" (MARX, 2013, p. 624).

Além disso, como ressalta Marx, "dado o salário por peça, é natural que o interesse pessoal do trabalhador seja o de empregar sua força de trabalho o mais intensamente possível, o que facilita ao capitalista a elevação do grau normal de intensidade" (MARX, 2013, p. 264), configurando, na maioria dos casos, uma situação de superexploração da força de trabalho, mediante a combinação da extração de mais-valia absoluta e relativa, de acordo com a composição orgânica de seu capital.

De modo mais ou menos denso, segundo o nível de modernização, o grau de capitalização deste trabalhador-proprietário, do volume de sua produção, entre outros aspectos, a lógica do trabalho abstrato tende a mediar todas essas experiências. Não mais como no período da manufatura, sobre o qual escreveu Marx, mas determinada pela fase decadente do capital e por seu padrão destrutivo de acumulação que, crescentemente, vem enxugando o capital fixo de dentro das grandes unidades de produção, transferindo os custos sociais e trabalhistas, descentralizando a produção e centralizando o capital. Tudo isso, como forma de ampliar suas possibilidades perante o irreversível processo de redução de sua margem de viabilização produtiva.

O salário por peça, que tende a se generalizar na atualidade, corresponde, assim, ao movimento segundo o qual o capital concentra sua territorialização e expande seu monopólio sobre o conjunto de experiências produtivas disponíveis, como nos casos das unidades familiares de produção agrícola e não-agrícola. E consagra, pois, a superação da subsunção formal pela subsunção real do trabalho, à medida que captura a subjetividade do trabalhador.

Marx (2004) compreendeu a subsunção do trabalho no capital como um processo distinto da "submissão", uma vez que a sujeição do trabalho, seja formal, seja real, expressa, justamente, a constituição do capital pelo trabalho. Conforme salientaram Antunes e Alves (2004, p. 344), o modo de produção capitalista pressupõe a captura da subjetividade do trabalhador, algo que, sob o fordismo, se realizava de modo bastante incipiente, ou de modo "meramente formal". Com o toyotismo, e as formas "flexíveis" de gestão da força de trabalho, esse processo tende a ser "real". Isto porque o toyotismo instala uma espécie de inserção engajada do trabalhador na produção do capital; é um impulso da captura integral da subjetividade proletária, por isso, surge como um controle do elemento subjetivo da produção capitalista. (ANTUNES, ALVES, 2004, p. 346).

À medida que o ideário japonês restitui uma parte da dimensão intelectual do trabalho ao trabalhador cria a impressão de que se trata de uma forma mais branda de controle com relação ao fordismo, que transferia para a esfera da gerência técnica/científica esse conhecimento acumulado pelo trabalho. (ANTUNES, ALVES, 2004, p. 347). No entanto, essa "restituição" das dimensões do trabalho intelectual e manual integra o próprio processo de constituição do capital pelo trabalho, já que o capital, em nenhum momento, deixa de comandar a produção e a circulação da mercadoria criada pelo trabalho.

Assim é que a subjetividade do trabalhador permanece estranhada com relação ao que e para quem produz, distanciando-se ainda mais "... do exercício de uma cotidianidade autêntica e autodeterminada" (ANTUNES, ALVES, 2004, p. 347). A subjetividade do trabalhador é transformada em objeto que funciona para a auto-afirmação de uma força estranhada, qual seja, o capital.

Nesse sentido, as formas recentes de apropriação de mais-trabalho, em muitos casos, não só dispensam o processo de expropriação dos meios de produção e dos instrumentos de trabalho de certas categorias de trabalhadores-proprietários, como também marcam presença naquelas experiências baseadas na propriedade coletiva dos meios de produção e instrumentos de trabalho como veremos logo mais. E significam um salto decisivo da subsunção formal para a subsunção real do trabalho no processo do capital, com o agravante de aprofundar a condição estranhada da subjetividade que daí decorre, difundindo "novas objetivações fetichizadas" que se impõem ao conjunto da classe trabalhadora.

## As unidades familiares de produção agrícola e/ou agropecuária sob a lógica do capital

O ambiente no qual as unidades familiares de produção agrícola e/ou agropecuária operam, independentemente do seu grau de modernização, forma de organização da produção ou de gestão da força de trabalho, é marcado por uma acirrada disputa concorrencial e por elevado grau de monopolização do mercado. "No mundo real do agronegócio, os agricultores enfrentam uma situação de oligopólio, ou seja, poucas grandes empresas vendem máquinas e equipamentos, defensivos, fertilizantes, sementes e outros insumos" (MENDES, PADILHA JÚNIOR, 2007, p. 180). Além disso:

> As empresas de fertilizantes são as mesmas que adquirem a produção, refletindo o fato de que a ADM, Bunge, Dreyfus e Cargill especializaram-se em logística de grandes volumes em escala global. Ao 'contratar'

O padrão de desenvolvimento dos agronegócios no Brasil (...) 189

com os agricultores, essas empresas não apenas definem as margens reduzindo as suas incertezas, como também lhes fornecem crédito, armazenam e adquirem o produto (ZYLBERSZTAJN, 2005, p. 60).

Integrados ou não às cadeias produtivas do agronegócio, as unidades familiares de produção agrícola e agropecuária estão, hoje, subordinadas ao capital financeiro e à indústria do agronegócio. Assim, dominantemente, o capital é quem dita o modo como produzir, quais fatores de produção utilizar, que resultados obter. Isto significa dizer, em outros termos, que sob a hegemonia do agronegócio no campo, ninguém está livre da lógica do capital.

As unidades de produção familiar modernas, ou em vias de modernizar-se, que logram êxito no mercado, seja individualmente, seja em pequenas propriedades ou em lotes de assentamentos rurais, na forma de associações, cooperativas, agroindustriais, são completamente dependentes dos fatores de produção controlados pelo capital transnacional e do crédito, ou do capital financeiro, oriundo de empresas que detém os principais mercados agrícolas ou agentes financeiros.

"É impossível produzir tomate sem agrotóxico" (informação verbal)[3], disse-me um assentado no município de Campo Verde-MT. "Eu produzo no que o pessoal chama de 'sistema tradicional', com os venenos e tudo mais. Assim é mais vantajoso" (informação verbal).[4] Seu Pedro vende sua produção nas feiras livres das cidades vizinhas do assentamento onde vive, para atravessadores e para os chamados "atacadões", empresas que compram diretamente do produtor para revender as empresas varejistas. Ele trabalha em seu lote com sua família e, eventualmente, contrata trabalhadores da cidade ou mesmo do próprio assentamento onde vive e de outros vizinhos – em geral, aqueles que não prosperaram e não conseguiram se consolidar no "admirável novo mundo rural".

"É difícil escapar da lógica dos agrotóxicos, porque sem ele a gente não consegue garantir a produção, o produto não fica tão bonito como as pessoas na cidade querem" (informação verbal).[5] Além disso, "dá menos trabalho, porque eles já ensinam como fazer, aí é só seguir as receitas" (informação verbal).[6]

Nos assentamentos rurais da reforma agrária podemos encontrar uma heterogeneidade de situações muito grande, apesar de, como mostrei nos capítulos

---

3    Informação fornecida por trabalhador rural assentado, em Campo Verde-MT, 2012.

4    Informação fornecida por trabalhador rural assentado, em Campo Verde-MT, 2012.

5    Informação fornecida por trabalhador rural assentado, em Serrana-SP, 2013.

6    Informação fornecida por trabalhador rural assentado, em Serrana-SP, 2013.

190 Frederico Daia Firmiano

anteriores, possuírem um traço comum de sucateamento extremo. Mas em qualquer escala geográfica de comparação que estabeleçamos, de região para região, de estabelecimento agropecuário para estabelecimento agropecuário na mesma região ou no interior dos próprios assentamentos rurais ou pequenos estabelecimentos agropecuários, a variedade de casos é bastante complexa, desigual e com inúmeras particularidades. No entanto, como afirma Orzekovski (2013, p. 164),

> a grande maioria dos trabalhadores camponeses [mas também pequenos agricultores, assentados da reforma agrária, entre outros trabalhadores do campo] segue como exemplo a lógica da burguesia agrária, reproduzindo tal modelo dominante, utilizando-se de sua tecnologia, sementes, agrotóxicos e tornando-se dependentes deste modelo; assumem o projeto capitalista nas unidades de produção camponesa-familiar, reproduzindo nas pequenas propriedades com referência nas grandes propriedades do agronegócio. De forma indireta, os camponeses reproduzem relações de produção capitalistas no momento em que usam insumos produzidos pelas empresas capitalistas (ORZEKOVSKI, 2013, p.164).

A pesquisa coordenada por Medeiros e Leite (2004), já citada anteriormente, apontou um alto índice de consumo de insumos industriais nos assentamentos rurais estudados. Vale destacar alguns, como no Rio Grande do Sul, onde 90% dos assentados declararam utilizar agrotóxicos; 88%, adubo orgânico; 48%, adubo químico; 86% sementes certificadas/fiscalizadas; 54% medicamentos veterinários. (BENEDETTI, 2004, p. 71). Em São Paulo, mais de 85% dos lotes utilizavam máquinas e equipamentos agrícolas e em 90% dos lotes dos projetos dos municípios de Promissão, Araraquara e Sumaré foi identificada a utilização de adubação química; mais da metade fazia uso de agrotóxicos, com "...elevada incidência de envenenamentos que, em alguns casos, chegaram a levar a óbito" (BERGAMASCO et al, 2004, p. 128). No caso das experiências sergipanas, 88,5% dos assentados utilizavam sementes selecionadas; 63,5%, adubos químicos e 51,9%, agrotóxicos; apenas 7,7% dos assentados faziam uso de adubação orgânica. Além disso, perto de 80% dos assentados faziam uso de máquinas e implementos agrícolas, mesmo sem possuí-los. (LOPES et al, 2004, p. 244).

A fim de garantir a produção e a produtividade ou mesmo para poderem acessar linhas créditos – muitas vezes condicionadas à utilização desses fatores de produção – os pequenos agricultores familiares e assentados da reforma agrária fazem uso indiscriminado de herbicidas, pesticidas, fertilizantes químicos[7]. Através

---

7    Vale mencionar a contraditória relação entre a elevação das condições de vida re-

O padrão de desenvolvimento dos agronegócios no Brasil (...)

da inovação tecnológica e da imposição sumária dos fatores de produção, o capital transnacional submete a pequena produção à sua lógica.

Atualmente, o PRONAF, principal linha de crédito da agricultura familiar, exige a comprovação da compra do "pacote tecnológico", que inclui os agrotóxicos, para a liberação de recursos financeiros para custeio e investimentos na produção. E as linhas de crédito do programa destinadas à produção sem agrotóxicos são parcas comparadas às demais. Segundo o Censo Agropecuária de 2006, 30% das pequenas propriedades declararam utilizar agrotóxicos. (FOLGADO, 2013, não paginado).

Mesmo não estando integradas ou vinculadas diretamente às grandes empresas, as unidades familiares de produção agrícola e/ou agropecuária estão inseridas

> [...] num ambiente competitivo, que é estimulado pela grande empresa e pelas leis do mercado. A sua produção converte-se em produção para a comercialização, submetendo-se às exigências do grande capital (...) Como a maioria das pequenas empresas não dispõe da mesma tecnologia das grandes empresas, optam por intensificar a exploração sobre seus trabalhadores, que, em sua maioria são informais, pagando salários mais baixos, contratando sem registro em carteira e diminuindo os benefícios sociais (ALVES, TAVARES, 2006, p. 434).

A crise deflagrada no setor citrícola em setembro de 2012, quando os mercados europeu e norte-americano recusaram o suco de laranja concentrado brasileiro – sob a alegação de que a Europa tolera 220 partes por bilhão de resíduos do Carbendazin, fungicida produzido pela Bayer para combater a doença conhecida como "pinta preta", e o Brasil permite 5 mil partes por milhão – elucidou os limites impostos pelo mercado as unidades familiares de produção agrícola. Apenas em um bairro rural localizado entre os municípios de Itápolis e Ibitinga no interior de São Paulo, que visitei com Adriana Rodrigues Novais e Silvia Beatriz Adoue, os pequenos e médios agricultores derrubaram mais de cem mil pés de laranja. Entre aqueles que mantiveram os

---

> presentada pela conquista da terra na luta pela reforma agrária e o adoecimento desses trabalhadores, em razão do uso intenso de agrotóxicos. Rosemeire Scopinho pesquisou a saúde do trabalhador em assentamentos rurais da reforma agrária, observando que se é verdade que o assentamento favorece a saúde, ainda que as condições sejam precárias, e o trabalho deixe de ser apenas espaço da realização de mais-valia, também é verdade que no assentamento o trabalho pode ser fonte de adoecimento, em função das cargas físicas, químicas e mesmo psíquicas. (SCOPINHO, 2010a, p. 1578-1580).

pomares, cerca de 80% dos estabelecimentos rurais ficaram sem contrato com as empresas processadoras de suco de laranja e, com isso, sem a possibilidade de comercializar a produção. Na maioria dos casos, eram agricultores modernos, com elevado grau de modernização e cujo processo de produção se baseia no "pacote tecnológico da revolução verde".

Em 2004, a fábrica da Cargill em Bebedouro, município do interior de São Paulo considerado o principal pólo industrial da laranja do país, foi incorporada pelos grupos industriais Cutrale e Citrosuco, em uma operação de cerca de US$ 300 milhões a US$ 400 milhões. Segundo Marcos Fava Neves, naquele momento, a citricultura brasileira movimentava ao redor de R$ 10 bilhões por ano e era o segundo produto mais importante em exportações para o estado de São Paulo. A Cargill deixou a citricultura com um faturamento de cerca de US$ 2,7 bilhões no Brasil. A empresa, que detinha 11% do mercado, podia não estar operando em escala para competir na mesma base de custos do mercado, que possui pouquíssima margem para operações. Assim, realizou um realinhamento estratégico focando sua atuação em um menor número de cadeias produtivas, investindo onde poderia disputar a liderança do mercado, avançando de modo vertical para capturar valor. (NEVES, 2005, p. 115-116).

À época, para os agricultores de laranja, a transação entre Cargill, Cutrale e Citrosuco significou a redução do número de compradores do produto, que passou de cinco para quatro, sendo que apenas dois dominavam 70% do mercado. Naquele contexto, até mesmo um destacado economista do agronegócio expressou sua preocupação: "se a concentração continuar, com fusão ou aquisição entre as outras empresas, esse quadro pode se agravar". Cutrale e Citrosuco converteram-se em *players* globais no contexto do mundialização do capital, incorporando a cartela de clientes da Cargill. Conforme sentenciava o ideólogo do agronegócio: "… é de esperar a perda de empregos, principalmente administrativos, das unidades adquiridas. Caso uma das fábricas seja fechada, também existirá um enorme impacto na arrecadação de Bebedouro ou de Uchoa". Além disso, "também pode existir impactos se a Cutrale e a Citrosuco resolverem fechar uma das fábricas e transferir a produção para as recém adquiridas. O setor opera com capacidade ociosa" (NEVES, 2005, p. 116).

Com a crise de 2012, as unidades familiares de produção agrícola foram estranguladas, com pouca ou nenhuma chance de valorizar seu capital em outro ramo ou setor da economia, dado que para tanto, é sempre necessário um esforço maior que sua capacidade ou um volume de capital excedente que, na maioria das vezes, essas unidades de produção não dispõem. No bairro rural que visitamos, a maior parte dos pequenos e médios agricultores estava operando com recursos financeiros oriundos de empréstimos bancários, de modo que, a perda da produção converteu o capital em dívida.

Diferentemente, o capital monopolista e transnacionalizado tem à sua frente a possibilidade de se (auto)valorizar em outro ramo, setor ou atividade, produtiva ou financeira. Além do processamento da laranja e da produção do suco concentrado para exportação, a Cutrale deslocou parte de seu capital para a produção de milho e soja na região centro-oeste do país, buscando escapar da crise do setor, conforme noticiou a imprensa, à época. (PRODUTORA..., 2012, não paginado).

As crises cíclicas dos setores produtivos do agronegócio, como o citrícola, por exemplo, sugerem que o problema posto para as unidades familiares de produção agrícola não se limita a possibilidade de se integrar ao mercado ou não e, com isso, conseguir se reproduzir sob a ordem do capital. Mas se, uma vez integrados, direta ou indiretamente, conseguirão manter as atividades produtivas e enfrentar os mercados hoje oligopolizados e transnacionalizados, determinados por variáveis econômicas, financeiras, sociais, políticas que escapam ao controle até mesmo dos grandes *players* globais.

Mesmo quando a integração de unidades familiares de produção agrícola ou agropecuária ao grande capital é exitosa para os agricultores que, assim conseguem modernizar-se e acumular algum capital, qualquer oscilação do mercado produz sérios abalos nessas unidades produtivas, levando-as até mesmo à perda dos meios de produção, dos instrumentos de trabalho e, não rado, da terra. Pois é justamente pela mediação do mercado que o sobretrabalho (e a renda da terra) é expropriado, tanto da unidade familiar e do próprio proprietário da terra, quanto dos trabalhadores que eventualmente explora, temporária ou permanentemente. Isto porque, em geral, as unidades de produção familiar agrícolas possuem uma composição orgânica de capital inferior que a dos grandes *players* que, pela mediação do mercado, se apropriam de parte do valor gerado no interior dessas unidades, no mais das vezes, via preços de mercado. Assim, cabe a pergunta: existe rota de saída?

#### EXISTE ROTA DE SAÍDA DENTRO DA ORDEM?
#### UMA PESQUISA SOBRE A COOPAN, NO RIO GRANDE DO SUL

Atualmente, até mesmo as experiências coletivas de produção agropecuária, onde a gestão do trabalho e o desempenho das atividades possuem um caráter horizontal (com rodízio de funções na produção, na gestão e direção dos negócios etc.), inseridas nesse ambiente competitivo e estimuladas pelas leis do mercado, submetem-se, invariavelmente, às exigências do capital.

Assumindo como objetivo último a produção de valores de troca, via de regra, essas experiências convertem sua produção em "produção para a comercialização". Mesmo quando é destinada ao chamado mercado institucional, por meio dos programas de aquisição de alimentos que buscam atender equipamentos públicos como escolas, presídios, hospitais etc., é a lógica imposta pelo capital quem determina a finalidade da produção.

A pesquisa realizada por Caio Chiarrello junto a Cooperativa de Produção Agropecuária Nova Santa Rita (Coopan), no assentamento Capela, na região Sul do país (CHIARRELLO e EID, 2012), demonstra que o uso e a gestão coletiva dos meios de produção e da terra, apesar de se aproximarem de uma sociabilidade alternativa àquela imposta pela ordem do capital, não garantem o que poderíamos chamar de uma verdadeira autonomia dos trabalhadores associados sobre o processo da produção e da distribuição das mercadorias.

A busca por resultados no mercado – seja ele institucional ou não –, que no limite orienta a produção, impõe uma dinâmica produtiva que contradiz, em todos os momentos do processo de trabalho e da gestão da produção, a tentativa de constituição de uma sociabilidade fundada em um cotidiano autodeterminado.

A cooperativa agroindustrial estudada envolvia diretamente 30 famílias e 59 cooperados e, indiretamente, outras 95 pessoas, em linhas de produção agroindustrial nas áreas de suínos, arroz orgânico e leite, além da produção, em menor escala, de mel, peixe, aipim, feijão e horta para o consumo das famílias associadas. Em média, a jornada de trabalho era de 10 horas por dia em todos os setores da produção. E, dependendo da época do ano, chegava a 14 horas diárias.

Segundo Chiarrello e Eid (2012, p. 12): "todas as atividades possuem uma carga de trabalho intensa com atividades com maior incidência de carga física e outras com maior incidência de carga psíquica". Segundo os autores, a cooperativa esforçava-se permanentemente para reduzir a carga de trabalho, através de investimentos em tecnologia, rodízio de tarefas, gestão coletiva da força de trabalho, como se fosse possível obter aumento da produtividade do trabalho sem aumentar a exploração dos trabalhadores, por meio da elevação da composição orgânica do capital, simultaneamente a coletivização das tarefas do trabalho.

Além disso, era comum a contratação de trabalho externo, de diaristas, trabalhadores de outros assentamentos ou cidades vizinhas, além do assalariamento de trabalhadores na loja mantida pela cooperativa para comercialização de parte da produção (CHIARRELLO, EID, 2012, p. 13), mostrando que, mesmo essas experiências mais significativas do ponto de vista da constituição de formas coletivas de produção não estão livres da lógica do trabalho abstrato e do produtivismo exigido em escala crescente pelo mercado – ou pelo mercado institucional.

As formas de organização para a produção que, aparentemente afiguram como autônomas e independentes, não eliminam necessariamente o comando do capital sobre o processo de produção e de distribuição, justamente na medida em que este "...continua prescrevendo a natureza do trabalho e a quantidade a ser produzida..." (ALVES, TAVARES, 2006, p. 436).

Como vimos anteriormente, o capital também não exige, necessariamente, a figura do patrão. A ausência do vínculo empregatício, da figura visível do capitalista, ou da forma salário por tempo de trabalho, não convertem, automaticamente, os trabalhadores associados em produtores diretos e independentes. Nesse caso, a autonomia dos trabalhadores é constituída muito mais no plano da vontade política que por meio das relações objetivas e materiais que, ao contrário, tendem a negar aquilo que os trabalhadores buscam constituir na idealidade política.

Nesse sentido, "os membros de uma cooperativa de trabalho ou de qualquer associação de trabalhadores, apesar de sua condição de 'proprietários', são obrigatoriamente submetidos a critérios de avaliação do tempo de trabalho como qualquer trabalhador assalariado..." (ALVES, TAVARES, 2006, p. 437). Sob a hegemonia da lei do valor e do trabalho abstrato:

> Os pequenos negócios só sobrevivem se estiverem submetidos à exploração dos grandes, que são movidos a agir dessa forma porque assim determina a lei do valor. Qualquer tentativa de superação dessa ordem que não elimine o mercado esbarra nas suas próprias determinações. O propósito de caminhar para o socialismo por meio de práticas que negam a propriedade privada, como a pequena empresa, que consubstancia o idealismo de Proudhon e embala os sonhos de alguns trabalhadores, é demasiado simplista porque esbarra numa totalidade rígida e objetiva que só pode ser modificada se rompida na sua base (ALVES, TAVARES, 2006, p. 443).

De acordo com Rosemeire Scopinho, apesar das distintas trajetórias organizativas — além das dificuldades cotidianas de desenvolvimento das cooperativas de trabalhadores autogestionárias – essas experiências, em todos os casos, convivem com "...a contraditória relação [não resolvida] entre eficiência econômica e democracia política..." (SCOPINHO, 2010b, p. 29; Cf. SCOPINHO, 2007).

Nada disto quer dizer que estas experiências não sejam importantes do ponto de vista político e mesmo do ponto de vista produtivo, sobretudo no que toca à elevação e melhoria das condições de vida dos trabalhadores nelas envolvidas. Porém, na perspectiva da constituição de uma sociabilidade verdadeiramente alternativa à sociabilidade imposta pela relação-capital, indicam que não há rota

196 Frederico Daia Firmiano

de saída por meio do adensamento da relação com o mercado, nem mesmo com o mercado institucional, quando a hegemonia no campo é do capital; tampouco pela via da integração produtiva, hoje a porta aberta pelo complexo do agronegócio para as unidades familiares de produção agropecuária.

Diz Scopinho (2010b, p. 29-30. Grifos meus).

> Os estudos que eu venho realizando desde 1996 sobre as diferentes modalidades de cooperação e de cooperativas que se constituem nos assentamentos rurais apontam que há consenso entre os trabalhadores assentados de que, apesar das dificuldades econômicas, houve melhoria das condições de vida (renda, habitação, saúde e educação), o que contribui para generalizar a crença na cooperação como forma de enfrentar problemas e aumentar a disposição para cooperar, principalmente entre os jovens. Porém, esses mesmos estudos também evidenciam que entre os assentados são nítidas as divergências quanto a concepção de organização e de cooperação, que há um grande distanciamento entre organização pensada e a real, que a rigidez e a complexidade das estruturas organizacionais tornam o funcionamento burocrático e moroso, que os entraves na comunicação dificultam os processos decisórios e centraliza poderes. Se não é possível desconsiderar o potencial dessas experiências na solução de problemas relacionados ao êxodo rural e à miséria que atinge esses trabalhadores, os quais declaram haver melhorias reais em relação à condição e ao modo de vida anterior, também *não se podem visualizar transformações significativas nos problemas estruturais do mercado de trabalho rural e na atual dinâmica econômica da pequena agricultura familiar brasileira.*
>
> Na prática, permanecem as dificuldades econômicas, porque crescem as inúmeras barreiras impostas pelo mercado e persiste a crônica insuficiência das políticas públicas de créditos, subsídios, assistência técnica e comercialização, entre outras, para a pequena produção agropecuária.

É certo que estas experiências de cooperação entre trabalhadores precisam ser melhor estudadas, no entanto, diante do processo em curso de universalização do trabalho social abstrato, das formas contemporâneas de proletarização, precarização estrutural do trabalho e degradação intensa dos recursos naturais e ecológicos disponíveis, potencializado pela expansão do agronegócio no interior do neodesenvolvimentismo, as condições de reprodução social no campo ficam cada vez mais circunscritas as possibilidades que os sujeitos sociais encontram de se realizar sob o férreo controle do capital. Nestas condições, todas as formas

O padrão de desenvolvimento dos agronegócios no Brasil (...)

de produção no campo destinadas ao mercado estão prescritas pela lógica e pela dinâmica do capital, deixando pouquíssimas chances – para não dizer nenhuma – para a construção de relação sociais (de produção) baseadas na autodeterminação dos sujeitos que as experienciam.

Com isto, a luta pela terra tem se convertido apenas no prelúdio bastante breve da luta pelo controle efetivo sobre a reprodução social, de tal modo que, a construção de relações sociais (de produção) autênticas passa, necessariamente, pela superação desta forma de controle sociometabólico exercida pelo capital.

Diante disso, cabe-nos indagar: qual a atualidade histórica da luta pela terra e pela reforma agrária, quando a realidade social parece tender para a negação de todas as experiências até hoje constituídas pelo movimento do trabalho, no sentido de sua liberação do inflexível controle do capital? Ou, dito de outra maneira, quais as condições e os desafios das lutas por terra e reforma agrária perante o atual padrão de desenvolvimento do agronegócio que tende a anular até mesmo as experiências mais significativas de constituição de uma sociabilidade alternativa?

No próximo e último capítulo discutirei o significado histórico da reforma agrária hoje à luz dos problemas agrários aqui levantados, procurando indicar algumas condições e desafios para a luta pela terra e pela reforma agrária.

# A ATUALIDADE HISTÓRICA DA REFORMA AGRÁRIA

### A QUESTÃO AGRÁRIA HOJE

Como vimos até aqui, as novas condições de reprodução capitalista pós-ditadura civil-militar e o movimento interno das classes sociais no Brasil e suas correspondentes forças políticas no interior do Estado produziram um novo conjunto de problemas no campo. O padrão de expansão do agronegócio, principalmente no quadro do novo desenvolvimentismo petista, a um só tempo, desmantelou a reforma agrária como "caminho do progresso para a paz social" – conforme apostava Jango e todo uma geração de intelectuais progressistas – e impulsionou um espetacular desenvolvimento das forças produtivas com caráter marcadamente destrutivo.

Depois de mais de uma década de expansão e consolidação do agronegócio, a velha polêmica (dos anos de 1950) que relacionava a questão agrária brasileira ao desenvolvimento do capitalismo nacional foi, definitivamente, sufocada pela própria dinâmica do capital no Brasil. Em parte, porque o capital encontrou uma via de acesso – que a ditadura civil-militar de 1964 consolidou – que não exigiu a eliminação do latifúndio para seu desenvolvimento. Evidentemente, este processo foi marcado por contradições próprias de uma combinação, ou aliança, entre capital e grande propriedade de terra, que redunda, hoje, em uma poderosa força política atuante no campo. Por outra parte, a própria ideia de "desenvolvimento nacional" foi posta em xeque pelos processos sócio-econômicos que redefiniram o padrão global da acumulação, abrindo caminho para o que veio a ser, mais tarde, como a transnacionalização do capital e a hegemonia de sua forma financeira – ainda quando o Brasil completou a aliança entre latifúndio e capital *vis-à-vis* à industrialização desigual do campo.

O debate sobre a eliminação dos supostos restos feudais da formação histórico-social brasileira; a função do campo (ou mais propriamente do setor primário) na evolução "truncada" da economia nacional; a dualidade constituída pelo "Brasil moderno" e pelo "Brasil atrasado" e até mesmo a discussão sobre o papel do latifúndio na manutenção da dependência econômica brasileira (Cf. DELGADO, 2001), tudo isto, foi afetado decisivamente pelas novas condições de reprodução do capital e pelas modificações na morfologia das classes sociais.

O ingresso brasileiro na nova divisão internacional do trabalho, por seu turno, inaugurado nos marcos da financeirização da economia mundial, não foi capaz de corrigir os efeitos deletérios produzidos pelo seu desenvolvimento, digamos, particular. E o padrão de acumulação centrado na grande propriedade da terra persistiu, embora assumindo outros contornos.

Em termos políticos, a chance de uma "virada histórica" foi perdida ainda na década de 1930, quando a mudança do padrão de dominação de classe não exigiu uma ruptura do sistema social brasileiro fundado no/pelo latifúndio. Mais tarde, na virada da década de 1950 para 1960, quando as lutas da classe trabalhadora, que impulsionavam um projeto de desenvolvimento capitalista nacional, criando um campo semântico entre as forças políticas em oposição, foram violentamente interrompidas pelo golpe militar. (OLIVEIRA, 2003). O que se seguiu a ditadura civil-militar de 1964-1985 já não permitia que os projetos políticos do passado, ainda que muito recentes, se afirmassem. Primeiro, pelo fato de que as forças políticas em disputa se transformaram de modo substancial. Segundo, porque as condições de reprodução e o padrão de acumulação decorrente da crise estrutural do capital que se fez sentir no Brasil, principalmente, a partir da década de 1990, exigiram uma atualização do programa político-econômico e das formas organizativas da classe trabalhadora.

Durante a reestruturação produtiva da economia brasileira, o pacto estrutural entre capital e latifúndio já estava consolidado, operando sob/sobre a conversão crescente da dependência economia brasileira em servidão financeira (PAULANI, 2008). Neste, o latifúndio (improdutivo) permaneceu como um nó górdio da questão agrária brasileira. Porém, a conversão da grande propriedade da terra produtiva em empresa rural do *agrobusiness* deslocou, progressivamente, o centro do problema agrário brasileiro do latifúndio (improdutivo) para a empresa rural produtiva. Os processos econômicos, políticos e sociais demonstrados até aqui apontam para esta modificação no padrão histórico da questão agrária brasileira.

Nesses termos, se o padrão de dominação próprio do capitalismo dependente possuía o latifúndio como elemento estratégico (FERNANDES, 2009), o padrão de dominação constituído nos marcos do capitalismo servil do Brasil (PAULANI, 2008) tem seu centro crítico na associação entre capital transnacional e propriedade (ou empresa) rural produtiva patrocinada pelo Estado.

O padrão de desenvolvimento dos agronegócios no Brasil (...)      201

Isto não significa que o velho latifúndio não aja sobre os processos políticos, sociais e econômicos da sociedade brasileira contemporânea. Mas que sua superação, seja na forma do parcelamento da terra, seja na forma da incorporação da terra ao circuito de valorização/acumulação do capital transnacional, não coloca fim ao problema agrário nacional, uma vez que a propriedade rural produtiva do agronegócio é, hoje, um elemento estratégico da econômica política do neodesenvolvimentismo.

Em termos estritamente econômicos, as atividades que hoje puxam o chamado programa neodesenvolvimentista, tais como o agronegócio, a mineração, a atividade petrolífera e a construção civil possuem um denominador comum, conforme apontou Guilherme Delgado, qual seja, todas operam com base no monopólio dos recursos naturais que, submetidos à exploração intensiva ou extensiva, produzem renda fundiária, objeto de intensa disputa no processo de apropriação da renda. (DELGADO *apud* SAMPAIO JR., 2013, p. 214). Assim, a grande propriedade rural, o monopólio dos recursos naturais e a renda da terra se constituem em um dos problemas mais agudos no interior da questão agrária brasileira e do próprio neodesenvolvimentismo, de modo que a questão agrária também se vinculou organicamente ao problema do neodesenvolvimentismo por força do padrão de acumulação de capital que move a economia brasileira atualmente.

Segundo Delgado (*apud* SAMPAIO JR., 2013, p. 214),

> Ao revitalizar o agronegócio como força motriz do padrão de acumulação, o ajuste do campo aos imperativos da ordem global reforçou o papel do latifúndio como base material do capitalismo brasileiro. A aposta na competitividade espúria, baseada na exploração predatória das vantagens comparativas naturais do território, como forma de conquista de mercados externos supõe a intensificação da agricultura itinerante e, em conseqüência, a abertura de novas frentes de expansão para o latifúndio. A liberalização do comércio exterior sem nenhum cuidado com a preservação da autonomia alimentar expõe os agricultores familiares à concorrência desigual de produtos importados, comprometendo a sobrevivência de pequenos e médios produtores. Por fim, a modernização indiscriminada, sob os auspícios das grandes multinacionais que controlam os pacotes tecnológicos e biotecnológicos da exploração do campo pelo capital, implica a eliminação de grandes quantidades de emprego no campo.

Conforme mostrei nos capítulos anteriores, estamos diante de um duplo processo de busca desmedida por ganhos de produtividade, tanto através da abertura de novas fronteiras agrícolas ou, como completa Delgado (*apud* SAMPAIO

JR., 2013, p. 215), para consumo de recursos naturais, quanto mediante a intensificação do chamado pacote tecnológico da revolução verde. Em todos os casos, o desenvolvimento das forças produtivas do capital assumiu um contorno crescentemente predatório das relações sociais de produção, imprimindo um padrão de reprodução social com alto potencial de destruição dos recursos humanos e dos recursos ecológicos. A pressão por novas terras e o aumento da produtividade do trabalho por meio do progresso tecnológico transformou os recursos ecológicos, a terra e os sujeitos que nela vivem em objeto da sanha do capital, sem que isso signifique qualquer "destruição criativa". A degradação da Amazônia e a incorporação pelo agronegócio das terras e dos recursos naturais e ecológicos onde vivem os povos indígenas, por exemplo, os colocam no centro das contradições produzidas no seio do desenvolvimento capitalista brasileiro atual.

No entanto, se durante muito tempo, o problema agrário brasileiro pode ser reduzido a uma questão setorial (Cf. DELGADO, 2001), este padrão de reprodução social altamente destrutivo representado pelo agronegócio o converte em um problema de mais larga amplitude que, no limite, diz respeito às condições elementares de reprodução social do conjunto da sociedade, impondo um conjunto de problemas associado a terra, à água, à ciência e à biomassa, e à manipulação genética de sementes e ao uso intensivo de agrotóxicos. Nesse sentido, é possível afirmar que o problema agrário, hoje, é também o problema do neodesenvolvimentismo.

Sob o neodesenvolvimentismo surgiram novas tendências no interior da questão agrária, como: (a) reconcentração fundiária; (b) intensificação do controle, direto e indireto, do capital transnacional sobre a exploração agrícola; (c) nova rodada de grilagem de terras e (d) exacerbação da superexploração do trabalho, conforme indicado por Delgado (*apud* SAMPAIO JR., 2013, p. 216). A elas incluo outras, como: (a) um novo ciclo de proletarização de amplos contingentes de indivíduos, sejam eles pequenos proprietários, posseiros, parceleiros da terra, povos tradicionais, ou simplesmente trabalhadores despojados da terra, sobre os quais a exacerbação da superexploração e da precarização estrutural do trabalho tende a incidir com mais força; (b) os efeitos do desemprego estrutural no campo; (c) e a eliminação das condições elementares da reprodução social, na forma de degradação dos recursos ecológicos e naturais.

As implicações sócio-culturais dessas tendências são, pois, devastadoras, como, por exemplo, a descampenização, (re)proletarização e recampenização concomitantes ao desenvolvimento desigual e combinado, de modo a destruir modos de vida tradicionais, rebaixando as condições de reprodução social; a destruição de formas de sociabilidade historicamente construídas por camponeses, povos indígenas, quilom-

O padrão de desenvolvimento dos agronegócios no Brasil (...) 203

bolas, ribeirinhos, entre outros, em razão da subordinação e da subsunção formal e real do trabalho no processo do capital; nova onda de migração em busca de trabalho e a perda progressiva dos laços e referências sócio-culturais (para alguns, perda da identidade) que se constituem a partir do vínculo com a terra e com o território; perda da soberania alimentar; empobrecimento e padronização crescente da dieta alimentar, em detrimento das riquíssimas formas sócio-culturais de supressão das necessidades alimentares básicas; evolução de doenças relacionadas ao consumo de produtos com elevados níveis de agrotóxico, entre tantos outros.

Nesse contexto, o papel hoje assumido pelas unidades de produção agrícola e não-agrícola de base familiar no campo não deixa dúvidas de que a luta pela terra se tornou um momento bastante curto da luta pela constituição de uma sociabilidade baseada na autodeterminadação dos indivíduos. A lógica de expansão do agronegócio tornou essas unidades de produção no campo um importante mecanismo de ampliação da produção do valor, convertendo-as em seu apêndice, seja por meio da integração produtiva, seja por meio de sua subordinação aos fatores de produção das empresas transnacionais do agronegócio. Também aí, o trabalho abstrato incidiu de modo avassalador, proletarizando e reproletarizando aquela parcela dos trabalhadores que ora detém, sob a forma de posse ou propriedade, uma parcela de terra.

A posse ou propriedade de uma porção de terra, que anteriormente conferia uma posição melhor ao sujeito na conjuntura agrária nacional, deixou de ser até mesmo uma possibilidade de autonomia e de uma reprodução econômica e socialmente mais elevada com relação ao conjunto dos indivíduos despojados da terra. Constituiu-se, ainda, em um sério e decisivo problema para aqueles que lutam pela construção da vida na terra.

Assim, a expansão do agronegócio no interior do neodesenvolvimentismo modificou o padrão histórico da questão agrária brasileira em todas as suas dimensões, implicando, definitivamente, no desenvolvimento da luta pela reforma agrária. Apesar disso, o debate atual sobre o significado histórico da reforma agrária está, em grande medida, ancorado nas condições anteriores ao neodesenvolvimentismo, de modo que parece haver, hoje, uma espécie de descompasso entre a extensão do problema agrário brasileiro, a atualidade da reforma agrária e a luta concreta desenvolvida pelos sujeitos que, historicamente, são seus portadores.

## A REFORMA AGRÁRIA NA ENCRUZILHADA

Ao que parece, alguns autores situados à direta no espectro político têm sido mais realistas que muitos sujeitos políticos e intelectuais de esquerda em enxergar

204 Frederico Daia Firmiano

o descompasso existente hoje entre o problema agrário atual e o sentido histórico da reforma agrária. Evidentemente, pelos seus olhos, a questão não escapa ao cinismo burguês e a toda sorte de deformações ideológicas.

Entre seus representantes estão Francisco Graziano e Zander Navarro que, em meados de 2012, compareceram mais uma vez ao debate sobre o sentido histórico da reforma agrária hoje com um brevíssimo, porém expressivo artigo intitulado "Realidade Agrária e Ideologia". Seu argumento central é que, nas últimas três décadas, o Brasil experimentou um "notável desenvolvimento agropecuário", decorrente de avanços tecnológicos, da expansão das linhas de crédito, das agroindústrias e do cooperativismo – e para o qual a reforma agrária teve pouca ou nenhuma influência. Mesmo assim, diante da pujança do campo que, de acordo com os notáveis cientistas não teria promovido nenhuma concentração fundiária ou devastação ambiental [sic.], "certas vozes" teimavam em "desqualificar sua trajetória virtuosa", manifestando "opiniões negativas". Isto porque essas "vozes" "não conseguem se desvencilhar do raciocínio típico da década de 1950, repetindo expressões conservadores como 'fixar o homem no campo' ou 'sem reforma agrária não haverá justiça social' como se as mudanças operadas fossem ficcionais". Assim, esses críticos do desenvolvimento agropecuário atual tornavam-se "arautos do reacionarismo". (GRAZIANO, NAVARRO, 2012, p. 139).

A expansão substancial do agronegócio demonstrou que o desenvolvimento das forças produtivas do capital no campo, de fato, não dependeu da eliminação da grande propriedade da terra, do latifúndio. Ao contrário, a irracionalidade da grande propriedade capitalista da terra sustentou uma forma de desenvolvimento que constituiu a particularidade histórica brasileira. Conforme afirmei antes, o capitalismo brasileiro encontrou uma via de acesso para o desenvolvimento capitalista que articulou – hoje de modo completo – latifúndio e capital, dispensando a reforma agrária.

O neodesenvolvimentismo, por seu turno, encerrou todas as possibilidades que a história do capitalismo havia aberto para uma reforma agrária de tipo clássica. Isto, se é que a história brasileira alguma vez a comportou, dado que, por definição, há uma dissonância entre uma questão agrária constituída no e constitutiva de um padrão de desenvolvimento capitalista particular, desigual e combinado, e um programa de reforma agrária adequado às formas clássicas do desenvolvimento do capitalismo[1]. De qualquer forma, o programa agrário de

---

1    A questão ainda merece mais atenção. Por hora, cabe assinalar a existência de um equívoco teórico grosseiro na suposição de que poderia ter vigência no Brasil um tipo de reforma agrária tal como se aplicou nos países do centro do sistema do capital, cujo desenvolvimento assumiu formas bastante distintas daquele observado na periferia.

O padrão de desenvolvimento dos agronegócios no Brasil (...) 205

tipo clássico, que por muito tempo orientou a luta da classe trabalhadora, ruiu no interior das transformações de larga monta provocadas pela reestruturação produtiva do capitalismo brasileiro das últimas décadas, bem como na dinâmica das classes sociais e de suas representações políticas.

A especialização produtiva, que marcou a forma de inserção do país na divisão internacional do trabalho, inviabilizou a conciliação que na década de 1950 e 1960 parecia possível entre desenvolvimento nacional, soberania e democracia. Como diz Plínio de Arruda Sampaio Jr.:

> o ajuste aos imperativos da ordem global solapa as transformações que contribuíram para fazer do Brasil uma formação econômica e social própria e definida, que avançava em seu movimento de diferenciação e autonomização. Ficam irremediavelmente comprometidas as estruturas econômicas, sociais, políticas e culturais necessárias para que o sentido, o ritmo e a intensidade do desenvolvimento capitalista possam ser submetidos aos desígnios da sociedade nacional (SAMPAIO JR., 2013, p. 234).

Do ponto de vista da reforma agrária, isto quer dizer que o programa apoiado pelo desenvolvimento nacional conduzido pelo Estado e pela modernização e crescimento econômico compartilhado pelas forças políticas em oposição, se algum dia foi possível, hoje, definitivamente, deixou de sê-lo.

As bases econômicas, políticas e sociais que poderiam dar alguma sustentação para uma reforma agrária deste tipo foram corroídas pela conversão do país em plataforma de valorização financeira, com uma estrutura produtiva crescentemente voltada para a produção de *commodities* para o mercado internacional. E também pelas transformações vultuosas na morfologia das classes sociais, decorrentes dos processos de transnacionalização do capital, por um lado, e precarização e desemprego estrutural, por outro lado. No campo, a conversão da ampla, heterogênea e complexa categoria da agricultura familiar em apêndice do agronegócio também é um processo que impacta de modo avassalador a luta pela reforma agrária.

Daí despontou um padrão de acumulação de capital que intensificou a "vocação" histórica nacional – dada sua formação econômico-social - para a produção destrutiva, consoante às tendências atuais do sistema do capital no quadro de sua crise estrutural. As forças produtivas do capital no campo atingiram os limites superiores do capitalismo mundial sem qualquer necessidade de reforma agrária, senão como a contra-reforma agrária que produziu o "admirável novo mundo rural". Pelo turno do desenvolvimento das forças produtivas do capital, a função clássica da reforma agrária foi solapada. Nesse exato sentido e apenas nele, a reforma agrária perdeu sua atualidade histórica, dando lugar ao ajuste estrutural do campo que, por seu turno, comporta, este sim, a inserção produtiva subordinada de um número limitado e reduzido de unidade familiares de produção agrícola e não-agrícola ao circuito da produção de valor, ao desenvolvimento capitalista atual.

Pelo lado das forças do trabalho, porém, as condições do desenvolvimento econômico não abrem qualquer possibilidade de elevação substantiva das condições de reprodução e existência dos indivíduos que vivem do próprio trabalho. Mesmo as experiências de organização produtiva no campo - conforme vimos no capítulo anterior – estão experimentando um novo ciclo de proletarização, seja pelo fracasso, seja pelo "sucesso" que obtém junto ao capital.

Desse modo, em função do fracasso generalizado do mundo do capital em incluir formalmente as forças do trabalho, a luta pela reforma agrária tem a chance histórica de encontrar outra via de acesso, diferente daquela que percorreu até o presente, já eliminada pelo capital. Para tanto, precisa encontrar um sentido compatível com as necessidades das distintas e heterogêneas frações da classe trabalhadora hoje diretamente afetadas pelo problema agrário, inclusive os povos indígenas, quilombolas, ribeirinhos, entre outros.

Atualmente, a questão agrária brasileira se relaciona de modo mais completo com o problema das condições elementares da reprodução social e da destrutividade intrínseca ao acelerado desenvolvimento das forças produtivas, de forma que, mais do nunca, a reforma agrária precisa ser vinculada a questão da "revolução brasileira" – conforme assinalou Plínio de Arruda Sampaio Jr. (2013), a partir de Caio Prado Jr.

Perante as contradições decorrentes do avassalador processo de desenvolvimento capitalista atual, acreditar que a reforma agrária de tipo clássica possa acelerar o progresso social, criando condições objetivas para a projeção de uma alternativa societária radicalmente oposta ao capital, não só é uma ilusão, como uma forma alienada de intensificação do padrão destrutivo do capital. Por isso, a reforma agrária não pode mais estar vinculada a nenhuma forma de desenvolvimentismo, tão-pouco ao chamado neodesenvolvimentismo, sob pena de converter seus portadores, de fato, em "arautos do reacionarismo", conforme disseram Graziano e Navarro (2012).

Apesar disso, os sujeitos que lutam pela terra e pela reforma agrária hoje se veem, hoje, pressionados pela forma assumida pelo desenvolvimento capitalista brasileiro, particularmente em razão da expansão do agronegócio no interior do programa neodesenvolvimentista; e pelo fato de que os instrumentos de organização da classe trabalhadora que, nos anos recentes, compartilharam um programa comum de reformas estruturais – entre elas a reforma agrária – partiram-se ao meio. Sobretudo, depois que o Partido dos Trabalhadores se tornou um importantíssimo condutor do programa econômico que deu o tiro de misericórdia na velha bandeira da reforma agrária, arrastando, simultaneamente, para a *decadence* as forças políticas com quem havia construído um projeto nacional de inspiração popular e democrática.

A reforma agrária, hoje, experimenta, assim, um movimento duplo e articulado: por um lado, a perda progressiva de sua vitalidade histórica perante as transformações econômicas, políticas e sociais que possibilitaram a ascensão do agronegócio e do neodesenvolvimentismo e, por outro lado, a incapacidade de seus sujeitos históricos mais expressivos de se desvincular do programa que a torna letra morta, podendo converter-se em seu algoz – mesmo que as condições do desenvolvimento capitalista tenham atualizado a luta pela terra, tornando-a potencialmente radical.

## A reforma agrária no quadro da estratégia democrático-popular

O que é as coisas consideradas essenciais para o nosso povo? Em primeiro lugar, o nosso precisa de uma política de reforma agrária capaz de dar terra a quem nela queira trabalhar. Em segundo lugar, o nosso povo precisa de uma política agrícola que possa privilegiar o empréstimo a juro barato para o pequeno e médio produtor. E porque nós queremos a reforma agrária e a política agrícola?! Porque é preciso produzir mais feijão, é preciso produzir mais arroz, é preciso produzir mais mandioca, é preciso produzir mais milho, é preciso produzir mais coisas que o nosso povo come, porque a hora que a gente tiver a produção de alimentos, a gente não vai ver mais criança morrer de fome, não vai ver mais mulheres se prostituírem a troco de um prato de comida, como existe no Brasil hoje, não vão ver mais crianças terem que assaltar uma padaria ou uma banca da feira para roubar uma coisa pra comer. E a Frente Brasil Popular está assumindo um compromisso de que nós vamos, antes de terminar o primeiro ano de governo, a gente vai estabelecer uma política de incentivo a plantação de arroz, a plantação de feijão para que a gente possa garantir a todos os brasileiros a comida necessária para que nunca mais alguém tenha que passar fome neste país de 8,5 milhões de quilômetros quadrados[2]. E não vamos fazer reforma agrária nas terras devolutas, na beira das

---

2   Lula da Silva em comício no Largo de Osasco, em 6 de dezembro de 1989, durante o segundo turno das eleições presidenciais.

estradas, como querem alguns. Nós vamos fazer reforma agrária nas terras dos latifundiários desse país[3].

Se for verdade que a Carta Magna de 1988 introduziu um marco jurídico--institucional para a viabilização da democracia e, com ela, da reforma agrária (entre outras reformas estruturais) também é correto dizer que o fez bem à moda da tradição política brasileira. Uma tradição que conhece mais os caminhos da conciliação que da superação dialética.

As velhas forças políticas que estiveram na linha de frente do projeto do capital, administrado à força pelos militares a partir de 1964, reacomodaram-se sob as novas condições democráticas no aparato estatal, no âmbito do Executivo e, principalmente, no Legislativo. A rígida estrutura do Judiciário, que sequer esteve em disputa durante os anos da Constituinte, manteve-se praticamente intocada.

Criou-se, então, um descompasso entre os direitos sociais que a nova Constituição viabilizava e o bloco histórico decorrente do processo de redemocratização capaz de viabilizá-los. No final da década de 1980, os direitos sociais institucionalizados foram arrasados pela reestruturação produtiva do capital na década seguinte. De certo modo porque as condições de reprodução do capital já não eram aquelas sob as quais a luta pelos direitos (e pela própria redemocratização) haviam se estruturado e as conquistas (relativas) da classe trabalhadora encontraram um quadro político-econômico que os negou.

Com a derrota do projeto político representado pelo Partido dos Trabalhadores, em 1989, e a aplicação do receituário neoliberal proposto pelo *Institute for Internacional Economics* a partir da gestão de Collor de Mello, as lutas sociais passaram a ter um caráter geral marcadamente defensivo. Muitas organizações políticas, no entanto, se agarraram às letras da Carta Brasileira, buscando fazê-las valer, mas sua prática política não tinha a materialidade necessária para que fosse possível segurá-las. Entre a nova institucionalidade democrática e o radicalismo necessário para romper a ordem, algumas dessas forças políticas de esquerda instalaram-se na contradição inerente a uma espécie de luta ofensiva dentro da ordem.

Sob essa contradição, as lutas sociais cresceram. Nos idos de 1990, o MST, por exemplo, encontrou terreno fértil, mesmo imerso em uma conjuntura de criminalização e judicialização da luta pela terra, promovida pelos governos de Collor de Mello e FHC. (FERNANDES, 1999). Em 1997, após os massacres de trabalhadores e trabalhadoras rurais em Corumbiara (1995) e Carajás (1996),

---

3    Lula da Silva durante a campanha presidencial de 1989, da qual saiu derrotado.

O padrão de desenvolvimento dos agronegócios no Brasil (...)      209

o movimento realizou a famosa marcha nacional que chegou à Brasília, mostrando incrível força social e política e, mais que isso, mostrando a vitalidade histórica da reforma agrária. Foi a partir do enfrentamento contra a aliança entre latifúndio e capital a bandeira da reforma agrária e os sujeitos que a portavam ganharam enorme notoriedade.

Mas tanto o programa da reforma agrária defendido, quanto os próprios instrumentos de organização dos trabalhadores ficaram presos à luta dentro da ordem, quando esta já não comportava mais o "sonho de Florestan", qual seja, a "revolução dentro da ordem". Ambas, a reforma agrária e as organizações políticas que a defendiam – não só o MST – foram aprisionadas pelo processo histórico que as produziu. Em parte porque haviam sido criadas em um momento de transição da ditadura para a ordem democrática, quando a palavra de ordem era "redemocratização"; em parte, porque no decorrer desta história fizeram opções políticas que não permitiram grandes rupturas para com a estratégia da luta dentro da ordem.

O Partido dos Trabalhadores (PT), A Central Única dos Trabalhadores (CUT) e o Movimento dos Trabalhadores Rurais Sem Terra (MST) partilhavam uma estratégia política que via na confluência das lutas por espaços na sociedade política e na sociedade civil um caminho para viabilizar as transformações estruturais que a sociedade brasileira necessitava para se converter em uma nação soberana e democrática.

A estratégia democrático-popular, como mais tarde ficou conhecida, tinha em seu núcleo hegemônico a ideia de que era possível compatibilizar capitalismo, democracia e soberania.[4] Esta concepção possuía dois pressupostos funda-

---

4      Silvia Beatriz Adoue, que militou no PT na década de 1980, disse-me por correio eletrônico que: "o núcleo do programa democrático e popular estava associado à tática de ir ao governo e, desde o governo, realizar mudanças. Essas mudanças, pretendíamos não poucos, mobilizariam grande parte dos trabalhadores e ampliariam o setor organizado e ativo da classe. A auto-organização dos trabalhadores não ficaria nos limites dessas mudanças e tomaria as rédeas do processo. É algo como o que propunha Florestan Fernandes (e Antonio Gramsci), no sentido de fazer mudanças democráticas que permitam o fortalecimento de um núcleo do proletariado, irradiador da cultura da classe. Claro que nem todos os setores do Partido dos Trabalhadores tinham esse entendimento. Mas essa era a aposta da maioria da militância. E aquilo vai ser motivo de disputa teórica depois de 1989, quando o PT não ganha a presidência da república, mas sim várias prefeituras de importância. Não ficava claro se essa tática poderia ser levada adiante nos governos municipais. Aí viramos minoria os que pretendíamos isso, mesmo porque grande parte da militância foi absorvida nos cargos administrativos e se retirou das frentes de massas. O argumento que mais pesava era que era preciso "fazer uma boa administração" para

210 Frederico Daia Firmiano

mentais: (a) "...a convicção de que o Brasil havia criado as bases materiais para a autodeterminação do desenvolvimento capitalista..." e (b) "...a crença de que, restabelecido o estado de direito, a luta de classes estaria baseada na busca do bem comum" (SAMPAIO JR., 2013, p. 230). Dito de outro modo,

> [...] predominava uma visão das possibilidades históricas segundo a qual não haveria obstáculos materiais intransponíveis nem bloqueios políticos insuperáveis para iniciar um processo efetivo de distribuição de renda e justiça social. Supunha-se – equivocadamente – que o capitalismo não condenava necessariamente a população brasileira à dependência externa e à pobreza (SAMPAIO JR., 2013, p. 230).

Como a história demonstrou, a estratégia não obteve êxito. O que deveria ser uma confluência virtuosa entre o acúmulo de conquistas e de forças políticas no âmbito da sociedade civil e as disputas institucionais pela via do Estado mostrou-se falsa ou, para alguns, trágica, como o período atual tem revelado, servindo mais ao capital que ao trabalho. A capitulação do PT ao longo do processo que o alçou até o mais alto posto de comando do Estado arrastou com ele muitos dos que compartilharam o projeto democrático e popular para o Brasil. Mesmo aqueles sujeitos políticos que se esforçaram para manter-se no campo das lutas sociais - como foi o caso do MST – foram, em alguma medida, afetados pela lógica do Estado.

Com o acirramento da contradição entre a questão agrária e a reforma agrária defendida pelas principais organizações de luta no campo – no sentido de a segunda não expressar mais a superação da primeira –, essas organizações do campo foram progressivamente neutralizadas, na maioria dos casos por não conseguirem desvincular-se das estruturas que as produziram. Em larga medida, isto decorreu da própria vinculação estreita com o Partido dos Trabalhadores e com seu governo.

---

demonstrar que o Partido dos Trabalhadores não era apenas bons de oposição. E começou a se argumentar que essa tática de grandes mudanças desde o Estado só poderia ser levada adiante no governo federal. Centrou-se fogo, então, em ganhar o governo federal, ainda com a intenção inicial. Mas a relação orgânica com as lutas enfraqueceu-se. A reestruturação produtiva fez o resto. Tirou as bases materiais (sociais) das formas organizativas vinculadas àquela tática. A reconfiguração das classes trabalhadoras retirou dos sindicatos e centrais existentes um vínculo com os setores mais explorados e potencialmente mais dinâmicos. E os aparatos das velhas organizações ficaram livres do controle pela base. Tinham vida própria. A partir de 1995 foi retirado o horizonte socialista do programa do Partido dos Trabalhadores, e da tática de ir ao governo para fazer mudanças democráticas populares apenas sobrou a tática de ir ao governo de qualquer jeito. O que aconteceu depois, está bem claro na Carta aos brasileiros de Lula, e nos três governos do PT".

O padrão de desenvolvimento dos agronegócios no Brasil (...)

Os êxitos do programa neodesenvolvimentista do PT (geração de emprego, redução da miséria, ampliação do crédito, abertura de novas vagas no ensino superior etc. etc.), sem realizar qualquer reforma estrutural ou de base, colocaram fim à possibilidade histórica de realização da ideia de uma "revolução dentro da ordem". Evidentemente, se é que esta possibilidade histórica de fato existiu – e não apenas no âmbito da vontade política do intelectual que a formulou e de alguns militantes do partido.

O mais importante movimento social de luta pela terra do Brasil, o MST, foi profundamente afetado pelas transformações sócio-econômicas e ideopolíticas que se processaram nas últimas décadas. Com as portas fechadas para a "revolução dentro da ordem" e com a capitulação do PT, por um lado, e com o fim das condições que se supunha viabilizar a reforma agrária clássica, por outro, o movimento enfrenta hoje o risco de ver seu programa político e suas lutas históricas convertidos em instrumento para a expansão do neodesenvovimentismo. Vejamos um pouco mais de perto.

## O MST E A PROPOSTA DE REFORMA AGRÁRIA POPULAR

A história do MST reflete diferentes momentos do desenvolvimento do capitalismo brasileiro, das transformações do campo durante o "desenvolvimentismo realmente existente" ao neodesenvolvimentismo petista, passando pela fase precedente da reestruturação produtiva. E se entrelaça à história dos principais instrumentos de organização da classe trabalhadora do pós-ditadura civil-militar, como o PT e a CUT.

Sua história se confunde, ainda, com a história recente da reforma agrária no Brasil. Quando completa mais de 3 décadas de existência não são poucas as conquistas obtidas para a classe trabalhadora. São mais de 1,5 milhão de trabalhadores organizados pelo movimento em acampamentos e assentamentos, em 23 estados, além do Distrito Federal; cerca de 100 cooperativas e mais de 1900 associações, produzindo alimentos e contribuindo para a elevação das condições de existências de milhares de famílias. Atualmente, o movimento aposta suas fichas no desenvolvimento de um padrão técnico-científico baseado na agroecologia, visando preservar o equilíbrio da relação entre o homem e a natureza. Além disso, os territórios da reforma agrária conquistados pelo MST estão livres da mortalidade infantil e da fome. São, ainda, mais de 2250 escolas públicas nos assentamentos e acampamentos, centenas de cursos técnicos, superiores e de especialização com a parceria de universidades públicas e instituições de ensino, além da Escola Nacional Florestan Fernandes. O MST possui mais de 4 mil professores formados por meio dos convênios entre o movimento e as instituições públicas de ensino superior e cerca de 10 mil professores que atuam nas escolas dos acampamentos e assentamentos. Tudo isso, resultado de décadas de lutas. (MST, 2010).

Mas também não são poucas as contradições que atingem sua dinâmica interna e sua atuação política. A mais importante talvez seja aquela representada pela radicalidade necessária para enfrentar o problema agrário atual e o peso que hoje confere a luta institucional para viabilizar os assentamentos rurais conquistados. Esta contradição traduz em termos práticos o problema anteriormente posto sobre a dimensão e a extensão do problema agrário atual e os limites históricos da reforma agrária, atingindo não só ao MST.

As políticas destinadas pelo governo para os pequenos agricultores ou camponeses ofereceram a uma pequena parcela dos assentados da reforma agrária condições para que alcançassem algum desenvolvimento no mercado e, sobretudo, no mercado institucional – não sem convertê-los em novos "proletários--parceleiros da terra", como vimos antes. Assim, enquanto a distribuição de terras sofreu um forte revés, o Estado atendeu, em alguma medida, a demanda pelas condições necessárias para a reprodução social de uma parcela dos assentados da reforma agrária sob a chancela da agricultura familiar.

A contradição previamente existente no interior da luta pela terra e no interior de todos os movimentos socioterritoriais (FERNANDES, 2001) entre o enfrentamento direto contra o capital e sua estrutura de comando e a negociação por recursos públicos para a viabilização dos territórios conquistados tornou-se demasiadamente aguda. Ao mesmo tempo, o padrão de reprodução de capital que despontou no contexto da reestruturação produtiva e o desenvolvimento acelerado de forças produtivas-destrutivas do capital no campo exigiram das forças politicamente organizadas do trabalho formas mais combativas e diretas de enfretamento no campo da luta de classes, a fim de preservarem as conquistas obtidas até o presente. No entanto, a política de conciliação praticada pelo Partido dos Trabalhadores – e que só o PT poderia praticar em razão de seu vínculo histórico com a classe trabalhadora – provocou uma espécie de atomização no âmbito das organizações e movimentos sociais organizados, quando a luta de classes lhes exigia aquilo que no jargão político alguns chamam de "maior radicalidade". Isto se refletiu na dinâmica das ocupações de terra ao longo das décadas.

Durante a década de 1990, as ocupações de terra no Brasil aumentaram progressivamente, saltando da casa de 50 ocupações, em 1990, para 856 no final da década, com destaque para os anos de 1997, 1998 e 1999 – triênio pós--massacres de Corumbiara, em 1995, e Carajás, em 1996 e após a realização da marcha do MST, em 1997, que reuniu mais de 1 milhão de trabalhadores e

O padrão de desenvolvimento dos agronegócios no Brasil (...)      213

trabalhadoras. (DATALUTA, 2011).

Entre 2003 e 2004 foram realizadas 540 e 662 ocupações de terras, respectivamente, mas, desde então, este número despencou, ao ponto de, em 2010, terem sido realizadas apenas 184 ocupações de terras. O número de famílias que participou das ocupações tem desempenho similar. Ou seja, de uma participação crescente que, em 1999, alcançou o número de 113.909 famílias em ocupações de terras, no ano de 2010, registrou tão somente 16.936 famílias em ações similares. (DATALUTA, 2011).

Conforme escreveu Maria Orlanda Pinassi, o MST convive hoje com um "dilema insolvente". Diz ela:

> [...] o MST de alguns assentamentos razoavelmente bem sucedidos, que tende à institucionalização das suas práticas mercadológicas não pode conviver, sem uma grave contradição interna, com o próprio MST que, sob a lona preta dos acampamentos, tende a acirrar o confronto mais radical contra o capital deixando à deriva a maioria de sua militância acampada e precariamente assentada. Ou rompe com essa perspectiva da política que reproduz as condições materiais que tornam o MST tão necessário (PINASSI, 2011, não paginado).

Sem romper o vínculo político com o governo do Partido dos Trabalhadores, que garante algumas condições de reprodução para uma parcela muito reduzida de sua base social, o MST vai deixando de cumprir sua tarefa histórica na condução da luta pela terra contra o capital e pela reforma agrária, assumindo as condições ora impostas pelo Estado que, de modo generalizado, promove o novo ciclo de proletarização de sua base social, tanto dos afundados pelo mercado – proletários do neodesenvolvimentismo –, quanto dos exitosos que sobrevivem por meio do mercado institucional, reproduzindo-se sob o comando direto ou indireto do capital. Esta opção política incide diretamente sobre o programa de reforma agrária ora proposto pelo movimento, ainda vinculado ao processo histórico anterior a ascensão do neodesenvolvimentismo e da *belle époque* do agronegócio e, por isso, desajustado com relação ao conjunto atual de problemas agrários.

A justificativa política para o programa agrário que, desde seu VI Congresso, ocorrido em fevereiro de 2014, sob o lema "Lutar! Construir Reforma Agrária Popular", norteia o movimento foi explicada por João Pedro Stédile:

> Qual é a realidade hoje no Brasil? Nós tentamos desde o início do movimento defender uma reforma agrária clássica capitalista, mas não há forças acumuladas burguesas que queiram essa reforma. Por

> isso que o governo não faz reforma agrária (…) Também seria uma ilusão achar que a solução seria uma reforma agrária socialista, porque essa reforma só acontece depois de uma revolução. Ela é casada com um processo revolucionário, que não é o que temos hoje no Brasil. O que nós propomos é uma reforma agrária que chamamos de popular, que se diferencia das duas. Nessa reforma não basta distribuir terra, como na reforma capitalista. É necessário também desenvolver agroindústrias na forma de cooperativa, criar pequenas agroindústrias nos assentamentos. Assim, o agricultor sai mais rápido da pobreza, porque daí ele não vai só produzir matéria-prima, mas também se apropriar do valor agregado dos produtos e gerar emprego no meio rural (STÉDILE…, 2009, não paginado).

Entre a compreensão de que o desenvolvimento das forças produtivas do capital anulou a possibilidade de uma reforma agrária clássica e o pragmatismo político que move a luta de classes no plano imediato, a proposta de reforma agrária popular do MST acabou torneada pelos limites da ordem democrática vigente e estreitamente vinculada aos mesmos fundamentos que moveram a estratégia democrático-popular já derrota, por um lado, pela nova processualidade do capital, por outro, pelo *aggiornamento* do PT, sob o pretexto político de que "não há condições objetivas para o socialismo hoje".

Para o MST, a reforma agrária popular supõe: (a) a mobilização popular e (b) a ação do Estado democrático e popular. (MST, 2013, p. 164-165). Ou seja, a confluência virtuosa que a esquerda rearticulada ao final e no pós-ditadura civil-militar ainda acredita ser possível.

O programa tem como eixo a combinação da ampla distribuição de terras – sobretudo, terras devolutas que não cumprem a função social e/ou acima de 35 módulos fiscais –; das formas cooperativas de organização e gestão produtiva; da política de agroindústrias para o campo; do forte amparo estatal na destinação de políticas públicas para a agricultura familiar. (MST, 2013).

Assim, subjaz ao programa a ideia de que o capitalismo brasileiro ainda comporta reformas estruturais, como a reforma agrária e, com isso, possibilita o desenvolvimento econômico, combinado com soberania popular e democracia política. Segundo, que esse desenvolvimento econômico, social e político baseado na produção agropecuária, com base na agroecologia e nas cooperativas de trabalhadores pode, no interior da ordem vigente, reverter o atual padrão de reprodução de capital marcadamente destrutivo. Além do mais, o apelo "nacionalista" do programa de reforma agrária popular está em desacordo com o caráter transnacional do capitalismo e da burguesia que hoje opera livremente em todo o planeta.

Nesse sentido, o programa parece expressar um certo otimismo com relação ao progresso capitalista; ou, melhor dizendo, uma aposta no desenvolvimento (capitalista) como via para a elevação das condições de reprodução social da classe trabalhadora, quando a crise estrutural do capital não deixa margem para quaisquer "benefícios" do desenvolvimento.

Ademais, o programa agrário popular supõe que a distribuição de terras e a agroindustrialização do campo podem criar condições para que a agricultura familiar ocupe no mercado interno os espaços pelos quais o complexo do (grande) agronegócio não se interessa, constituindo aí uma força política e social capaz de enfrentá-lo. O que é inteiramente falso, já que a consolidação no mercado interno significa, pois, o ingresso das unidades familiares de produção agrícola (e não-agrícola) no circuito da produção do valor, conforme as distintas e inúmeras experiências que vimos anteriormente indicaram.

Como venho afirmando reiteradamente ao longo deste trabalho, o padrão servil do capitalismo brasileiro no pós-ditadura civil-militar impossibilitou qualquer projeto compartilhado entre as classes, abrindo um fosso irreconciliável entre as forças políticas em oposição e a construção de um projeto nacional comum instalado nas suas contradições. Assim é que o padrão de reprodução de capital baseado na especialização produtiva – atualmente sustentado pelo programa neodesenvolvimentista – condena a maior parte da população brasileira a precária e degradante situação da superexploração do trabalho e do desemprego estrutural. Essas são as marcas indeléveis, constitutivas do capitalismo brasileiro contemporâneo, que bloqueiam o desenvolvimento econômico, social e a democracia. E incompatibilizam a ideia de capitalismo e reformas sociais que, para atingirem o âmago dos problemas enfrentados hoje, necessitariam ter a extensão de uma revolução social.

A conversão de milhares de camponeses ou trabalhadores rurais em pequenos proprietários ou parceleiros da terra e pequenos produtores agroindustriais cooperativados não pode, por si só, inverter positivamente o atual padrão de reprodução social. Ao contrário, a moderna agricultura familiar, uma vez adensada pelo mercado capitalista, opera sob o comando do capital, seja ela integrada diretamente ao complexo produtivo do agronegócio ou não, já que ao lado da territorialização o capital também monopoliza a produção agropecuária em todas as escalas.

A intensificação do processo de industrialização do campo e o adensamento da relação da agricultura de base familiar com o mercado – e com o mercado institucional – consagra a generalização do trabalho social abstrato e a reproletarização precarizada dos trabalhadores-parceleiros ou trabalhadores que são proprietários de uma parcela terra.

Além disso, a industrialização da agricultura familiar não garante a passagem do controle sobre o processo produtivo e o resultado do trabalho para os trabalhadores, sobretudo no quadro da transnacionalização dos setores chave da economia brasileira. Além disso, a ultramonopolização do mercado não permite distribuição de renda, sem que seja pela via das políticas públicas focalizadas, acentuando a diferenciação interna da ampla e genérica categoria da agricultura familiar. Em outras palavras, o adensamento da relação entre as unidades familiares de produção e o mercado capitalista subordina e sujeita o trabalho no processo do capital de modo irreversível no interior da ordem do capital.

Na medida em que o programa de reforma agrária popular defende os interesses nacionais – como fica evidente com a proposta de mudanças necessárias com relação à propriedade da terra (MST, 2013, p. 151) – a luta de classes fica comprometida pela luta contra o capital estrangeiro, como se a hegemonia do capital financeiro transnacionalizado permitisse a preservação do interesse do capital nacional (já inexistente) contra o interesse do capital estrangeiro, como se pensava na década de 1950. Assim, a luta antiimperialista é desarticulada da luta anticapitalista, quando deveriam se completar.

No plano da morfologia dos trabalhadores do/no campo, o programa também opera outra cisão. Ao possuir como objetivo o combate das formas de exploração dos camponeses e garantir trabalho e oportunidades de trabalho para as pessoas que vivem no campo (MST, 2013, p. 150), o programa não só reconhece a fragmentação da classe trabalhadora – e, em seu interior, da fração de "trabalhadores no/do campo" – como a mantém. O núcleo da reforma agrária popular é o trabalhador assentado, quando o agronegócio e o neodesenvolvimentismo atuam sobre o conjunto dos trabalhadores do/no campo (e da cidade), sejam eles parceleiros, proprietários, meeiros, posseiros ou despojados da terra.

Na melhor das hipóteses, com a proposta de reforma agrária popular, o que poderia acontecer é o fortalecimento de uma categoria intermediária de "trabalhadores-proprietarios" ou "trabalhadores-parceleiros da terra", subordinados ao grande capital transnacional, mas com algum poder de barganha perante o conjunto dos trabalhadores despossuídos ou dos trabalhadores possuidores/parceleiros de terra que foram inviabilizados do ponto de vista do capital pelo desenvolvimento desigual e combinado. Este processo, ao contrário da tese política bastante tosca que circula em parte da esquerda brasileira hoje, segundo a qual este processo poderá produzir um acúmulo de forças para um enfrentamento contra o capital, está produzindo contradições ainda maiores no interior da classe trabalhadora. Não bastasse a contradição existente entre a luta contra a grande propriedade da terra (por meio da ocupação de terras) e a conversão da terra conquistada em pequena propriedade capitalista, os despossuídos são explorados pelos parceleiros da terra; os acampados rurais são explorados pelos próprios assentados, que também se auto-exploram, entre outras inúmeras situações que opõe interesses no interior da classe trabalhadora, como vimos nos capítulos anteriores.

Atualmente, o MST convive com uma formação social constituída de acampados, assentados, assentados prósperos, assentados precarizados, assalariados, semi-assalariados do campo e da cidade, arrendatários, rentistas, fornecedores de matéria-prima para a agroindústria etc, reproduzindo uma problemática diversidade interna de interesses, na qual todos parecem atingidos pela perda progressiva do controle sobre seu próprio funcionamento e pela subsunção real do trabalho ao capital. De modo que, sua tarefa histórica hoje consiste em denunciar os limites do capital e enfrentar a proletarização, no sentido exposto acima, de sua base social. Nesse sentido, o movimento só tem uma alternativa se tiver a efetiva pretensão de se manter no campo da emancipação socialista, como alternativa societária radical: retomar para si a luta pela terra contra (e não com) o capital, potencializando a consciência de classe dos seus próprios proletários, jamais negar essa evidência como simples desvio de percurso.

Nos próximos anos, a luta pela terra precisará estabelecer novos nexos com o problema agrário atual, constituindo um programa para responder às profundas transformações provocadas pelo capital no mundo rural em geral. O padrão de reprodução do agronegócio no quadro do neodesenvolvimentismo consagrou as formas profundamente destrutivas da acumulação de capital no capital, correspondente ao novo padrão global de reprodução de capital. A trajetória política dos principais instrumentos de organização da classe trabalhadora, por seu turno, adulterou o objetivo último a que a estratégia política do pós-ditadura civil-militar visava alcançar, implicando decisivamente as formas de luta contemporâneas e o programa agrário defendido, de modo que uma nova experiência de luta supõe um novo programa político.

### Um novo princípio econômico orientador para um novo programa de reforma agrária

Depois de mais de uma década vinculado ao programa neodesenvolvimentista do PT, a base social do MST permanece – assim como a maioria esmagadora dos assentamentos rurais no Brasil – precarizada e carente da infraestrutura social e produtiva mínima para poder concorrer em iguais condições com os agricultores familiares prósperos e modernos no mercado interno. A exceção fica por conta de algumas pouquíssimas experiências produtivas, sobretudo as cooperativas agroindustriais, beneficiárias de políticas públicas estatais pelo chamado mercado institucional ampliado pelo Estado nos últimos anos.

Sob o programa neodesenvolvimentista e a hegemonia do agronegócio no campo, praticamente todas as experiências adensadas pelo mercado, mesmo aquelas que se propõem alternativas à lógica de produção de mais-valor, tendem a se subordinar ao capital, sejam trabalhadores parceleiros, pequenos proprietários ou simplesmente despossuídos. Cada qual a seu modo, é certo, todos atingidos pelo signo da proletarização no sentido mais amplo, como perda do controle do processo de reprodução social.

Assim, ao que nos parece, um dos desafios atuais da classe trabalhadora é romper com o otimismo do passado com relação ao progresso capitalista. Sob o neodesenvolvimentismo, as formas de produção destrutiva do capital alcançaram seu ponto alto, generalizando o trabalho abstrato, a proletarização e as variadas formas de superexploração do trabalho e dos recursos naturais e ecológicos disponíveis. A contrapartida – algum crescimento econômico e a garantia de uma posição servil na divisão internacional do trabalho - sequer trouxe conquistas no plano dos direitos sociais para o conjunto da classe – estes, ao contrário, estão sendo progressivamente corroídos pelo neodesenvolvimentismo.

Por essas razões, a luta pela terra e pela reforma agrária carece, hoje, assumir um caráter invariavelmente antidesenvolvimentista. No plano da reforma agrária, isto significa um programa radicalmente livre de qualquer ideologia do progresso, inclusive daquela que marcou o "socialismo realmente existente".

O produtivismo soviético, amparado por um "marxismo positivista", e a modernização capitalista impulsionada pela necessidade de reconstrução dos países devastados pela guerra, constituíram-se nos dois vetores do desenvolvimentismo que marcou o século XX. Na verdade, dois lados de uma mesma moeda que tinha na expansão das forças produtivas do capital seu centro gravitacional.

Conforme assinalou o marxo-weberiano Michael Löwy, no caso dos soviéticos, a tendência a tornar o desenvolvimento das forças produtivas como o vetor do progresso levou a uma leitura equivocada (ou interessada?) de produtivismo em Marx e Engels que – aí sou eu quem digo – fundamentou tanto a produção teórica dos progressistas alemães, quanto a política produtiva dos países do Leste Europeu no período do "socialismo realmente existente". (LÖWY, 2000).

O desacerto desta concepção reside no fato de que Marx foi um crítico tenaz da lógica capitalista de produção e da acumulação de capital como objetivo que se encerra em si mesmo. Se no prefácio da *Contribuição à Crítica da Economia Política*, de 1859, ou nos *Grundrisse*, o filósofo alemão ressaltou a ação

O padrão de desenvolvimento dos agronegócios no Brasil (...)

civilizadora do capital, n'*A ideologia Alemã*, e no n'*O Capital*, ele se posicionou de modo crítico ao desenvolvimento ilimitado das forças produtivas. (LÖWY, 2000, p. 93-95).

No Ocidente, a economia política dos idos de 1950 e 1960, por seu turno, apostou na industrialização e no crescimento econômico como fontes do desenvolvimento. Enquanto a "economia do desenvolvimento", que tinha em Keynes sua principal referência, tomava a indústria como motor e via o Estado e o capital externo como seus parceiros privilegiados, os modernizadores, à Rostow, jogavam suas fichas na "modernização política" e no crescimento econômico. Vale lembrar que a teoria da dependência surgiu no final da década de 1950 pelas mãos da Comissão Econômica pela América Latina e Caribe (CEPAL), refutando os "benefícios da modernização" e trazendo à cena o problema do subdesenvolvimento - que, para os modernizadores era apenas uma "etapa" do desenvolvimento que poderia ser superada (bastava mais industrialização e crescimento econômico).

Passados quarenta anos e longe das promessas do desenvolvimento se cumprirem para os países "subdesenvolvidos", emergiu a crítica pós-desenvolvimentista. Seus formuladores buscaram fundamentos teóricos em autores muito heterogêneos entre si, como Michel Foucault, Franz Fanon, Deleuze, Derrida, Edward Said, Homi Bhabha, entre muitos outros (GÓMEZ, 2006, 152), formando uma espécie de teoria pós-moderna do (pós)desenvolvimentismo.

Segundo Gómez (2006, p. 158), os pós-desenvolvimentistas consideram que nenhuma teoria havia resistido ao desenvolvimento, nem mesmo aquela formulada pelos chamados "dependentistas" que, apesar de se oporem aos aspectos modernizadores não superaram os limites do próprio desenvolvimento que propunham aos países subdesenvolvidos. Encontraram base material nos idos de 1980 e 1990, quando as fórmulas do desenvolvimento se mostraram uma ilusão – para lembrar novamente de Arrighi (1998). O bloco soviético e seu produtivismo experimentavam sua crise terminal; o bloco capitalista não havia conseguido recuperar as taxas de crescimento econômico experimentadas até o início da década de 1970 e as condições de reprodução do capital que as elevavam; e os países subdesenvolvidos, por seu turno, depois do ciclo modernizador – na maioria dos casos conduzido por ditaduras militares - permaneciam sob o signo da dependência e da fratura social que a extrema desigualdade interna criava.

No entanto, as teorias pós-desenvolvimentistas não observaram as modificações na processualidade concreta do capital e no seu modo de funcionamento que já não contava mais com uma margem de viabilidade produtiva como no período imediatamente do pós-guerra. Com isso, não viram – ou não puderam ver – que as promessas que o desenvolvimento poderia cumprir elevavam exponencialmente as contradições do capital, sob a forma de "problemas sociais", para manter um padrão de acumulação que outrora se dava com uma margem significativa de deslocamento de suas contradições internas – pelo menos nos países do centro do sistema do capital. (MÉSZÁROS, 2009).

Ainda que isto não fosse justificativa plausível para a aposta no progresso e no desenvolvimentismo que parte do movimento socialista fizera, a trajetória ascendente do capital forneceu as bases materiais para toda a sorte de intelectuais progressistas e desenvolvimentistas do século XX. Estou me referindo à conquista dos trabalhadores durante o estado de bem-estar social, a experiência da cidadania e a expansão dos direitos para o mundo do trabalho, que atingiu seu apogeu com a política de pleno emprego nos países centrais.

Mas uma vez terminada a tarefa da reconstrução dos países que haviam sido devastados pela Segunda Guerra, "...o funcionamento 'normal' e a contínua expansão do sistema do capital..." passaram a ser "...inseparáveis do exercício irrestrito das 'forças produtivas-destrutivas unilateralmente desenvolvidas' que dominam a nossa vida..." atualmente. (MÉSZÁROS, 2009, p. 59). Todas as apostas na modernização, no progresso e no desenvolvimento foram marcadas pelo signo da destrutividade, como uma espécie de planificação por baixo entre o centro e a periferia do sistema do capital. O longo processo de desenvolvimento desigual e combinado do capital agora generaliza todos os "males sociais" (MÉSZÁROS, 2009, p. 32) outrora reservados a periferia, igualando por baixo as condições da reprodução social. Conforme assinalei antes, isto não significa que a promessa do desenvolvimento não possa se cumprir, mas que, sob o capital, a expansão das forças produtivas coincide com a expansão de forças destrutivas, de modo que, qualquer forma do desenvolvimentismo tenderá a implicar diretamente no atual padrão devastador de reprodução de capital.

Nesse quadro, o importante economista polonês radicado na França, Ignacy Sachs, que teve marcante passagem pelo Brasil, propôs como rota de saída para o dilema do desenvolvimentismo atual o que chama de "caminho do meio", um tipo de "ecodesenvolvimento" que busca harmonizar objetivos ecológicos e sociais com objetivos econômicos, procurando um equilíbrio entre mercado capitalista, Estado e sociedade civil. (SACHS, 2009, p. 56). Este "caminho do meio" seria uma resposta a atual crise de paradigmas decorrentes do colapso do socialismo real, do enfraquecimento do estado de bem-estar social e do fracasso do neoliberalismo. (SACHS, 2009, p. 78).

Conforme apontou José Eli da Veiga, o "ecodesenvolvimento" critica a associação comumente feita pelos economistas burgueses entre desenvolvimento e crescimento econômico, no sentido de apontar para o fato de que o crescimento não se traduz necessariamente em desenvolvimento, apesar de ser um componente importante deste último. Além disso, a aposta no crescimento econômico não pode ser o único meio para o desenvolvimento. (VEIGA, 2005, p. 46).

No entanto, o humanismo ecológico-liberal de Sachs – e o desenvolvimentismo sustentável de mercado de Eli da Veiga – contorna o núcleo do problema do desenvolvimento/desenvolvimentismo e, mais ainda, do desenvolvimento sustentável na medida em que busca rotas de saída no interior da própria economia política. Assim, a crítica à teoria econômica neoclássica, que se lança ao controverso debate sobre o "crescimento econômico", não se desvencilha dos estreitos limites da ordem do capital.

De acordo com István Mészáros, abordar o problema do "desenvolvimento sustentável" significa enfrentar as "...restrições paralisantes do caráter *conflitual/ adverso* de nosso processo de reprodução social" (MÉSZÁROS, 2007, p. 191). Nesse sentido, não há variação possível do desenvolvimento mediado pelo capital que seja capaz de enfrentar os problemas gerados por esta forma de controle sociometabólico.

Marx (2013) já demonstrou as distintas e variadas formas que a relação--capital pode assumir, resultando sempre na extração de mais-trabalho. Independentemente de quem o personifica, no decurso de sua expansão, o capital subsume, irremediavelmente, as forças do trabalho sob uma forma alienada de controle do processo de reprodução social. Nesse sentido, um projeto político que vise à superação das contradições sociais não pode adotar um "caminho do meio", justamente porque não há meio termo nessa equação. Desse modo, o anti(neo)desenvolvimentismo deve ser, simultaneamente, anticapitalista. E este deve ser o princípio orientador de um novo programa de reforma agrária.

Sob o capital, a expansão e a acumulação são reduzidas à acumulação de capital e à expansão de bens de capital, de modo que, um programa econômico que visa superar a relação-capital deve adequar-se à expansão das necessidades humanas com um correspondente potencial de produção para sua satisfação, promovendo, simultaneamente, o enriquecimento das necessidades humanas pelo desenvolvimento produtivo da sociedade (MÉSZÁROS, 2007, p. 169). Por isso, um novo programa de reforma agrária que oriente a luta pela terra precisa romper o círculo vicioso que atrela "acumulação" e "expansão" de capital.

Como princípio orientador, a produção para o lucro deve ser radicalmente subvertida pela produção para o uso (MÉSZÁROS, 2007, p. 165), corrigindo as deformações das experiências sociais que hoje buscam se afirmar no mercado, institucional ou não, como suposta alternativa ao modo de produção capitalista.

A produção de valores de uso em contraposição à produção de valores de troca implicará, decisivamente, na lógica hoje dominante baseada na taxa decrescente de utilização de produtos, revertendo-a para uma taxa crescente de utilização dos produtos (MÉSZÁROS, 2007, p. 180-181), a fim de eliminar o desperdício produzido atualmente em escala global dos recursos ecológicos e também dos recursos humanos. Do mesmo modo, os produtores livremente associados não podem ser submetidos a nenhuma forma de disciplina do capital, seja ela externamente imposta ou auto-imposta, senão a uma disciplina interna, de novo tipo, desenvolvida conjuntamente com uma estrutura correspondente de decisão política consciente. O poder de decisão dos indivíduos como indivíduos sociais - e não como personificações do capital ou do trabalho – deverá, assim, ser restituído. (MÉSZÁROS, 2007, p. 175).

A produção de novas tecnologias produzidas no curso do desenvolvimento da produção para o uso é parte fundamental da luta pela terra contra o capital, subvertendo o princípio de seletividade que colocou a ciência e a tecnologia a seu serviço. Isto porque "...as formas existentes de conhecimentos científicos, que até poderiam combater a degradação do ambiente natural, não podem se realizar porque interfeririam com o imperativo da expansão inconsciente do capital..." (MÉSZÁROS, 2009, 254). O papel atual da ciência em nada pode melhorar os problemas ocasionados pelo imperativo da expansão/acumulação do capital, devendo ser restabelecido como princípio verdadeiramente positivo das transformações radicais do modo de produzir e da finalidade da produção, ou seja, levando em conta a produção de valores de uso voltados para a demanda real fundada nas necessidades humanas contra o produtivismo engendrado pela lógica do lucro.

Nesses termos, nenhuma solução científica ou tecnológica – como sementes transgênicas, defensores químicos, criação de vida artificial, entre outras – produzida segundo a racionalidade parcial do capital, que vise a uma suposta melhoria das condições de produção ou de quaisquer problemas de ordem social e ambiental terá vigência no processo de transformação do modo de controle sobre a reprodução social e o fundamento ecológico será permanentemente corrompido por esta racionalidade reificada do capital.

Por fim, cumpre destacar o tempo produtivamente utilizável da sociedade: a produção voltada para as necessidades efetivamente humanas não é possível sem a realização da potencialidade do tempo disponível dos indivíduos. (MÉSZÁROS, 2007, p. 177). Este é exatamente o princípio segundo o qual a produção deve partir da demanda real fundada nas necessidades humanas para alcançar a determinação dos objetivos produtivos, o que só é possível no plano da emancipação humana.

O padrão de desenvolvimento dos agronegócios no Brasil (...) 223

Assim, a luta pela terra e pela reforma agrária não pode mais estar circunscrita a esta ou àquela categoria de trabalhadores; seu programa não pode estar desvencilhado de um programa de transição societal, de modo que a reforma agrária necessita transcender sua particularidade histórica, sendo assumida como "uma luta de todos", no quadro da luta de classes.

### "REFORMA AGRÁRIA, UMA LUTA DE TODOS!"[5]

A massa de indivíduos hoje afetada pelas condições de reprodução de capital no campo inclui uma variedade e heterogeneidade de trabalhadores que vai desde os despojados da terra até os trabalhadores que, por meio da luta, conquistaram-na e hoje prosperam no mercado com um padrão elevado de reprodução--desgaste da força de trabalho. Inclui, ainda, os operários propriamente ditos, proletários e semi-proletários, mas também os desempregados, trabalhadores volantes, migrantes, precários, informais, estendendo-se aos posseiros, parceiros, parceleiros, meeiros, pequenos arrendatários, camponeses, pequenos proprietários. Mais do que nunca, o agronegócio e o neodesenvolvimentismo comprometem também os povos tradicionais, cuja experiência histórica está intrinsecamente associada à vida na terra e que, cada vez mais, engrossam as fileiras do mundo do trabalho para a produção de capital, empregando-se nas atividades econômicas da construção civil, da mineração, das cadeias produtivas do agronegócio, etc.[6]

É verdade que, cada categoria de trabalhadores criada pelo capital, em sua expressão concreta, possui necessidades imediatas distintas das demais. Assim, seus interesses tendem a aparecer de modo fragmentado, desarticulado econômica, social e politicamente do conjunto dos indivíduos que vivem do próprio trabalho, criando a ideia de que os interesses dos trabalhadores rurais proletarizados não possui relação com os interesses dos despojados da terra. Esta fragmentação da classe trabalhadora esconde a processualidade comum a todas as categorias de trabalhadores do mundo rural (e urbano também), que é a perda do controle social e a subsunção, ora forma, ora real, do trabalho no processo do capital. Caberá, pois, ao processo concreto de luta e a um novo programa de reforma

---

5    Este foi o lema do 3° Congresso Nacional do MST, realizado em 1995, em Brasília-DF.

6    Se a condição de trabalhador não implica a perda de sua condição indígena, quilombola etc. lhe confere uma condição historicamente determinada de classe – que se será politicamente assumida ou não, é outra história. O fato é que, dessa maneira, os povos tradicionais são duplamente hierarquizados no sistema do capital, pela condição de indígena ou de negro, por exemplo, e pela condição de trabalhador.

agrária, rearticular a fragmentação operada pelo capital no âmbito da totalidade viva do trabalho.

Assim, à medida que a luta pela terra e pela reforma agrária se ampliar, incorporando parcelas crescentes da classe trabalhadora e reencontrando os povos tradicionais, reduzirá, na mesma proporção, a parcialidade que historicamente marcou os movimentos camponeses. Conforme lembrou Maria Orlanda Pinassi, este movimento contribuirá, inclusive, para a constituição de uma concepção mais universal de proletariado. (PINASSI, 2009, p. 71).

Mas para tornar-se efetivamente uma "luta de todos", o programa de reforma agrária precisa articular a luta pela terra e a luta contra o capital, mas também as condições de autonomia para a produção segundo as necessidades humanas (e não do capital) daqueles que já conquistaram a terra. Precisa também assimilar outras matrizes de racionalidade, incluindo a riqueza de conhecimento dos povos tradicionais, na perspectiva de romper a lógica destrutiva do capital e constituir uma vida plena de realizações.

A esse respeito, José Carlos Mariátegui, ainda na década de 1920, defendeu a necessidade de reconhecermos a persistência histórica de formas de organização da vida que continham aquilo que o socialista peruano chamava de "elementos de socialismo prático" e que, para ele, deveria ser o ponto de partida do projeto revolucionário. (MARIÁTEGUI, 2010). Nesse sentido, qualquer projeto verdadeiramente alternativo ao capital deve incorporar as experiências profundamente vivas dos povos tradicionais, "...sob pena de se converter em alternativa para poucos ou a imagem invertida do progresso e desenvolvimentismo predominantes, que destroem as distintas formas de organização coletiva da vida" (FIRMIANO, 2012, p. 3).

Como parte de um projeto de transição, a reforma agrária necessita contribuir para com a constituição de uma alternativa societária com os povos tradicionais, incorporando não somente a luta pelo território, mas a luta pelo seu conhecimento em toda sua integralidade. Conforme diz Carlos Walter Porto-Gonçalves, à respeito da Amazônia: "sua preservação em face da destruição do apetite insaciável do capital exige o reconhecimento dos povos que fazem parte da vida da floresta..." (PORTO-GONÇALVES, 2010, p. 31). Povos indígenas, povos quilombolas, povos que vivem na floresta, todos, precisam ser reconhecimentos verdadeiramente como sujeitos na construção de um projeto político comum.

Mas para que a luta pela terra e pela reforma agrária se desenvolva no terreno da luta de classes, precisa, ainda, articular-se às demais categorias de trabalhadores, não se limitando ao mundo rural. Apenas assim poderá transcender seu caráter particularista, na medida em que incorporar amplos setores da classe

O padrão de desenvolvimento dos agronegócios no Brasil (...) 225

trabalhadora e reencontrar seus sujeitos históricos sob condições inteiramente novas, mais universais.

"Então, o que poderia constituir uma debilidade – ou seja, a particularidade histórica da luta pela reforma agrária – pode ser um dos seus maiores trunfos". E "...da bandeira que evoca velhas contradições nacionais não resolvidas pode aflorar a consciência para as mais atuais formas assumidas pela exploração de classe e pela dominação imperialistas". Com isso, da "...reivindicação tipicamente nacional e pequeno-burguesa pode surgir uma oposição radical ao nacionalismo ufanista, ao chauvinismo, à concepção de nação voltada para si mesma". Mas para tanto, "o nacionalismo anticapitalista precisa ser aberto e visar a internacionalização da luta dos povos dominados" (PINASSI, 2009, p. 71).[7]

Os movimentos sociais que lutam por terra, ao reduzirem sua expectativa à luta camponesa retiram da reforma agrária a capacidade de ultrapassar os estreitos limites de sua particularidade histórica, impedindo a transcendência de uma consciência prática, imediata, para uma consciência mais universal, de um processo necessário de transição. Em outros termos, impedem que a luta pela reforma agrária se desenvolva no terreno da luta de classes.

Ademais, o necessário esforço por elevar o "campesinato" à condição de sujeito dos processos políticos, acaba por convertê-lo no centro gravitacional da reforma agrária, quando a amplitude do problema agrário atinge ao conjunto dos indivíduos que vivem do próprio trabalho, sejam eles pequenos proprietários, arrendatários, meeiros, parceiros, parceleiros ou despossuídos, evidentemente, cada qual a um modo. E, hoje, atinge, ainda, ao conjunto da sociedade, através das catastróficas implicações ambientais ou no plano da soberania alimentar, por exemplo.

Da mesma maneira, a tática pela disputa territorial adotada pelos movimentos sociais com centralidade no campesinato tende a se concentrar no processo de territorialização do capital, quando a monopolização do território pelo capital ganha proeminência no quadro de ascensão do agronegócio, penetrando o universo dos territórios da reforma agrária.

Dessa forma é que a reforma agrária precisa ser parte de um autêntico programa de transição. Por isso, a equação do problema agrário atual carece de uma dupla articulação. A primeira, interna à luta pela reforma agrária, no sentido de que seu programa precisa dar conta da fragmentação e heterogeneidade de experiências dos sujeitos implicados diretamente pelas distintas formas de acumula-

---

7   A autora está se referindo ao Movimento dos Trabalhadores Rurais Sem Terra (MST), no entanto, trago seu argumento ao texto para me referir a luta pela terra e pela reforma agrária.

ção/reprodução de capital no campo. A segunda, no sentido de que o projeto de reforma agrária deve ser elaborado pelo conjunto da classe trabalhadora, como parte de uma alternativa radical ao capital.

Como afirma Plínio de Arruda Sampaio Jr.:

> Enquanto a questão agrária não for encampada pelo conjunto dos trabalhadores do campo e da cidade, e não for combinada com a luta pela reforma urbana, pela redução da jornada de trabalho e pela autonomia econômica, política e cultural da sociedade brasileira, num processo de mudança social de grande envergadura, que opõe explorados e exploradores, ela carecerá da potência necessária para pôr uma pá de cal nos interesses econômicos que se beneficia, do capitalismo selvagem para potencializar a acumulação de capital. Por essa razão, a luta pela reforma agrária não pode ser desvinculada do conjunto de transformações que caracterizam a revolução brasileira. (SAMPAIO JR., 2013, p. 237).

No atual quadro, a reforma agrária não pode ser bandeira de um único sujeito. Tão-pouco expressão dos interesses desta ou daquela fração da classe trabalhadora ou, pior, dos interesses desta ou daquela organização política de uma fração da classe trabalhadora. Ao contrário, o programa de reforma agrária, como parte do projeto de transição, deve ser resultado de um esforço político de fôlego, que comece por enfrentar a diversidade/heterogeneidade/fragmentação do conjunto da classe trabalhadora e de todos os povos e civilizações que conjuguem formas verdadeiramente sustentáveis e substantivamente igualitárias de controle sobre o processo de reprodução social.

O pluralismo necessário para a constituição de um projeto de/com/para todos os sujeitos que se mostram na sua experiência concreta de luta é o reconhecimento de que a vanguarda da classe trabalhadora é seu conjunto, articulado por um projeto de transição social, que restabeleça o autêntico vínculo orgânico, ora perdido, entre as classes trabalhadoras, nas suas expressões diversas e heterogêneas, seus distintos instrumentos organizativos e a sociedade. Somente assim a luta pela terra e pela reforma agrária ganhará a necessária potência para se realizar, no quadro da construção da sociedade futura.

# CONSIDERAÇÕES FINAIS

Desde o pronunciamento de Jango, na Central do Brasil, no Rio de Janeiro (Cf. Introdução), já se passou meio século, período em que vivemos na alternância entre a ditadura e a democracia. Na chave interpretativa de Gramsci (2004, p. 280-282), a democracia organizou a ditadura quando não podia mais resistir à pressão da classe trabalhadora. A ditadura, por seu turno, destruindo a ligação orgânica que os trabalhadores haviam criado sob a democracia, voltou a lhe dar a possibilidade de existência, transcorridos 21 anos de contrarreformas. Mas com a condição de que a sociedade brasileira renunciasse ao potencial transformador gestado na transição.

O ajuste do capitalismo brasileiro aos imperativos da nova ordem global, concomitante com a progressiva *débâcle* de alguns intelectuais orgânicos coletivos – para continuar com Gramsci – que organizaram a luta de classes a partir do final da década de 1970 anulou a suposta "solução reformista" tão em voga no período precedente e imediatamente posterior à ditadura do capital. Depois de 1989, o "caminho do progresso pela paz social" – que em 1964 foi substituído pelo caminho do progresso pela repressão social – foi definitivamente fechado.

Sob a crise estrutural do capital, a globalização acentuou de maneira radical a assimetria entre o centro e a periferia, eliminando grande parte das pouquíssimas chances que alguns países acreditavam possuir para se alçarem além do subdesenvolvimento – que, a bem da verdade, nunca foi uma etapa do desenvolvimento a ser superada. Altamente industrializado, mas dependente do capital financeiro especulativo e sem condições de alcançar o patamar de produtividade promovido pela Terceira Revolução Industrial (OLIVEIRA, 2003), o Brasil está diante de um crescimento vertiginoso da produção de *commodities* agrícolas e produtos de baixa densidade tecnológica e foi convertido em plataforma de valorização financeira (PAULANI, 2008), cristalizando sua "vocação agrícola" e coroando processo de conversão à especialização produtiva (OSORIO, 2012) – algo que Plínio Sampaio Jr. vem chamando de reconversão neocolonial (SAMPAIO JÚNIOR, 2013).

Nos anos 1990, a reestruturação produtiva do capital realizada principalmente por FHC, que conduziu o ingresso do país na nova ordem global, desmontou a institucionalidade que havia sustentado o período da industrialização – esgotado ainda sob a ditadura do capital – para viabilizar a nova etapa da acumulação capitalista brasileira. A conjuntura econômica de 1999 – com a crise de liquidez internacional – foi tão-somente o gatilho que alavancou a estrutura produtiva do agronegócio montada desde a ditadura civil-militar, tornando-a bastante proeminente no conjunto da vida política e econômica brasileira.

Desse modo, a opção pela globalização transformou a dependência econômica em servidão financeira, da mesma forma que o "admirável novo mundo rural" deixou patente – a partir dos anos 2000 – a desnecessidade da reforma agrária para o lugar que o Brasil passou a ocupar na estrutura global do capital. A ascensão do PT à presidência da República em 2002 só consagrou a vitória das velhas classes dominantes sobre os dominados – como chamaria Francisco de Oliveira (2003) – que aquele partido dizia representar.

Os governos do PT aumentaram o papel do Estado no processo de acumulação do capital – já transnacionalizado – ora formando ou ampliando infraestrutura produtiva, ora compondo-o organicamente através dos fundos públicos com o objetivo de melhorar sua posição relativa na competição intercapitalista global. Não sem arrastar muitos movimentos sociais, organizações sindicais e alguns partidos que se diziam à esquerda do espectro político para dentro do Estado, atendendo algumas de suas demandas mais imediatas. Com isso, subtraíram parte substancial da força mobilizadora da classe trabalhadora para o enfrentamento contra o capital.

Assim é que a tão propalada confluência virtuosa entre as forças político-sociais atuantes na sociedade civil e o estímulo do Estado dirigido pelas "capas mais altas do proletariado" – que movimentou a estratégia da esquerda rearticulada no pós-ditadura – vem servindo à viabilização do capital transnacional que, antes da chegada de Lula da Silva à presidência da República, já havia penetrado a economia nacional, retirando-lhe a deficitária musculatura que o período de industrialização das décadas anteriores tinha produzido.

No plano da questão agrária, já no primeiro ano de governo, Lula da Silva (a) foi sancionada a economia política do agronegócio, reafirmando a política macroeconômica herdada do governo anterior e (b) as unidades de produção agrícolas e não-agrícolas de base familiar que possuíam capacidade de se afirmar

O padrão de desenvolvimento dos agronegócios no Brasil (...)

no acirrado mercado agropecuário brasileiro deslancharam, consolidando o que Aldous Huxley imaginou na década de 1930.

Com as transformações no padrão de reprodução de capital no campo e com o deslizamento progressivo no espectro político das mais expressivas organizações de trabalhadores do campo e da cidade, o terreno sobre o qual a luta pela terra e pela reforma agrária transcorreu está decisivamente comprometido.

O novo período aberto pelo neodesenvolvimentismo – avalizado no sentido acima mencionado pelas mais influentes organizações de trabalhadores do País – reforçou os nexos da servidão financeira a que o Brasil havia se submetido, aprofundando o padrão exportador de reprodução de capital baseado na especialização produtiva, como chamou Osorio (2012). No plano da questão agrária brasileira, este processo vem:

(a) reforçando a concentração fundiária;

(b) intensificando o controle, direto e indireto, do capital transnacional sobre a exploração agrícola e agropecuária em praticamente todos os seus segmentos;

(c) aumentando a grilagem e a transferência do controle, direto e indireto, da terra para o capital transnacional;

(d) generalizando a superexploração do trabalho para praticamente todas as cadeias agropecuárias, em diversos momentos da produção;

(e) abrindo um novo ciclo de proletarização no campo, envolvendo parte significativa do conjunto de trabalhadores-proprietários ou parceleiros de uma pequena porção de terra, seja através de seu fracasso no mercado – obrigando-os a se submeterem ao assalariamento ou formas assemelhadas de remuneração pela força de trabalho -, seja através de seu "sucesso", e do controle férreo do capital ao qual passou a se subordinar;

(g) eliminando as condições elementares da reprodução social, na forma de degradação dos recursos ecológicos e naturais e/ou privação de sua utilização racional pelo conjunto da sociedade.

Assim, o centro crítico da questão agrária brasileira, por assim dizer, antes situado no grande latifúndio (improdutivo), foi deslocado para o capital transnacionalizado que, por sua vez, concebe e opera a moderna empresa rural - ainda que, segundo Umbelino de Oliveira (2010), o latifúndio ocupe uma extensão territorial maior que a grande propriedade da terra produtiva, que se converteu no elemento estratégico da economia política do agronegócio, marcando a modificação do padrão de acumulação/valorização do capital no campo.

Sob a hegemonia do agronegócio, o desenvolvimento das forças produtivas do capital no campo se tornou ainda mais predatório que o padrão anteriormente definido pela condição dependente e de heteronomia da economia brasileira. As distintas formas de superexploração do trabalho, que sempre estiveram na base da economia agrária – embora restritas a determinados momentos da produção – se expandiram para o conjunto das cadeias de produção do agronegócio, inclusive para onde o capital opera com alta composição orgânica. Igualmente, a devastação ambiental promovida pela reprodução de capital do agronegócio deixou de se limitar ao processo inconcluso de expansão da fronteira agrícola que, movido pela sanha do capital financeiro, confronta hoje grupos de trabalhadores, povos indígenas, quilombolas, ribeirinhos, camponeses como resultado da universalização da relação-capital, da generalização do trabalho social abstrato e da alienação das condições elementares da reprodução social.

Também nas regiões onde a produção de *commodities* agrícolas já está consolidada, a utilização intensiva dos recursos naturais e ecológicos disponíveis em quantidade limitada, bem como a aplicação da ciência e da tecnologia na busca por maior produtividade (como sementes geneticamente modificadas, adubos químicos, mecanização intensiva, agrotóxicos etc.) desfigura os biomas, deixando em seu lugar o rastro da devastação que segue as cadeias de produção do agronegócio.

As unidades familiares de produção agrícola e não-agrícola no campo, por seu turno, foram afetadas categoricamente pela economia política do agronegócio. A maioria esmagadora dessas unidades produtivas - incluindo os assentamentos rurais – sofre hoje com a precarização, em alguns casos, extrema, provocada pelo desenvolvimento desigual do capital, que instalou parte significativa dos trabalhadores na condição de proletários, semiproletários e, sobretudo, trabalhadores precários – não raro, dos ramos econômicos que movimentam o programa neodesenvolvimentista – sem que o Estado promova qualquer compensação, senão sob a forma da refuncionalização da pobreza.

Outros, incluídos pela porta da frente ao mundo do capital, compõem hoje uma pequena parcela de pequenos proprietários ou parceleiros da terra que estão sob o comando direto ou indireto do agronegócio, operando como seu apêndice e conectando o processo de produção/valorização do valor. Sim, pois com a consolidação do agronegócio esta se converteu na forma *par excellence* de inserção de uma parcela da complexa, heterogênea e variada categoria da agricultura familiar no circuito da produção capitalista. Não sem converter esses parceleiros da terra, assentados da reforma agrária, pequenos proprietários nos

O padrão de desenvolvimento dos agronegócios no Brasil (...)      231

"novos proletários" do campo, seja pela subordinação às exigências do mercado capitalista, seja pela sujeição (direta) do trabalho determinada pela integração em suas cadeias de produção.

Nesse sentido, o conjunto de políticas públicas que levou a parcela privilegiada da agricultura familiar a ocupar importante espaço no admirável novo mundo rural dos governos do PT subordinou e/ou sujeitou essas unidades de produção de base familiar, agrícolas e não-agrícolas, ao comando do capital, tornando-as uma espécie de prolongamento do agronegócio, seja condicionando-as a participar de suas cadeias de produção, seja convertendo-as em consumidoras passivas dos fatores de produção das indústrias do agronegócio. Em todos os casos, a dependência pelo capital financeiro é determinada pela lógica de produção que se generalizou, baseada no padrão industrial da revolução verde, combinado com as formas "flexíveis" de gestão da produção e da força de trabalho atuais.

O caráter funesto deste processo é que, muitos movimentos sociais e organizações de trabalhadores do campo que deveriam denunciá-lo por meio da luta pela terra contra o capital e contra as forças políticas que lhe dão sustentação – o que, sem sombra de dúvidas, inclui o Partido dos Trabalhadores -, ingressaram a já acirrada disputa pelo filão no qual se tornou o assim chamado mercado institucional, com o objetivo de viabilizar a parcela privilegiada de sua base social, aqueles que se encontram assentados e em condições de atender à demanda do mercado.

Atualmente, não raro as conquistas obtidas por meio da luta pela terra – e o todo seu potencial transformador – também são anuladas pela (auto)sujeição dos trabalhadores, ou de muitas de suas organizações políticas, ao controle do capital do agronegócio, não havendo no presente mais imediato quaisquer indícios de que esta contradição na qual se instalaram algumas organizações sindicais, movimentos sociais e partidos políticos será superada positivamente.

Com isso, a luta pelo parcelamento e pelo controle da terra, quando vencida pelos trabalhadores, vem sendo sistematicamente derrotada, ou pela inviabilização produtiva das experiências que daí decorrem ou - o que é pior - pelo seu sucesso, o ingresso nas cadeias que conectam a produção de valor para o capital transnacionalizado que opera o agronegócio. Em última instância, o resultado deste processo tem sido a proletarização dos sujeitos que, teoricamente, deveriam ser liberados desta condição por meio da luta política e da conquista da terra. Uma proletarização, vale dizer, marcada pela precariedade das relações laborais, sejam elas aparentes (formas diversas de assalariamento e de remuneração por tempo de trabalho a que esses sujeitos são submetidos), ou menos visíveis (como são as formas de salário por peça).

Mesmo aquelas experiências mais significativas do ponto de vista da constituição de uma sociabilidade alternativa tendem hoje a perder seu conteúdo transformador, na medida em que adensam sua relação com o mercado capitalista, mesmo na sua variante de mercado institucional. Na maioria das vezes, dedicadas ao sucesso econômico – do ponto de vista da acumulação de capital –, essas experiências - que incluem até mesmo cooperativas autogestionárias, de gestão coletiva dos meios de produção, do processo de trabalho e do seu resultado – acabam condensando parte substancial da energia que resulta do esforço por constituir uma vida autodeterminada para a produção de mais-valor (e de lucro), sofrendo toda a sorte de deformações decorrentes do trabalho abstrato e da subsunção do trabalho no processo do capital.

Apesar disto, a luta pela terra e pela reforma agrária segue mobilizando parcelas significativas de trabalhadores, do campo e da cidade. Atualmente, o Movimento dos Trabalhadores Rurais Sem Terra (MST) ainda se constitui como o principal condutor da luta pela terra e pela reforma agrária no Brasil, apesar de seu programa de reforma agrária popular reunir sérias contradições.

Produto do acúmulo histórico de lutas promovidas anteriormente a ascensão do PT ao Executivo Federal e, simultaneamente, cativo do desenvolvimentismo contemporâneo, o programa de reforma agrária popular não é capaz de responder ao conjunto de problemas agrários hoje postos como desafio para a classe trabalhadora, como a generalização do trabalho social abstrato e da proletarização precarizada – para citar apenas alguns - que atinge a totalidade dos trabalhadores rurais, sejam eles despojados da terra, sejam eles parceleiros da terra. Isto porque cede ao desenvolvimentismo, quando o desenvolvimento das forças produtivas do capital – se se quiser dizer, o progresso das relações capitalistas de produção – universaliza as distintas formas de superexploração/precarização estrutural do trabalho e degradação generalizada dos recursos naturais e ecológicos.

Assim é que a luta pela terra e pela reforma agrária encontra-se em profunda crise. Com o agravante de que, diferente de outros momentos históricos, não é somente a dinâmica do capital e a hegemonia da burguesia quem anula a luta política e a função reformadora que um programa agrário elaborado por e para os trabalhadores poderia desempenhar. A "hegemonia às avessas", como propôs Francisco de Oliveira (2010), exercida pelos "trabalhadores" se constituiu como um de seus grandes impasses. De modo que, aqueles sujeitos históricos que ainda pretendem disputar a hegemonia no terreno da luta de classes e na perspectiva da constituição da sociedade além do capital deverão enfrentar as (sempre) novas personificações do capital.

O padrão de desenvolvimento dos agronegócios no Brasil (...)     233

Nesse sentido, a mais importante organização da classe trabalhadora do pós-ditadura civil-militar, quiçá o mais importante movimento de luta pela terra de toda a história brasileira, o MST, tributário de três décadas de conquistas está diante de seu maior desafio: enfrentar a trágica crise na qual a reforma agrária está mergulhada, assumindo a dianteira da luta pela terra contra todas as formas (e personificações) do capital, sob pena de tornar-se um capítulo apagado da história da classe trabalhadora.

As contradições do desenvolvimento do capital no campo – expressas, por exemplo, pela precarização/degradação do trabalho, desemprego crônico, alienação das condições elementares da reprodução social – reativam com força renovada esta que ainda é "a legenda mais viva da reivindicação do nosso povo", como "produto da [ainda mais] inadiável necessidade de todos os povos do mundo". Isto porque a necessidade histórica da reforma agrária se instalou nas contradições mais agudas do desenvolvimento das forças produtivas do capital, no padrão insustentável, do ponto de vista econômico, político e social, de reprodução do agronegócio, voltando à cena política não mais como exigência do mundo do capital no seu afã de deslanchar a acumulação, mas como necessidade absolutamente autêntica da classe trabalhadora no seu ímpeto de superar os mecanismos que impedem seu desenvolvimento pleno e autodeterminado.

Porém, este movimento concreto da história que converte a reforma agrária em uma necessidade urgente da classe trabalhadora brasileira não se traduz, automaticamente, em transformação da realidade objetiva. Por essa razão, a atualidade histórica da reforma agrária está condicionada a vontade dos sujeitos coletivos de subverterem a ordem do capital. E conforme ensinou Gramsci, a vontade coletiva é a consciência que opera sobre a necessidade histórica, elemento fundamental para a constituição de um bloco histórico revolucionário.

# REFERÊNCIAS

BIBLIOGRAFIA CITADA

ALVES FILHO, José Prado. Uso de agrotóxicos no Brasil: controle social e interesses corporativos. – São Paulo: Annablume; Fapesp, 2002.

ALVES, Maria Aparecida; TAVARES, Maria Augusta. A dupla face da informalidade do trabalho: "autonomia" ou precarização. In.: ANTUNES, Ricardo (Org.). *Riqueza e miséria do trabalho no Brasil.* São Paulo: Boitempo, 2006.

ANDERSON, Perry. Espectro: da direta à esquerda no mundo das ideias. [tradução: Fabrizio C. Rigout, Paulo César Castanheira]. São Paulo: Boitempo, 2012.

_____. O Brasil de Lula. *Novos estud. - CEBRAP,* São Paulo, n. 91, nov. 2011. Available from <http://www.scielo.br/scielo.php?script=sci_arttext&pid=S0101--33002011000300002&lng=en&nrm=iso>. access on 23 may 2012. http://dx.doi.org/10.1590/S0101-33002011000300002.

_____. Balanço do neoliberalismo. In: SADER, Emir & GENTILI, Pablo (orgs.). *Pós-neoliberalismo: as políticas sociais e o Estado democrático.* - 8ª edição. Rio de Janeiro: Paz e Terra, 2008.

ANTUNES, Ricardo. A nova morfologia do trabalho e suas principais tendências: informalidade, infoproletariado, (i)materialidade e valor. In.: ANTUNES, Ricardo. (Org.) *Riqueza e miséria do trabalho no Brasil II.* São Paulo: Boitempo, 2013.

_____. O continente do labor. São Paulo: Boitempo, 2011.

_____. (Org.) *Riqueza e miséria do trabalho no Brasil.* São Paulo, Boitempo, 2006.

ANTUNES, Ricardo; ALVES, Giovanni. As mutações no mundo do trabalho na era da mundialização do capital. *Educ. Soc.,* Campinas, v. 25, n. 87, ago. 2004. Disponível em <http://www.scielo.br/scielo.php?script=sci_arttext&pid=S0101-

236 Frederico Daia Firmiano

-73302004000200003&lng=pt&nrm=iso>. acessos em 21 jan. 2013. http://dx.doi.org/10.1590/S0101-73302004000200003.

ARRIGHI, Giovanni. *A ilusão do desenvolvimento*. [tradução de Sandra Guardini Teixeira Vasconcelos]. 5ª edição. Petrópolis, Rj: Vozes, 1998. (Coleção Zero à Esquerda).

ARRUDA, Caroline Sales; TEIXEIRA, Sônia Milagres. Desenvolvimento tecnológico na produção de soja e seu impacto sobre o trabalho na região sul de Goiás. In.: *Pesq. Agropec. Trop.*, *Goiânia*, v. 40, n. 3, p. 257-265, jul./set. 2010. Disponível em: http://www.revistas.ufg.br/index.php/pat/article/view/6770/7309. Acesso em: 9 mai 2013.

ASSOCIAÇÃO BRASILEIRA DO AGRONEGÓCIO. 9° Congresso Brasileiro do Agronegócio. Cenários 2011: Comunicação e Governança. Anais 2010. Disponível em: http://www.abag.com.br/pdf/9CongressoAbag.pdf. Acesso em 3 out 2011.

_____. Anais do 7° Congresso Brasileiro de Agribusiness: Agronegócio e Sustentabilidade. [coordenação Luiz Antonio Pinazza]. São Paulo: ABAG, 2008. Disponível em: http://www.abag.com.br/pdf/Anais_7CBA_1-31.pdf. Acesso em 30 ago 2011.

_____. Anais do 4° Congresso Brasileiro de Agribusiness: Alimentos, Energia e Sustentabilidade. [coordenação Luiz Antonio Pinazza]. São Paulo: ABAG, 2005. Disponível em: http://www.abag.com.br/pdf/Anais_4CBA.pdf. Acesso em 5 ago 2011.

_____. ABAG 10 anos. [coordenação geral Luiz Antonio Pinazza]. São Paulo: ABAG, 2003.

BALDUÍNO, Dom Tomás. O campo no século XXI: território de vida, de luta e de construção da justiça social. In.: OLIVEIRA, Ariovaldo Umbelino de; MARQUES, Maria Inez Medeiros (orgs). *O campo no século XXI: território de vida, de luta e de construção da justiça social.* – São Paulo: Editora Casa Amarela e Editora Paz e Terra, 2004.

BELUSSO, Diane. A integração de agricultores às cooperativas agrícolas abatedoras de frangos no Oeste do Paraná. – Presidente Prudente: [s.n], 2010. (Dissertação de Mestrado).

BENETTI, Maria D. Em 2010, o Brasil em processo de internacionalização dos recursos naturais. In.: *Indic. Econ. FEE*, Porto Alegre, v. 38, n. 3, p. 17-26, 2011. Disponível em: http://revistas.fee.tche.br/index.php/indicadores/article/viewFile/2477/2938. Acesso em 30 Abr 2012.

_____. Impactos da crise de 2008 sobre o setor exportador brasileiro. In.: *Indic. Econ. FEE*, Porto Alegre, v. 38, n. 1, p. 17-20, 2010. Disponível em: http://revistas.fee.tche.br/index.php/indicadores/article/view/2423/2847. Acesso em 30 Abr 2012.

_____. Como vai a indústria do etano no Brasil. In.*Indic. Econ. FEE*, Porto Alegre, v. 37, n. 1, 2009a, não paginado. Disponível em: http://revistas.fee.tche.br/index.php/indicadores/article/view/2275/2647. Acesso em 30 Abr de 2012.

_____. A internacionalização recente da industria de etanol brasileira. In.*Indic. Econ. FEE*, Porto Alegre, v. 36, n. 4, p. 149-160, 2009b. Disponível em: http://revistas.fee.tche.br/index.php/indicadores/article/view/2220/2620. Acesso em 30 abr 2012.

_____. A internacionalização real do agronegócio brasileiro – 1990-03. In.: *Indic. Econ. FEE*, Porto Alegre, v. 32, n. 2, p. 197-222, ago. 2004. Disponível em: http://revistas.fee.tche.br/index.php/indicadores/article/view/260/454. Acesso em 25 abr 2012.

BIONDI, Aloysio. *O Brasil privatizado II: o assalto das privatizações continua.* – São Paulo: Editora Perseu Abramo, 2003. (Coleção Brasil Urgente).

_____. *O Brasil privatizado: um balanço do desmonte do Estado.* São Paulo: Fundação Perseu Abramo, 1999.

BOITO JR., Armando. Governo Lula. A nova burguesia nacional no poder. GALVÃO, Andréia; BOITO JR., Armando. (Orgs.). *Política e classes sociais no Brasil nos anos 2000.* São Paulo: Alameda: 2012.

BOITO JR., Armando. As bases políticas do neodesenvolvimentismo. Trabalho apresentado na edição de 2012 do Fórum Econômico da FGV / São Paulo. 2012. Disponível em: http://www.eesp.fgv.br/sites/eesp.fgv.br/files/file/Painel%203%20-%20Novo%20Desenv%20BR%20-%20Boito%20-%20Bases%20Pol%20Neodesenv%20-%20PAPER.pdf. Acesso em: 23 dez de 2012.

_____. Estado e burguesia no capitalismo neoliberal. *Rev. Sociol. Polit.*, Curitiba, n. 28, jun. 2007. Disponível em <http://www.scielo.br/scielo.php?script=sci_arttext&pid=S0104-44782007000100005&lng=pt&nrm=iso>. acessos em 4 jun. 2012. http://dx.doi.org/10.1590/S0104-44782007000100005.

_____. A burguesia no Governo Lula. *En publicación: Neoliberalismo y sectores dominantes.Tendencias globales y experiencias nacionales.* Basualdo, Eduardo M.; Arceo, Enrique. CLACSO, Consejo Latinoamericano de Ciencias Sociales, Buenos Aires. Agosto 2006. ISBN: 987-1183-56-9. Disponible en: http://bibliotecavirtual.clacso.org.ar/ar/libros/grupos/basua/C07Boito.pdf. Acesso em: 4 jun de 2012.

BRAGA, Luis Carlos. O processo de subordinação dos agricultores familiares na integração à indústria fumageira. In.: *Revista Faz Ciência*, vol 10, n°. 11, jul/dez 2009.

BRANFORD, Sue. Lidando com governos: o MST e as administrações de Cardoso e Lula. In.: CARTER, Miguel (org.). *Combatendo a desigualdade social: o MST e a reforma agrária no Brasil.* [tradução de Cristina Yamagami]. – São Paulo: Editora UNESP, 2010.

BRASIL. MINISTÉRIO DO DESENVOLVIMENTO SOCIAL E COMBATE À FOME. Nota MDS. Brasília, maio de 2011. Disponível em: www.*mds*.gov.br/.../ noticias/.../11.05.02_Nota_Tecnica_Perfil_A.doc. Acesso em 11 de abr de 2012.

_____. PAC 2. O círculo virtuoso do desenvolvimento. 4° Balanço. Jan/Abr 2012. Disponível em: http://www.pac.gov.br/pub/up/relatorio/11253a1ec7b6dfcc62173 43076441f1f.pdf. Acesso em: 22 out 2012.

_____. PROGRAMA DE ACELERAÇÃO DO CRESCIMENTO. Balanço 4 anos. 2010. Disponível em: http://www.pac.gov.br/pub/up/relatorio/6c57986d15d0f16 0bc09ac0bfd602e74.pdf. acesso em: 22 out 2012.

_____. Ministério da Agricultura, Pecuária e Abastecimento. Intercâmbio Comercial do Agronegócio: Principais mercados de destino / Ministério da Agricultura, Pecuária e Abastecimento. Secretaria de Relações Internacionais do Agronegócio. Brasília: Mapa/ACS, 2009.

CAMPOS, Christiane Senhorinha Soares. A face feminina da pobreza em meio a riqueza do agronegócio: trabalho e pobreza das mulheres em territórios do agronegócio no Brasil: o caso de Cruz Alta/RS. Buenos Aires: CLACSO, 2011.

CARNEIRO, Maria José. Do "rural" como categoria de pensamento e como categoria analítica. In.: CARNEIRO, Maria José. (Coordenadora). *Ruralidades contemporâneas: modos de viver e pensar o rural na sociedade brasileira.* – Rio de Janeiro: Mauad X: FAPERJ, 2012.

_____. Pluriatividade da agricultura no Brasil: uma reflexão crítica. In: SCHNEIDER, Sérgio (Org.). *A diversidade da agricultura familiar.* Porto Alegre, RS: UFRGS, 2006.

CARNEIRO, Maria José e TEIXEIRA, Vanessa Lopes. De terra de plantação à terra de lazer. In.: CARNEIRO, Maria José. (Coordenadora). *Ruralidades contemporâneas: modos de viver e pensar o rural na sociedade brasileira.* Rio de Janeiro: Mauad X: FAPERJ, 2012.

CARNEIRO, Maria José e PEREIRA, Jorge Luiz de Goes. Tecendo novas estratégias: confecções em domicílios rurais em Nova Friburgo. In.: CARNEIRO, Maria José.

O padrão de desenvolvimento dos agronegócios no Brasil (...)      239

(Coordenadora). *Ruralidades contemporâneas: modos de viver e pensar o rural na sociedade brasileira*. Rio de Janeiro: Mauad X: FAPERJ, 2012.

CHESNAIS, François. Não só uma crise economia e financeira, uma crise de civilização. In.: JINKINGS, Ivana; NOBILE, Rodrigo. (Orgs). *István Mészáros e os desafios do tempo histórico*. São Paulo: Boitempo, 2011.

_____. A 'Nova Economia': uma conjuntura própria à potência econômica estadunidense. In: CHESNAIS, François et. al. *Uma Nova Fase do Capitalismo?* São Paulo, Xamã, 2003.

CHIARRELLO, Caio Luis; EID, Farid. O debate sobre a politecnia na organização do trabalho: estudo de caso em uma cooperativa popular no Brasil. In.: *Anais do VII Congresso Português de Sociologia. "Sociedade, Crise e Reconfigurações"*. 19 a 22 de junho de 2012. Universidade do Porto: Lisboa, Portugal. Disponível em: http://www.aps.pt/vii_congresso/papers/finais/PAP0997_ed.pdf. acesso em: 1° ago 2013.

CHRISTOFFOLI, Pedro Ivan. A evolução recente da questão agrária e os limites das políticas públicas do governo Lula para o meio rural. In.: GEDIEL, José Antônio Peres. (Org.). *Estudos de direito cooperativo e cidadania*. – Curitiba: Programa de Pós-Graduação em Direito da UFPR, n. 1 (2007). Disponível em: http://www.direitocooperativo.ufpr.br/arquivos/File/Revista_Direito_Cooperativo_.pdf#page=114. acesso em: 6 out 2012.

COMERFORD, John Cunha. As reuniões em um assentamento rural como rituais. In.: COSTA, Luiz Flávio de Carvalho; FLEXOR, Georges; SANTOS, Raimundo. (Orgs.). *Mundo rural brasileiro: ensaios interdisciplinares*. Rio de Janeiro: Mauad X; Seropédica, RJ: EDUR, 2008.

DELGADO, Guilherme Costa. A questão agrária e o agronegócio no Brasil. In.: CARTER, Miguel (org.). Combatendo a desigualdade social: o MST e a reforma agrária no Brasil. [tradução de Cristina Yamagami]. São Paulo: Editora UNESP, 2010.

_____. Expansão e modernização do setor agropecuário no pós-guerra: um estudo da reflexão agrária. *Estud. av.*, São Paulo, v. 15, n. 43, dez. 2001. Disponível em <http://www.scielo.br/scielo.php?script=sci_arttext&pid=S0103-40142001000300013&lng=pt&nrm=iso>. acessos em 11 jun. 2012. http://dx.doi.org/10.1590/S0103-40142001000300013.

_____. Capital financeiro e agricultura no Brasil. São Paulo, ICONE-Unicamp, 1985.

240        Frederico Daia Firmiano

DELGADO, Nelson Giordano. Agronegócio e agricultura familiar no Brasil: desafios para a transformação democrática do meio rural. In.: *Novos Cadernos NAEA*. v. 15, n. 1, p. 85-129, jun. 2012. Disponível em: http://www.periodicos.ufpa.br/index.php/ncn/article/viewFile/936/1341#page=85. Acesso em 3 out 2012.

DJMAL, Jay; BORMANN, Joe; CARVALHO, Ricardo *et al.* BNDES: Fonte Positiva de Crédito. Papel Preponderante no Apoio à Estrutura de Capital das Empresas. Corporates Brasil Relatório Especial. FitchRatings. Junho de 2011. Disponível em: http://www.bndes.gov.br/SiteBNDES/export/sites/default/bndes_pt/Institucional/Sala_de_Imprensa/Galeria_Arquivos/relatoriofitch.pdf. Acesso em: 22 out 2012.

DRUCK, Graça. A precarização social do trabalho no Brasil. In.: ANTUNES, Ricardo. (Org.) *Riqueza e miséria do trabalho no Brasil II*. São Paulo: Boitempo, 2013.

ESTATUTO DA TERRA. Lei n° 4.504, de 30 de novembro de 1964. Disponível em: http://www.planalto.gov.br/ccivil_03/leis/L4504.htm. Acesso em: 7 nov 2012.

FARIA, Andréia Farina de; PREVITALI, Fabiane Santana. Reestruturação produtiva, relações interfirmas e trabalho no setor fumageiro no Brasil a partir da década de 1990. In.: ANTUNES, Ricardo. (Org.). *Riqueza e miséria no Brasil II*. São Paulo: Boitempo, 2013.

FAVARETO, Arilson da Silva. *Paradigmas do desenvolvimento rural em questão do agrário ao territorial*. Tese de doutorado apresentada ao PPG em Ciências Ambiental da USP. São Paulo, 2006.

FÉLIZ, Mariano; LÓPEZ, Emiliano.Proyecto en la Argentina: Modelo nacional-popular o nueva etapa en el desarrollo capitalista?. Buenos Aires: Herramienta; El Colectivo, 2012.

FERNANDES, Bernardo Mançano. Agronegócio e Reforma Agrária. Set/2005. Disponível em: http://www4.fct.unesp.br/nera/publicacoes/AgronegocioeReformaAgrariA_Bernardo.pdf. Acesso em: 4 jul 2011.

_____. Vinte anos do MST e a perspectiva da reforma agrária no governo Lula. In.: OLIVEIRA, Ariovaldo Umbelino de; MARQUES, Maria Inez Medeiros (orgs). *O campo no século XXI: território de vida, de luta e de construção da justiça social*. São Paulo: Editora Casa Amarela e Editora Paz e Terra, 2004.

_____. Questão agrária, pesquisa e MST. São Paulo, Cortez, 2001. (Coleção Questões da Nossa Época; v. 92).

FERNANDES, Florestan. *Capitalismo dependente e classes sociais na América Latina*. 4ª edição rev. São Paulo: Global, 2009.

_____. *A natureza sociológica da sociologia*. São Paulo: Editora Atica, 1980.

O padrão de desenvolvimento dos agronegócios no Brasil (...)      241

FERREIRA, Brancolina; ALVES, Fábio; FILHO, José Juliano de Carvalho. Desenvolvimento Rural. In.: Políticas Sociais: acompanhamento e análise – Vinte anos da Constituição Federal. Vol 2. n. 17, Brasília, 2009. Disponível em: http://www.ipea.gov.br/portal/images/stories/PDFs/politicas_sociais/bps_completo_2_7d.pdf. Acesso em: 06 Nov 2012.

FILHO, Antonio Sergio Escrivão; FRIGO, Darci, *et al* A luta por direitos e a criminalização dos movimentos sociais: a qual Estado de Direito serve o sistema de justiça? In.: COMISSÃO PASTORAL DA TERRA. *Conflitos no campo Brasil 2009.* (coordenação: Antonio Canuto, Cássia Regina da Silva Luz, Isolete Wichinieski). São Paulo: Expressão Popular, 2010.

FIRMIANO, Frederico Daia. O padrão de desenvolvimento dos agronegócios e a devastação da vida. In.: SANT'ANA, Raquel dos Santos; CARMO, Onilda Alves; LOURENÇO, Edvânia Ângela de Souza. (Orgs.). *Questão agrária e saúde do trabalhador: desafios para o século XXI*. São Paulo: Cultura Acadêmica, 2011.

GARZON, Luis Fernando Novoa. Soberania empresarial versus soberania social. In.: COMISSÃO PASTORAL DA TERRA. In.: *Conflitos no campo Brasil 2009.* (coordenação: Antonio Canuto, Cássia Regina da Silva Luz, Isolete Wichinieski). São Paulo: Expressão Popular, 2010.

GASQUES, José Garcia; *et al* Desempenho e crescimento do agronegócio no Brasil. IPEA, Brasília, 2004. ISSN.: 1415-4765. (Texto para discussão n° 1009). Disponível em: http://desafios2.ipea.gov.br/pub/td/2004/td_1009.pdf. Acesso em 25 abr de 2012.

GIAMBIAGI, Fabio; RIECHE, Fernando; AMORIN, Manoel. As Finanças do BNDES: Evolução Recente e Tendências. In.: REVISTA DO BNDES, Rio de Janeiro, v. 16, n. 31, p. 3-40, jun. 2009. Disponível em: http://www.bndes.gov.br/SiteBNDES/export/sites/default/bndes_pt/Galerias/Arquivos/conhecimento/revista/rev3101.pdf. Acesso em: 23 out 2012.

GIULIANI, Gian Mario. O dilema dos transgênicos. In.: COSTA, Luiz Flávio de Carvalho; FLEXOR, Georges; SANTOS, Raimundo. (Orgs.). *Mundo rural brasileiro: ensaios interdisciplinares.* Rio de Janeiro: Mauad X; Seropédica, RJ: EDUR, 2008.

GIRARDI, Eduardo. *Atlas da questão agrária Brasileira.* Núcleo de Estudos, Pesquisas e Projetos de Reforma Agrária-NERA. Presidente Prudente, n.d. Disponível em: http://docs.fct.unesp.br/nera/atlas/. Acesso em: 12 set 2012.

GRAMSCI, Antonio. *Cadernos do cárcere, volume 3.* Edição e tradução. Carlos Nelson Coutinho; co-edição, Luiz Sérgio Henriques e Marco Aurélio Nogueira. 3ª edição. Rio de Janeiro: Civilização Brasileira, 2007.

_____. *Cadernos do cárcere, volume 2*. Edição e tradução: Carlos Nelson Coutinho; co-edição, Luiz Sérgio Henriques e Marco Aurélio Nogueira.3ª edição. Rio de Janeiro: Civilização Brasileira, 2004.

GRAZIANO, Francisco; NAVARRO, Zander. Realidade Agrária e Ideologia. In.: *Revista de Política Agrícola*. Ano XXI, N° 2, Brasília-DF, abr./mai/jun 2012.

GÓMEZ, Jorge R. Montenegro. *Desenvolvimento em (des)construção: narrativas escalares sobre desenvolvimento territorial rural*. Presidente Prudente: [s.n.], 2006. Tese de doutorado.

GONÇALVES, José Sidnei. Agricultura sob a égide do capital financeiro: passo rumo ao aprofundamento do desenvolvimento dos agronegócios. *Informações Econômicas*, São Paulo, v.35, n.4, abr. 2005. Disponível em: http://www.iea.sp.gov.br/out/publicacoes/pdf/tec1-0405.pdf. Acesso em 15 set 2012.

GUIMARÃES, A. P. O complexo agroindustrial. *Revista Reforma Agrária*, ano 7, n. 6, nov./dez. 1977.

GUILLÉN, Maria Gabriela; LANHOSO, Camila. O marxismo indo-americano de Mariátegui e a polêmica com a III Internacional Comunista. In.: *Rev. Espaço Acadêmico.*, vol. 2, n° 133, jun. 2012. Disponível em: http://www.periodicos.uem.br/ojs/index.php/EspacoAcademico/issue/view/627. Acesso em 24 jul 2012.

HARTWIG, Marisa; VENDRAMINI, Célia Regina. Trabalho coletivo na agricultura familiar integrada ao capital agroindustrial do fumo. In.: *Trabalho necessário*, Ano 6, n°. 6, 2008.

HOUTZAGER, Peter P. *Os últimos cidadãos: conflitos e modernização no Brasil rural (1964-1995)*. Tradução: Gabriela Schneider; prefácio e revisão técnica Adrián Gurza Lavalle. São Paulo: Globo, 2004.

IGLECIAS, Wagner. O empresariado do agronegócio no Brasil: ação coletiva e formas de atuação política – as batalhas do açúcar e do algodão na OMC. *Rev. Sociol. Polit.*, Curitiba, n. 28, jun. 2007. Disponível em <http://www.scielo.br/scielo.php?script=sci_arttext&pid=S0104-44782007000100006&lng=pt&nrm=iso>. acessos em 13 jun. 2012. http://dx.doi.org/10.1590/S0104-44782007000100006.

IPEA. *Políticas sociais: acompanhamento e análise*, v. 1 (jun. 2000 - ). Brasília: Ipea, 2000 – v.: il.

KARTENSEN, Jonas; PETERS, Glen P.; ANDREW, Robbie M. Attribution of CO2 emissions from Brazilian deforestation to consumers between 1990 anda 2010. In.: *Environ. Res. Lett.* 8 (2013) 024005 (7pp). March 2013. Disponível em:

O padrão de desenvolvimento dos agronegócios no Brasil (...)    243

www.stacks.iop.org/ERL/8/024005. acesso em: 28 mai 2013.

LEITE, Sérgio; HEREDIA, Beatriz; MEDEIROS, Leonilde et al. (Coordenadores). *Impactos dos assentamentos: um estudo sobre o meio rural brasileiro. Instituto Interamericano de Cooperação para a Agricultura: Núcleo de Estudos Agrários e Desenvolvimento Rural*; São Paulo: Editora Unesp [co-editora e distribuidora], 2004.

LIBONI, Lara Bartocci. *Perfil da mão-de-obra no setor sucroalcooleiro: tendências e perspectivas*. São Paulo: 2009. (Tese de doutorado. Universidade de São Paulo, 2009).

LIMA, Fernanda Laize Silva de. *et al* Modernização seletiva da agricultura: o avanço do agronegócio da soja no sul do Maranhão. XXI Encontro Nacional de Geografia Agrária. "Territórios em disputa: os desafios da Geografia Agrária nas contradições do desenvolvimento brasileiro", 2012. Uberlândia. *Anais do XXI Encontro Nacional de Geografia Agrária*. Uberlândia-MG, 15 a 19 de outubro de 2012. Disponível em: http://www.lagea.ig.ufu.br/xx1enga/anais_enga_2012/eixos/1295_1.pdf. Acesso em 13 mai 2013.

LOURENÇO, Edvânia Ângela de Sousa; CARMO, Onilda Alves do. Pressupostos do processo de trabalho na agroindústria canavieira e da saúde dos trabalhadores. In.: SANT´ANA, Raquel dos Santos; CARMO, Onilda Alves; LOURENÇO, Edvânia Ângela de Souza. (Orgs.). *Questão agrária e saúde do trabalhador: desafios para o século XXI.* – São Paulo: Cultura Acadêmica, 2011.

LÖWY, Michael. De Marx ao ecossocialismo. In.: SADER, Emir; GENTILI, Pablo (Orgs.). *Pós-neoliberalismo II: que Estado para que democracia?.* – 2ª edição. Petrópolis, Rio de Janeiro: Vozes, 2000.

LUTZENBERGER, José A. O absurdo da agricultura. *Estud. av.*, São Paulo, v. 15, n. 43,dez. 2001. Disponível em <http://www.scielo.br> acessos em 19 out. 2011.

http://dx.doi.org/10.1590/S0103-40142001000300007.

MACHADO, Antonio Maciel Botelho; CASALINHO, Helvio Debli. Crítica à pluriatividade e suas relações com o campesinato e a reforma agrária. In.: *Revista NERA*, Ano 13. N° 17. Presidente Prudente, jul-dez 2010. Disponível em: http://www2.fct.unesp.br/nera/revistas/17/9_machado_e_casalinho.pdf. Acesso em 11 abr de 2012.

MALVEZZI, Roberto. O avanço do hidronegócio e os conflitos pela água. In.: *Conflitos no Campo Brasil 2011.* (Organização: Antônio Canuto, Cássia Regina da Silva Luz, Isolete Wichinieski – Goiânia: CPT Nacional Brasil, 2012.

MARIÁTEGUI, José Carlos. Sete ensaios de interpretação da realidade peruana.; tradução Felipe José Lindoso. 2ª edição. São Paulo: Expressão Popular: Clacso, 2010. (Coleção Pensamento Social Latino-Americano).

MARTINS, José de Souza. *A sociabilidade do homem simples: cotidiano e história na modernidade anômala*. 3ª edição. – São Paulo: Contexto, 2011a.

_____. *Fronteira: a degradação do Outro nos confins do humano*. São Paulo: Contexto, 2009.

_____. *O poder do atraso: ensaios de sociologia da história lenta*. 2ª edição – São Paulo: Hucitec, 1999a.

_____. Reforma Agrária: o impossível diálogo sobre a história possível. *Tempo Social*; Rev.Sociol. Usp, S. Paulo, 11(2): 97-128, out. 1999b.

MARX, Karl. *O capital: crítica da economia política: Livro I: o processo de produção do capital*. Tradução: Rubens Enderle. São Paulo: Boitempo, 2013. (Marx-Engels).

_____. *O capital: capítulo VI inédito de O capital, resultados do processo de produção imediata*. tradução Klaus Von Puchen. 2ª Ed. São Paulo: Centauro, 2004.

_____. *O Capital: crítica da economia política*. Tradução de Regis Barbosa e Flávio r. Kothe. São Paulo: Nova Cultural, 1996. (Os Economistas).

MARX, Karl; ENGELS, Friedrich. *A ideologia alemã: crítica da mais recente filosofia alemã em seus representantes Feurbach, B. Bauer e Stirner, e do socialismo alemão em seus diferentes profetas (1845-1846)*; supervisão editorial, Leandro Konder; tradução, Rubens Enderle, Nélio Schneider, Luciano Cavini Martorano. São Paulo: Boitempo, 2007a.

_____. *Manifesto Comunista*. Tradução: Álvaro Pina. 1ª edição, 5ª reimpressão. – São Paulo: Boitempo, 2007b.

MAY, Peter H. Certificação florestal no Brasil: valorização comercial e ambiental. In.: COSTA, Luiz Flávio de Carvalho; FLEXOR, Georges; SANTOS, Raimundo. (Orgs.). *Mundo rural brasileiro: ensaios interdisciplinares*. Rio de Janeiro: Mauad X; Seropédica, RJ: EDUR, 2008.

MEDEIROS, Leonilde Sérvolo; LEITE, Sérgio. *Assentamentos rurais: mudança social e dinâmica regional*. Rio de Janeiro: Mauad, 2004.

MENDES, Judas Tadeu Grassi; PADILHA JUNIOR, João Batista. *Agronegócio: uma abordagem econômica*. São Paulo: Pesarson Prentice Hall, 2007.

MENDONÇA, Marcelo Rodrigues; THOMAZ Jr., Antonio. A modernização da agricultura nas áreas de Cerrado em Goiás (Brasil) e os impactos sobre o trabalho. In.: *Investigaciones Geográficas*, Boletín Del Instituto de Geografia, UNAM. N° 55, 2004, p. 97-212. Disponível em: http://ojs.unam.mx/index.php/rig/article/view/30113. Acesso em 13 Mai 2013.

O padrão de desenvolvimento dos agronegócios no Brasil (...)  245

MÉSZÁROS, István. *Para além do capital: rumo a uma teoria da transição*. Tradução: Paulo Cesar Castanheira; Sérgio Lessa. 3ª reimpressão. São Paulo: Boitempo Editorial, 2009.

_____. *O desafio e o fardo do tempo histórico: o socialismo no século XXI*. Tradução Ana Cotrim, Vera Cotrim. São Paulo: Boitempo, 2007.

_____. *Desemprego e precarização: um grande desafio para a esquerda*. In.: ANTUNES, Ricardo. (Org.). *Riqueza e Miséria do trabalho no Brasil*. São Paulo: Boitempo, 2006.

MOVIMENTO DOS TRABALHADORES RURAIS SEM TERRA. Nossa proposta de Reforma Agrária Popular. São Paulo: MST, 2013. Disponível em: http://www.mst.org.br/node/7708. Acesso em out 2013.

_____. *MST: Lutas e conquistas*. 2ª edição. São Paulo: MST, 2010.

NEGRÃO, João José de Oliveira. O governo FHC e o neoliberalismo. *Lutas Sociais*. São Paulo. São Paulo, v. 1, 1996. Disponível em: http://www.pucsp.br/neils/downloads/v1_artigo_negrao.pdf. Acesso em: 11 jun 2012.

NELI, Marcos Acácio; NAVARRO, Vera Lúcia. Reestruturação produtiva e saúde do trabalhador na agroindústria avícola no Brasil. In.: ANTUNES, Ricardo. (Org.) *Riqueza e miséria do trabalho no Brasil II*. São Paulo: Boitempo, 2013.

NERA - Núcleo de Estudos, Pesquisas e Projetos de Reforma Agrária – FCT/ UNESP

Coordenação: FELICIANO, Carlos Alberto. Presidente Prudente, São Paulo. Outubro de 2011. DATALUTA – Banco de Dados da Luta pela Terra: Relatório 2010.

NETO, Canrobert Costa. Territórios camponeses: lugares, fluxos e redes. In.: MOREIRA, Roberto José; BRUNO, Regina Landim. (Orgs.). *Interpretações, estudos rurais e política*. – Rio de Janeiro: Maud X; Seropédica: Edur, 2010.

NETO, Manuel Domingos. O "Novo Mundo Rural". In.: MARTINS, Mônica Dias (Org.). *O Banco Mundial e a terra: ofensiva e resistência na América Latina, África e Ásia*. São Paulo: Viramundo, 2004.

NEVES, Marcos Fava. A laranja concentrada. In.: NEVES, Marcos Fava; ZYLBERSZTAJN, Decio; NEVES, Evaristo Marzabal. *Agronegócio do Brasil*. – São Paulo: Saraiva, 2005.

NOVAES, José Roberto Pereira. Campeões de produtividade: dores e febres nos canaviais paulistas. *Estud. av.*, São Paulo, v. 21, n. 59, 2007. Disponível em: http://www.scielo.br/scielo.php?script=sci_attext&pid=S0103-40142007000100012&Ing=pt&nrm=iso. Acesso em: 25 jul 2007.

OLIVEIRA, Ariovaldo Umbelino. A questão agrária no Brasil: não reforma e contrarreforma agrária no governo Lula. In.: *Os anos Lula: contribuições para um balanço crítico 2003-2010*. Rio de Janeiro: Garamondo, 2010.

OLIVEIRA, Francisco; BRAGA, Ruy; RIZEK, Cibele (Orgs.). *Hegemonia às avessas: economia, política e cultura na era da servidão financeira*. São Paulo: Boitempo, 2010.

OLIVEIRA, Francisco; RIZEK, Cibele Saliba. (Orgs.). *A era da indeterminação*. São Paulo: Boitempo, 2007.

_____. *Crítica à razão dualista. O ornitorrico*. São Paulo: Boitempo, 2003.

_____. Privatização do público, destituição da fala e anulação da política: o totalitarismo neoliberal. In: OLIVEIRA, Francisco e PAOLI, Maria Célia (org.) *Os sentidos da democracia: políticas do dissenso e a hegemonia global*. Petrópolis, RJ: Vozes; Brasília: NEDIC, 1999.

_____. A vanguarda do atraso e o atraso da vanguarda: globalização e neoliberalismo na América Latina. In: *Os direitos do antivalor: a economia política da hegemonia imperfeita*. Petrópolis: Editora Vozes, 1998.

ORZEKOVSKI, Nei. Relações de trabalho nos territórios da reforma agrária. In.: REIS, Ana Terra; BATISTA, Andrea Francine. *Ensaios sobre a questão agrária*. São Paulo: Expressão Popular, 2013.

OSORIO, Jaime. América Latina: o novo padrão exportador de especialização produtiva: estudo de cinco economias da região. In.: FERREIRA, Carla; OSORIO, Jaime; LUCE, Mathias (Orgs.). *Padrão de reprodução do capital: contribuições da teoria marxista da dependência*. São Paulo. Boitempo, 2012.

PAULANI, Leda. *A inserção da economia brasileira no cenário mundial: uma reflexão sobre o papel do Estado e sobre a situação atual à luz da história*. 2012. Mimeo. p. 34.

_____. Brasil Delivery: servidão financeira e estado de emergência econômico.- São Paulo: Boitempo, 2008. (Estado de sítio).

PICOLI, Fiorelo. *O capital e a devastação da Amazônia*. São Paulo: Expressão Popular, 2006.

PIGNATTI, Wanderley; CASTRO, Franciléia *et al* O agronegócio, o uso de agrotóxicos e seus impactos na saúde e no ambiente nos municípios do "interior" do Brasil. In.: *Conflitos no Campo Brasil 2011*. (Organização: Antônio Canuto, Cássia Regina da Silva Luz, Isolete Wichinieski. Goiânia: CPT Nacional Brasil, 2012.

O padrão de desenvolvimento dos agronegócios no Brasil (...) 247

PINASSI, Maria Orlanda. Brasil. (Neo)desenvolvimentismo ou luta de classes? Herramienta Web, n° 13, Jun 2013. Disponível em: http://www.herramienta.com.ar/revista-web/herramienta-web-13. Acesso em: 14 nov 2013.

_____. El lulismo, los movimientos sociales en Brasil y el lugar social de la política. In.: *Herramienta*. n° 46, Año XV. Mar 2011, Buenos Aires, Argentina.

_____. *Da miséria ideológica à crise do capital: uma reconciliação histórica.* São Paulo: Boitempo, 2009. (Mundo do trabalho).

PINASSI, Maria Orlanda; MAFORT, Kelli. Os agrotóxicos e a reprodução do capital na perspectiva feminista da Via Campesina. In.: RODRIGUES, Fabiana C.; NOVAES, Henrique T.; BATISTA, Eraldo L. (Orgs.). *Movimentos sociais, trabalho associado e educação para além do capital.* São Paulo: Outras Expressões, 2012.

PINTO, Raphaela Giffoni. *O novo empresariado rural no Brasil: uma análise das origens, projetos e atuação da Associação Brasileira de Agribusiness.* (1990-2002). Dissertação em História, da UFF, Niterói, RJ. 2010.

PLASSAT, Xavier. Trabalho escravo: 25 anos de denúncia e fiscalização. In.: COMISSÃO PASTORAL DA TERRA. In.: *Conflitos no campo Brasil 2009.* (coordenação: Antonio Canuto, Cássia Regina da Silva Luz, Isolete Wichinieski). – São Paulo: Expressão Popular, 2010.

POCHMANN, Marcio. *Nova classe média?: o trabalho na base da pirâmide social brasileira.* São Paulo: Boitempo, 2012.

_____. O Estado e seus desafios na construção do desenvolvimento brasileiro. In.: *Margem Esquerda – ensaios marxistas.* São Paulo, n° 15: novembro de 2010.

PORTO-GONÇALVES, Carlos Walter. Por uma ecologia política crítica da Amazônia. *Margem Esquerda – ensaios marxistas* n° 14. São Paulo: Boitempo Editorial, maio de 2010.

_____. A luta pela apropriação e reapropriação social da água na America Latina. In.: FERNANDES, Bernardo Mançano (Org.). *Campesinato e agronegócio na América Latina: a questão agrária atual.* – São Paulo: Expressão Popular, 2008.

_____. Geografia da riqueza, fome e meio ambiente: pequena contribuição crítica ao atual modelo agrário/agrícola de uso dos recursos naturais. In.: OLIVEIRA, Ariovaldo Umbelino de; MARQUES, Maria Inez Medeiros (orgs). *O Campo no Século XXI: território de vida, de luta e de construção da justiça social.* São Paulo: Editora Casa Amarela e Editora Paz e Terra, 2004.

PORTO-GONÇALVES, Carlos Walter; SANTOS, Luiz Henrique Ribeiro. A violência que se esconde atrás de êxito do modelo agro-exportador. In.: *Conflitos no*

248 Frederico Daia Firmiano

*Campo Brasil 2011*. (Organização: Antônio Canuto, Cássia Regina da Silva Luz, Isolete Wichinieski. Goiânia: CPT Nacional Brasil, 2012.

PORTO-GONÇALVES, Carlos Walter; ALENTEJANO, Paulo Roberto Raposo. A violência do latifúndio moderno-colonial e do agronegócio nos últimos 25 anos. In.: COMISSÃO PASTORAL DA TERRA. *Conflitos no campo Brasil 2009*. (coordenação: Antonio Canuto, Cássia Regina da Silva Luz, Isolete Wichinieski). São Paulo: Expressão Popular, 2010.

RAISG – Red Amazónica de Información Socioambiental Georreferenciada. Amazonía bajó presión. [coordinación general Beto Ricardo (ISA)], - São Paulo: Instituto Socioambiental, 2012.

SACHS, Ignacy. Caminhos para o desenvolvimento sustentável. Organização: Paula Yone Stroh. Rio de Janeiro: Garamond, 2009.

SAMPAIO, Plínio de Arruda. A reforma agrária que nós esperamos do governo Lula. In.: OLIVEIRA, Ariovaldo Umbelino de; MARQUES, Maria Inez Medeiros (orgs). *O Campo no Século XXI: território de vida, de luta e de construção da justiça social*. São Paulo: Editora Casa Amarela e Editora Paz e Terra, 2004.

SAMPAIO JR., Plínio de Arruda. Notas críticas sobre a atualidade e os desafios da questão agrária. In.: STÉDILE, João Pedro (Org.). *A questão agrária no Brasil: debate sobre a situação e perspectiva da reforma agrária na década de 2000*. São Paulo: Expressão Popular, 2013.

_____. A crise estrutural do capital e os desafios da revolução. In.: JINKINGS, Ivana; NOBILE, Rodrigo (Orgs.). *Mészáros e os desafios do tempo histórico*. São Paulo: Boitempo, 2011.

SAUER, Sérgio. A terra por uma cédula: estudo sobre a "reforma agrária de mercado". In.: MARTINS, Mônica Dias (Org.). *O Banco Mundial e a terra: ofensiva e resistência na América Latina, África e Ásia*. São Paulo: Viramundo, 2004.

SCHNEIDER, Sergio. A pluriatividade no meio rural brasileiro: características e perspectivas para investigação. In.: GRAMMONT, Hubert Carton de; MARTINEZ VALLE, Luciano (Orgs.). *La pluriactividad en el campo latinoamericano*. 1ª ed. Quito/Equador: Ed. Flacso – Serie FORO, 2009.

SCOPINHO, Rosemeire Aparecida. Condições de vida e saúde do trabalhador em assentamento rural. *Ciênc. saúde coletiva*, Rio de Janeiro , v. 15, supl. 1, June 2010a. Available from <http://www.scielo.br/scielo.php?script=sci_arttext&pid=S1413-81232010000700069&lng=en&nrm=iso>. access on 02 feb. 2012. http://dx.doi.org/10.1590/S1413-81232010000700069.

O padrão de desenvolvimento dos agronegócios no Brasil (...)      249

_____. Cooperação e cooperativismo nos assentamentos rurais brasileiros: perspectivas, impasses e as representações dos trabalhadores rurais. *Rev.Acadêmica PROCOAS – AUGM.*, Buenos Aires, año 2, n° 1, Ago. 2010b. Disponível em: http://www.grupomontevideo.edu.uy/docs/Comites_Academicos/Procesos_Cooperativos_y_Asociativos/revista%20acadmica%20n%201_ao%202_2010.pdf. Acesso em 02 fev 2012.

_____. Sobre cooperação e cooperativas em assentamentos rurais. *Psicol. Soc.*, Porto Alegre , v. 19, n. spe, 2007. Available from <http://www.scielo.br/scielo.php?script=sci_arttext&pid=S0102-71822007000400012&lng=en&nrm=iso>. access on 02 feb. 2012. http://dx.doi.org/10.1590/S0102-71822007000400012.

SCOPINHO, Rosemeire Aparecida et al. Novas tecnologias e saúde do trabalhador: a mecanização do corte da cana-de-açúcar. *Cad. Saúde Pública*, Rio de Janeiro, v. 15, n. 1, Jan. 1999. Available from <http://www.scielo.br/scielo.php?script=sci_arttext&pid=S0102-311X1999000100015&lng=en&nrm=iso>. access on 04 may 2013. http://dx.doi.org/10.1590/S0102-311X1999000100015.

SECCO, Lincoln. História do PT 1978-2010. – Cotia, SP: Ateliê Editorial, 2011.

SICSÜ, João; PAULA, Luiz Fernando de; MICHEL, Renault (Org.s). *Novo-desenvolvimentismo: um projeto nacional de crescimento com equidade social: Um projeto nacional de crescimento com eqüidade social.* São Paulo: Manole, 2005.

SILVA, José Graziano da. Velhos e novos mitos do rural brasileiro. *Estud. av.*, São Paulo, v. 15, n. 43, dez. 2001. Disponível em <http://www.scielo.br/scielo.php?script=sci_arttext&pid=S0103-40142001000300005&lng=pt&nrm=iso>. acessos em 27 dez. 2011. http://dx.doi.org/10.1590/S0103-40142001000300005.

TAUTZ, Carlos; SISTON, Felipe et. all. O BNDES e a reorganização do capitalismo brasileiro: um debate encessário. In.: MAGALHÃES, João Paulo de Almeida; FILGUEIRAS, Luiz et. all. (Orgs.) *Os anos Lula: contribuições para um balanço crítico 2003-2010.* Rio de Janeiro: Garamond, 2010.

VEIGA, José Eli da. *Desenvolvimento sustentável: o desafio do século XXI.* Rio de Janeiro: Garamond, 2005.

ZYLBERSZTAJN, Decio. Firmas, Cadeias e Redes de Agronegócios. In.: NEVES, Marcos Fava; ZYLBERSZTAJN, Decio; NEVES, Evaristo Marzabal. *Agronegócio do Brasil.* São Paulo: Saraiva, 2005.

### Publicações periódicas

A NOVA fronteira do eucalipto. Brasil de Fato. São Paulo. 28 de julho a 03 de agosto de 2011. *Caderno Brasil*, p. 6

250          Frederico Daia Firmiano

COMPRA de produtos da agricultura familiar para merenda movimenta R$ 360 milhões. *Rede Brasil Atual*. São Paulo. 23 dez 2013. Disponível em: http://www.redebrasilatual.com.br/educacao/2013/12/compra-de-produtos-da-agricultura-familiar-para-merenda-movimenta-r-360-milhoes-9661.html. Acesso em: 23 dez 2013.

DILMA pode fazer Kátia Abreu ministra para destravar Código. *OECO*. On-line. Disponível em: http://www.oeco.com.br/salada-verde/26302-dilma-pode-fazer-katia-abreu-ministra-para-destravar-codigo. Acesso em: 6 ago 2012.

FATOS em foco. *Brasil de Fato*. São Paulo. 19 a 25 de agosto de 2010. Caderno Brasil, p. 6.

FRIBOI mostra seu lado verde. *Isto é Dinheiro*. On-Line. São Paulo. 16 set. 2009. Disponível em: http://www.istoedinheiro.com.br/noticias/550_FRIBOI+MOSTRA+SEU+LADO+VERDE. Acesso em 22 jan. 2011.

GREVES expõem descaso com o campo. *Brasil de Fato*. São Paulo. 12 a 18 de julho de 2012. Caderno Brasil, p. 5.

INVASÃO sem precedentes. *O Estado de Minas*. Minas Gerais. 11 Nov. 2013. Caderno Agropecuário, p. 3.

KÁTIA Abreu defende reeleição de Dilma. *Valor*. São Paulo. 29 de junho de 2012. Disponível em: http://clippingmp.planejamento.gov.br/cadastros/noticias/2012/6/29/katia-abreu-defende-reeleicao-de-dilma/. Acesso em: 4 jul de 2012.

MELHORES e Maiores 2011. *Portal Exame.com*. São Paulo. 16 nov. 2011. Disponível em: http://exame.abril.com.br/negocios/noticias-melhores-e-maiores/noticias/as-50-maiores-empresas-do-agronegocio. Acesso em: 4 Abr de 2012.

MONOPÓLIO da semente agora é "política pública". Brasil de Fato. São Paulo. De 2 a 8 de junho de 2011. Caderno Brasil, p. 7.

MUDANÇAS legais para a continuidade. Brasil de Fato. São Paulo. De 29 de setembro a 5 de outubro de 2011. Caderno Brasil, p. 4.

'"O AGRICULTOR é o elo mais fraco da cadeia produtiva". Entrevista especial com Paula Johns. *Newslleter IHU* On-Line. São Paulo, 10 Nov. 2012. Disponível em: http://www.ihu.unisinos.br/entrevistas/industria-do-tabaco-o-agricultor-e-o-elo-mais-fraco-da-cadeia-produtiva-entrevista-especial-com-paula-johns/513558-industria-do-tabaco-o-agricultor-e-o-elo-mais-fraco-da-cadeia-produtiva-entrevista-especial-com-paula-johns. Acesso em: 10 nov 2012.

O ROLO compressor da bancada ruralista. *Brasil de Fato*. São Paulo. 27 de dezembro de 2013 a 1° de janeiro de 2014. *Caderno Brasil*, p. 4-5.

PAMPA: um espaço em transição. Entrevista especial com Marcelo Dutra. *Newslleter. IHU* on line. São Paulo. 26 Mar. 2013. Disponível em: http://www.ihu.unisinos.

O padrão de desenvolvimento dos agronegócios no Brasil (...)  251

br/entrevistas/pampa-impressiona-o-volume-de-areas-convertidas-entrevista-especial-com-marcelo-dutra/518593-pampa-impressiona-o-volume-de-areas-convertidas-entrevista-especial-com-marcelo-dutra Acesso em: 26 Mar 2013.

POLARIZAÇÃO é a marca do modelo brasileiro. *Brasil de Fato*. São Paulo. de 5 a 11 de agosto de 2010. Caderno Brasil, p. 3.

POUCA disposição para o conflito. *Brasil de Fato*. São Paulo. De 29 de março a 4 de abril de 2012. Caderno Brasil, p. 10.

PORTARIA libera uso de agrotóxico proibido no Brasil. *Brasil de Fato*. São Paulo. De 14 a 20 de novembro de 2013. Caderno Brasil, p. 4-5.

PRISÃO no próprio trabalho. *Brasil de Fato*. São Paulo. De 20 a 26 de outubro de 2011. São Paulo. Caderno Brasil, p. 9.

PRODUTORA de suco de laranja, Cutrale anuncia investimento em soja e milho. Portal G1. 19 ago 2012. Disponível em: http://g1.globo.com/sp/sao-carlos-regiao/noticia/2012/08/produtora-de-suco-de-laranja-cutrale-anuncia-investimento-em--soja-e-milho-araraquara.html. Acesso em 13 mai 2013.

RECONHECIMENTO de terras quilombolas esbarra na especulação e grilagem. Portal do MST. On Line. 27 nov 2013. Disponível em: http://www.mst.org.br/node/15482. Acesso em 27 nov 2013.

"STÉDILE explica a reforma agrária popular do MST". Entrevista com João Pedro Stédile. *Portal Vermelho*. On Line. 15 Ago. 2009. Disponível em: http://www.vermelho.org.br/tvvermelho/noticia.php?id_noticia=113684&id_secao=8. Acesso em 15 Out 2013.

TRANSGÊNICOS contaminam as sementes crioulas. *Brasil de Fato*. São Paulo. 3 a 9 de novembro de 2011. Caderno Brasil, p. 7.

TRATADOS como inimigos. *Brasil de Fato*. São Paulo. 06 a 12 de janeiro de 2011. Caderno Brasil, p. 5.

### Artigos de Jornal e sítios eletrônicos

COUTINHO, Luciano. Inovação, transparência e sustentabilidade no agronegócio. 11° Congresso de Agribusiness. Rio de Janeiro, nov 2009. Disponível em: http://www.bndes.gov.br/SiteBNDES/export/sites/default/bndes_pt/Galerias/Arquivos/empresa/download/apresentacoes/CongressodeAgribusiness_InovacaoSustentabilidade.pdf. Acesso em: 22 out 2012.

_____. Evolução Econômica: renda e consumo – alimentos e energia. 11° Congresso Brasileiro do Agronegócio. Rio de Janeiro. 06 de agosto 2012. Disponível em:

252 Frederico Daia Firmiano

http://www.abag.com.br/pdf/cba2012/10h00LucianoCoutinho.pdf. Acesso: 22 de Out. 2012.

DELGADO, Guilherme. O Brasil na economia mundial. *Brasil de Fato*. São Paulo. De 9 a 15 de junho de 2011. Opinião. p. 3.

FOLGADO, Cléber. A luta constante contra os agrotóxicos. *Brasil de Fato*. 11 Jan. 2013. Disponível em: http://www.brasildefato.com.br/node/11533. Acesso em: 23 Ago 2013.

HASHIZUME, Maurício. Agronegócio é favorecido por rolagem bilionária de dívidas. *Repórter Brasil*. 22 jan 2009. Disponível em: http://www.reporterbrasil.org.br/exibe.php?id=1495. Acesso em 22 out 2012.

LIMA, Joseildo. O BNDES no governo Lula (2003-2009): política de comércio exterior, investimento direto e integração regional. 2011. Disponível em: http://www.mundialistas.com.br/blog/index.php/o-bndes-no-governo-lula-2003-2009politica--de-comercio-exterior-investimento-direto-e-integracao-regional-parte-2-de-2-por--joseildo-lima/. Acesso em 22 out 2012.

NOVAES, Washington. As florestas no centro das grandes estratégia. *Newslleter. IHU on line*. São Paulo. 06 abr. 2013. Disponível em: http://www.ihu.unisinos.br/noticias/519062-as-florestas-no-centro-das-grandes-estrategias. Acesso em 06 de abr 2013.

SILVA, Leticia Rodrigues da. Controle de agrotóxicos no Brasil. Brasil de Fato. São Paulo. 16 a 22 de julho de 2011. Opinião, p. 2.

### Documentário citado

CARNE, OSSO. O trabalho em frigoríficos. Direção: Caio Cavechini e Carlos Juliano Barros: Repórter Brasil, 2011. 1 DVD (65 min.).

# AGRADECIMENTOS

Agradeço imensamente aos meus pais, Walmes e Eliana. A minha companheira Adriana. Aos meus irmãos, os de sangue e os que escolhi ao longo da vida, Juninho, Wandeco e Edu Vessi. Ao velho Mestre e amigo Silão. Ao meu amigo (e orientador durante o mestrado e doutorado), Augusto Caccia-Bava. A minha querida M.O., Maria Orlanda Pinassi. Aos amigos e amigas de Araraquara, Lola, Ettore, Ana Fernanda e Camila Massaro. Aos amigos e amigas, camaradas de Ribeirão Preto, Tassi, Tuin, Chiquinho, Ivoneta, Gue, Du "Mexicano", Neusa, Biju, Kelli, Seu Pedro Xapuri, John, Manu e Fabetz. Aos amigos de Passos-MG, Marília, Toninho, Ita, Juliana, Jean e Vanessa. Aos professores Marcos Cassin, Adilson Gennari, Silvia Beatriz Adoue e Rose Scopinho, leitores rigorosos deste texto, especialmente Rose, pela prontidão e generosidade. Aos camaradas de MST, especialmente da regional de Ribeirão Preto-SP. A CAPES, pela bolsa de estudos concedida durante meus anos de doutoramento. À Fundação de Ensino Superior de Passos (FESP), pelo auxílio financeiro concedido durante o período de redação. À FAPESP, pelo auxílio financeiro que contribui substantivamente para a viabilização deste livro. Aos profissionais da Alameda, sempre solícitos.

Alameda nas redes sociais:

Site: www.alamedaeditorial.com.br
Facebook.com/alamedaeditorial/
Twitter.com/editoraalameda
Instagram.com/editora_alameda/

Esta obra foi impressa em São Paulo na primavera de 2018. No texto foi utilizada a fonte Electra LH em corpo 10,5 e entrelinha de 14 pontos.